权威·前沿·原创

皮书系列为
"十二五""十三五"国家重点图书出版规划项目

BLUE BOOK

智库成果出版与传播平台

北京市哲学社会科学研究基地智库报告系列丛书

北京人口蓝皮书

BLUE BOOK OF
POPULATION IN BEIJING

北京人口发展研究报告
（2020）

RESEARCH REPORT ON POPULATION DEVELOPMENT IN
BEIJING (2020)

主　编／胡玉萍　尹德挺　吴　军
副主编／薛伟玲

社会科学文献出版社
SOCIAL SCIENCES ACADEMIC PRESS（CHINA）

图书在版编目（CIP）数据

北京人口发展研究报告. 2020 / 胡玉萍，尹德挺，
吴军主编. －－北京：社会科学文献出版社，2020. 12
（北京人口蓝皮书）
ISBN 978 － 7 － 5201 － 7613 － 2

Ⅰ. ①北… Ⅱ. ①胡… ②尹… ③吴… Ⅲ. ①人口 －
研究报告 － 北京 － 2020 Ⅳ. ①C924. 24

中国版本图书馆 CIP 数据核字（2020）第 228376 号

北京人口蓝皮书
北京人口发展研究报告（2020）

主　　编／胡玉萍　尹德挺　吴　军
副 主 编／薛伟玲

出 版 人／王利民
责任编辑／恽　薇　孔庆梅
文稿编辑／李吉环

出　　版／社会科学文献出版社·经济与管理分社（010）59367226
　　　　　地址：北京市北三环中路甲 29 号院华龙大厦　邮编：100029
　　　　　网址：www. ssap. com. cn
发　　行／市场营销中心（010）59367081　59367083
印　　装／天津千鹤文化传播有限公司

规　　格／开本：787mm × 1092mm　1/16
　　　　　印 张：24　字 数：357 千字
版　　次／2020 年 12 月第 1 版　2020 年 12 月第 1 次印刷
书　　号／ISBN 978 － 7 － 5201 － 7613 － 2
定　　价／158. 00 元

本书如有印装质量问题，请与读者服务中心（010 － 59367028）联系

为贯彻落实中共中央和北京市委关于繁荣发展哲学社会科学的指示精神，北京市社科规划办和北京市教委自2004年以来，依托首都高校、科研机构的优势学科和研究特色，建设了一批北京市哲学社会科学研究基地。研究基地在优化整合社科资源、资政育人、体制创新、服务首都改革发展等方面发挥了重要作用，为首都新型智库建设进行了积极探索，做出了突出贡献。

　　围绕新时期首都改革发展的重点热点难点问题，北京市社科联、北京市社科规划办、北京市教委与社会科学文献出版社联合推出"北京市哲学社会科学研究基地智库报告系列丛书"，旨在推动研究基地成果深度转化，打造首都新型智库拳头产品。

本书为北京市社会科学基金研究基地项目"北京人口发展研究报告（2020）"（编号：19JDSRA003）的研究成果。

主要编撰者简介

胡玉萍（主编）

中共北京市委党校（北京行政学院）社会学教研部副主任，教授、硕士生导师。毕业于中央民族大学教育学院，获法学（文化人类学）博士学位，美国佐治亚大学公共与国际事务学院访问学者（2017年），北京市西城区第十六届人大代表。主要从事教育社会学、人口社会学教学和研究工作。主持完成国家社科基金项目2项、北京市社科基金项目3项。在《社会》《比较教育研究》《科学社会主义》及党报《光明日报》《经济日报》等报刊上公开发表学术论文60余篇。出版学术著作3部，荣获省部级科研奖励2项，被评为2018年北京市习近平新时代中国特色社会主义思想研究中心优秀研究员。

尹德挺（主编）

教授，享受国务院政府特殊津贴专家、北京市宣传文化思想系统"四个一批"人才，博士毕业于北京大学人口研究所，现为中共北京市委党校（北京行政学院）社会学教研部主任、北京市人口学会副会长、博士后合作导师。发表论文100余篇。荣获省部级科研奖励10余项，多篇咨询报告获中央及省部级领导的肯定性批示。所授课程入选中组部"全国好课程"。

吴　军（主编）

中共北京市委党校（北京行政学院）社会学教研部副主任、副教授，中国社会学会社会地理学专委会副秘书长，芝加哥大学访问学者，中国场景研究召集人。主要研究方向为社会理论与城市问题等。主持国家社科、北京社科等省部级以上课题 8 项。在《社会学评论》《城市发展研究》等期刊上发表论文 50 余篇。3 篇论文被《人大复印报刊资料》全文转载，1 篇论文被《中国社会科学文摘》全文转载，1 篇被《新华文摘》观点转载。出版专著 2 部、译著 2 部。咨询报告获省部级主要领导肯定性批示。

薛伟玲（副主编）

法学博士，中共北京市委党校（北京行政学院）讲师，中国人口学会理事、北京市统计学会理事。博士毕业于北京大学社会学系。主要研究方向为人口经济学、老年健康。在《人口研究》《宏观经济研究》等学术期刊上发表学术论文 30 余篇，被《人大复印报刊资料》转载 2 篇，被《中国社会科学文摘》转载 1 篇，获省部级奖励 1 项；主持或参与多项课题研究项目；1 篇决策咨询报告获省部级领导肯定性批示。

摘　要

2020 年是"十三五"和全面建成小康社会的收官之年，更是开启第二个百年奋斗目标、全面建设社会主义现代化强国新征程的关键之年。在此背景下，研判北京人口发展现状与趋势，探索新形势下北京人口、资源、环境、经济和社会长期均衡发展路径，回答好首都时代发展新答卷具有重大意义。

立足北京市最新人口形势，结合京津冀协同发展、非首都功能疏解与城市副中心建设对北京人口发展提出的新希望和新要求，本报告运用权威数据资料，如北京市、天津市和河北省政府、统计局、民政局等相关部门发布的统计年鉴等，分析北京人口发展现状与趋势。同时，本报告还选取具有代表性的大型社会调查数据和网络大数据资料，如中国老年社会追踪调查（CLASS）2018 年调查数据、腾讯位置大数据等，对北京市老年人口、流动人口、创新创意人才群体等展开专题研究。基于上述数据资料，本报告采用定量分析与质性研究相结合的研究方法。一方面，利用描述分析、回归分析、因子分析、人口重心模型、空间自相关、泰尔指数分解等社会统计和空间分析技术，刻画北京市及京津冀人口规模、结构、流动及时空分布等特征，并探讨首都人口与经济、社会、资源环境的关系。另一方面，围绕超大城市人口结构变迁与社会治理、新时代北京市中长期人口发展战略、新时期北京人口调控政策等关乎首都发展的关键人口问题，展开案例研究与政策分析，全方位呈现北京人口均衡发展的现状与问题。

当前北京人口发展呈现四大特征，即人口规模稳步下降，人口调节阶段性目标基本实现；总抚养比持续攀升，劳动年龄人口比重高于全国；人口素质居全国前列，高科技人才明显集聚；人口分布"多点支撑"，减量发展成

效显现。从京津冀区域人口变动来看，京津冀城市群人口吸附力高，是我国创新创意人才高地，且呈现持续聚集型发展趋势。新形势赋予人口均衡发展的新使命，北京市人口调控已经进入以疏解非首都功能带动人口变动的新阶段，下一阶段北京市人口发展战略应当遵循"稳总量、调结构、提质量、化风险"的主要思路，通过释放生育政策红利、打造高质量发展背景下劳动力供给长效机制、促进人口与公共服务协调发展、打造集约高效且生态宜居的生活场景、提高人口信息系统融合度和智能化水平等方式，做好首都高质量发展背景下的人口工作。

值得注意的是，当前北京市人口流入总体呈现随季节发生变化的趋势，有必要结合北京市流动人口流动、聚居与社会融入特征，汲取朝阳区东辛店村、朝阳区双井街道以及昌平区回天地区的基层治理实践经验，优化流动人口服务管理，促进流动人口聚居地区的基层治理转型与创新。

当前北京市低龄老人健康素质良好，受教育程度高于全国，且社会参与程度较高，体现了北京市老年人发挥正能量的积极态度与作为。然而，当前北京市失能人口女性化、高龄化、受教育程度低、保险享有率低等特征突出，失能失智老人照料需求满足状况存在较大缺口，仍需通过基础性制度完善、政策创新与社会参与等方式，继续推进基本养老服务体系的建立与完善。

对北京人口与经济、社会、资源环境关系的研究发现，北京市服务业就业比重较高，产业结构较为协调，但劳动生产率相对较低，未来可适度增加就业，重视劳动生产率的提高。北京市教育资源配置与人口变动基本适应，但义务教育资源区域之间发展仍不均衡，需准确把握学龄人口的现状和发展趋势，促进首都教育资源布局与人口协调发展。北京市水资源短缺问题也将长期存在，不过随着"疏解非首都功能"战略的实施，以及南水北调中线工程建设、水域生态治理能力增强等，北京市水资源的人口压力在一定程度上有所缓解。

总体而言，2019年北京在人口均衡发展和治理上取得了显著成效，但也面临新的变局和挑战，需要我们顺应时代要求，探索减量发展长效机制、激发城市经济活力新动能、打造高质量人力资本新生态、挖掘城市新区发展新潜力、在经济政策中纳入生育友好型和老龄友好型新视角，以实现新时代首都人口与经济、社会、城市的协调发展。

关键词： 人口均衡发展　人口老龄化　京津冀协同发展　流动人口社会融入

目 录

皮书数据库阅读 **使用指南**

总报告

General Report

B.1

北京人口形势分析报告（2020）

胡玉萍　薛伟玲　闫萍　尹德挺　董亭月*

摘　要： 本研究报告主要采用定量研究方法，分析了北京市人口规模、结构、素质、分布的现状，总结出当前北京人口的四个形势，北京人口发展面临的五个新挑战、新要求，并在此基础上提出了面向“十四五”的北京人口发展政策建议，希望有助于政府和社会更加全面、系统地了解北京人口现状、趋势、挑战，以及经济社会形势赋予北京人口的新要求，科学认识人口同经济、社会、生态环境等系统的关系，

* 胡玉萍，博士，中共北京市委党校（北京行政学院）社会学教研部、北京市人口与社会发展研究中心教授，主要研究方向为教育社会学、人口社会学；薛伟玲，博士，中共北京市委党校（北京行政学院）讲师，主要研究方向为老年健康、人口经济学；闫萍，博士，中共北京市委党校（北京行政学院）社会学教研部副教授，主要研究方向为社会老年学；尹德挺，博士，中共北京市委党校（北京行政学院）社会学教研部教授，主要研究方向为京津冀协同发展、流动人口有序管理等；董亭月，博士，中共北京市委党校（北京行政学院）社会学教研部讲师，主要研究方向为老龄社会学、老龄政策。

动态防范和化解北京人口风险，推动人口均衡和经济社会高质量发展。

关键词： 北京市　人口老龄化　人口政策

人口对经济社会发展具有内生性、基础性、战略性影响。2020 年是"十三五"和全面建成小康社会的收官之年，更是开启第二个百年奋斗目标、全面建设社会主义现代化强国新征程的关键之年。在此背景下，研究北京人口发展现状，把握人口发展趋势与挑战，科学防范首都人口发展风险，回答好首都时代发展新答卷意义非常。北京常住人口在经历了多年的持续增长后，自 2017 年开始出现连续负增长，人口老龄化程度不断加剧；同时，"疏整促"带动人口发展成果显现，"多点支撑"人口区位特征出现，人口素质位居全国前列。在新形势下，继续客观审视北京人口形势，紧盯国内国际新形势，持续调整、优化人口政策，平衡人口内部关系，形成人口同经济、社会、环境的良性互动，提升人口服务管理水平，落实首都功能定位，提升京津冀协同发展水平，推动核心区提质增效，对实现首都经济社会高质量、可持续发展具有重要的战略意义。

一　北京人口当前形势

（一）人口规模稳步下降，人口阶段性目标基本实现

常住人口"三连降"。长期以来，人口规模持续增长一直是北京市人口发展的主旋律，但是北京市从 2017 年开始出现人口规模负增长，2017 年、2018 年和 2019 年常住人口规模分别为 2170.7 万人、2154.2 万人、2153.6 万人，相比上一年分别下降 0.10%、0.76% 和 0.03%。

常住外来人口连续四年负增长。常住外来人口规模由 2015 年的 822.6

万人持续下降至 2019 年的 745.6 万人。2016～2019 年，各年较上一年分别下降 1.84%、1.63%、3.74% 和 2.48%。同时，户籍人口规模由 2015 年的 1345.2 万人上升到 2019 年的 1397.4 万人，2019 年户籍人口规模较 2018 年增长 21.6 万人（见表 1）。因此，常住外来人口规模下降是常住人口负增长的主要原因。

表 1　2015～2019 年北京市常住人口、常住外来人口、户籍人口规模

单位：万人

指标	2015 年	2016 年	2017 年	2018 年	2019 年
常住人口	2170.5	2172.9	2170.7	2154.2	2153.6
常住外来人口	822.6	807.5	794.3	764.6	745.6
户籍人口	1345.2	1362.9	1359.2	1375.8	1397.4

资料来源：2015～2018 年数据根据《北京统计年鉴》（2015～2019 年）相关数据计算得出；2019 年数据来源于《北京市 2019 年国民经济和社会发展统计公报》（http://tjj.beijing.gov.cn/tjsj_31433/tjgb_31445/ndgb_31446/202003/t20200302_1673343.html）。

（二）总抚养比持续攀升，劳动年龄人口比重高于全国

总抚养比持续上升，老年抚养负担更重。2010 年以来，北京市常住人口中 0～14 岁少儿人口和 65 岁及以上老年人口比重不断上升。2019 年北京市 0～14 岁常住少儿人口比重达 10.6%，相比 2010 年提高 2 个百分点，少儿抚养比为 13.49%（见图 1）；65 岁及以上常住老年人口比重达 11.4%，相比 2010 年提高了 2.7 个百分点，老年抚养比为 14.64%，无论是少儿抚养比、老年抚养比还是总抚养比，均呈增长态势。随着少儿人口与老年人口比重的不断提高，2019 年北京市总人口抚养比达到 28.12%，比 2010 年提高了 7.18 个百分点。近年来，北京市常住老年人口规模与比例加速增长，2019 年末，北京市 60 岁及以上常住老年人口规模已达到 371.3 万人，占常住人口的 17.2%。随着人口老龄化的加剧，老年人抚养负担将不断增加。

劳动年龄人口比例下降，但占比依然高于全国。北京市 15～64 岁的劳

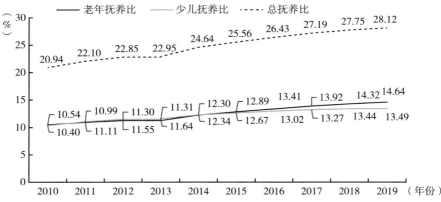

图 1　2010～2019 年北京市人口总抚养比、老年抚养比和少儿抚养比变化趋势

资料来源：历年《北京统计年鉴》；2020 年北京市年度人口与就业统计资料（http：// tjj. beijing. gov. cn/tjsj＿31433/tjbmfbjh/ndtjzl＿31437/2020ndtjzl＿31678/202003/t20200325＿ 1735601. html）。

动年龄人口比重由 2010 年的 82.7% 下降到 2019 年的 78.0%，但一直高于全国平均水平，2019 年高出全国约 7.4 个百分点（见表 2）。

表 2　2010 年、2015 年、2018 年和 2019 年北京市和全国人口年龄结构

单位：%

年份	北京市			全国		
	0～14 岁	15～64 岁	65 岁及以上	0～14 岁	15～64 岁	65 岁及以上
2010	8.6	82.7	8.7	16.6	74.5	8.9
2015	10.1	79.6	10.3	16.5	73.0	10.5
2018	10.6	78.2	11.2	16.9	71.2	11.9
2019	10.6	78.0	11.4	16.8	70.6	12.6

资料来源：国家统计局年度人口数据（https：//data. stats. gov. cn/easyquery. htm? cn = C01）；历年《北京统计年鉴》；2020 年北京市年度人口与就业统计资料（http：//tjj. beijing. gov. cn/tjsj＿ 31433/tjbmfbjh/ndtjzl＿31437/2020ndtjzl＿31678/202003/t20200325＿1735601. html）。

（三）人口素质居全国前列，高科技人才明显集聚

居民健康水平位居前列。2019 年是实施健康中国战略的关键时期，北京积极推进健康北京建设，提高人民健康水平。2010 年北京市居民平均预

期寿命达到 80.8 岁，2019 年全市户籍居民平均预期寿命为 82.31 岁，较上一年增加 0.11 岁，其中男性 79.85 岁，女性 84.88 岁①，明显高于全国 77.3 岁的平均水平，也高于发达国家约 79.2 岁的平均水平。

居民受教育程度全国领先。2010 年北京市每 10 万常住人口中拥有大学学历的有 31499 人，在全国处于领先水平。2010 年，北京市 6 岁及以上人口中大学专科及以上人口约占 32.8%，2018 年提高到 38.9%，2019 年继续上升至 39.28%。

高科技人才保有量位居全国前列。北京市科研人员队伍不断壮大，2010 年北京市研究与试验发展（R&D）人员数量为 269932 人，每万人研究与试验发展（R&D）人员数量为 137.59 人；2018 年北京市研究与试验发展（R&D）人员数量增至 397034 人，相比 2010 年增加 12.71 万人，每万人研究与试验发展（R&D）人员数量增至 184.31 人（见表3）。2018 年北京市研究与试验发展（R&D）人员数量在全国排第 5 位，2019 年北京市研究与试验发展（R&D）人员数量增至 464178 人。

表3 2010～2019 年北京市研究与试验发展（R&D）人员情况

年份	常住人口（万人）	研究与试验发展（R&D）人员数量（人）	每万人研究与试验发展（R&D）人员数量（人）
2010	1961.90	269932	137.59
2011	2018.60	296990	147.13
2012	2069.30	322417	155.81
2013	2114.80	334194	158.03
2014	2151.60	343165	159.49
2015	2170.50	350721	161.59
2016	2172.90	373406	171.85
2017	2170.70	397281	183.02
2018	2154.20	397034	184.31
2019	2153.60	464178	215.54

注：每万人研究与试验发展（R&D）人员数量经计算而得。
资料来源：历年《北京统计年鉴》。

---

① 北京市卫健委：《2019 年北京市卫生健康事业发展统计公报》，http：//www.phic.org.cn/tjsj/wstjgb/202004/P020200415489154297402.pdf。

（四）人口分布"多点支撑"，减量发展成效显现

《北京城市总体规划（2016年—2035年）》对北京市进行了"一核一主一副、两轴多点一区"空间布局规划，根据这一规划，北京市牢牢把握首都功能定位，积极疏解非首都功能，促进人口结构与空间布局同城市战略定位相协调。

城市发展新区的人口承载效果显现。分区人口密度指标显示2019年首都功能核心区人口密度为20735人/千米^2，城市功能拓展区为7132人/千米^2，城市发展新区为1423人/千米^2，生态涵养发展区为265人/千米^2（见表4）。2015年以来，中心城区人口集聚压力较大，生态涵养区人口承载潜力有限，而城市发展新区的人口承载效果显现，人口密度近五年来持续升高，从2015年到2019年常住人口密度增长了316人/千米^2，尤其是随着城市副中心配套设施和城市综合功能的完善，副中心常住人口规模由2015年的137.8万人平稳增长至2019年的167.5万人，常住人口密度也由2015年的1521人/千米^{2}提升至2019年的1848人/千米^2。

表4 2015～2019年北京市分区常住人口密度

单位：人/千米^2

地区	2015年	2016年	2017年	2018年	2019年
首都功能核心区	23845	23130	22416	21658	20735
城市功能拓展区	8327	8102	7851	7569	7132
城市发展新区	1107	1160	1209	1245	1423
生态涵养发展区	218	223	229	234	265

资料来源：历年《北京统计年鉴》；2020年北京市年度人口与就业统计资料（http://tjj.beijing.gov.cn/tjsj_ 31433/tjbmfbjh/ndtjzl_ 31437/2020ndtjzl_ 31678/202003/t20200325_ 1735601.html）。

中心城区人口变动与经济活力同步发展。2015～2018年人口与经济变动情况表明，首都功能核心区人口比重（见表5）和经济比重都出现下降，但经济人口系数（经济人口系数＝经济比重/人口比重；这一指标越高表示单位人口的经济产出越高）同步上升，说明中心城区的人口变动并未对经济活力造成消极影响。城市功能拓展区的人口比重显著降低，经济比重反而持续上升（见表6），说明在人口减少的情况下，经济产出效率有较大提高。值得注意的是，2019年前城市发展新区人口流入较快，人口占比快速提高，但并未带来经济比重的显著变化，经济产出效率呈现下降趋势，城市发展新区人口与经济变动的偏离，印证了劳动力资源的优化配置，需要以人口与产业的耦合为前提。生态涵养发展区的人口和经济占比都保持基本稳定，但2017年出现相对明显的人口流入，应关注近几年生态涵养区人口的增加趋势，同步关注保护和发展，密切监测人口变化。

表5　2005～2019年北京市分区常住人口变动情况

		2005年	2010年	2012年	2013年	2014年	2015年	2016年	2017年	2018年	2019年
人口数（万人）	首都功能核心区	205	216	220	221	221	220	214	207	200	193.1
	城市功能拓展区	748	955	1008	1032	1055	1063	1034	1002	966	930.5
	城市发展新区	412	603	653	672	685	697	730	761	782	695.7
	生态涵养发展区	173	186	189	190	190	191	195	201	204	334.3
占总人口比重（%）	首都功能核心区	13.34	11.02	10.61	10.46	10.29	10.15	9.83	9.54	9.29	8.97
	城市功能拓展区	48.63	48.70	48.72	48.81	49.03	48.95	47.58	46.15	44.83	43.21
	城市发展新区	26.76	30.75	31.56	31.75	31.83	32.11	33.61	35.08	36.39	32.30
	生态涵养发展区	11.26	9.50	9.11	8.98	8.85	8.79	8.98	9.24	9.49	15.52

资料来源：北京市统计局。

表6　2005～2018年北京市分区常住人口和经济变动情况

		2005年	2010年	2012年	2013年	2014年	2015年	2016年	2017年	2018年
人口比重（%）	首都功能核心区	13.34	11.02	10.61	10.46	10.29	10.15	9.83	9.54	9.29
	城市功能拓展区	48.63	48.70	48.72	48.81	49.03	48.95	47.58	46.15	44.83
	城市发展新区	26.76	30.75	31.56	31.75	31.83	32.11	33.61	35.08	36.39
	生态涵养发展区	11.26	9.50	9.11	8.98	8.85	8.79	8.98	9.24	9.49

		2005 年	2010 年	2012 年	2013 年	2014 年	2015 年	2016 年	2017 年	2018 年
经济比重（%）	首都功能核心区	24.30	23.06	22.58	22.37	22.16	22.18	22.07	22.02	22.00
	城市功能拓展区	47.59	47.62	48.28	48.47	48.29	48.11	48.09	48.34	48.51
	城市发展新区	13.69	16.21	16.20	16.27	16.31	16.37	16.40	16.56	16.69
	生态涵养发展区	4.33	3.93	3.96	3.93	3.91	3.94	3.93	3.96	3.96
经济人口系数	首都功能核心区	1.822	2.092	2.129	2.139	2.155	2.186	2.244	2.308	2.368
	城市功能拓展区	0.979	0.978	0.991	0.993	0.985	0.983	1.011	1.047	1.082
	城市发展新区	0.512	0.527	0.513	0.512	0.512	0.510	0.488	0.472	0.459
	生态涵养发展区	0.384	0.414	0.434	0.437	0.442	0.448	0.438	0.428	0.417

注：经济比重 = 各地区生产总值/全市地区生产总值；经济人口系数 = 经济比重/人口比重；这一指标越高，则表示单位人口的经济产出越高。

资料来源：北京市统计局。

二 北京人口发展面临的新挑战、新要求

"十三五"时期，北京根据地区经济社会发展阶段特征和人口形势，不断创新人口工作思路和工作方式，优化人口政策，2017 年以来积极开展非首都功能疏解，人口综合疏解工作取得了阶段性成果，交通拥堵、环境污染等"大城市病"得到有效缓解，宜居环境持续改善，公共服务供给能力持续提升，有力地推动了首都人口同生态、经济、社会的良性互动。结合国际国内人口形势变化，以及"十四五"时期人口形势预判，综合考量国际国内人才竞争白热化程度日益增加的现实和预期，北京人口工作也面临一些新挑战、新任务。

（一）新形势赋予人口均衡发展新使命

北京人口发展取得阶段性成果，为首都高质量发展赢得了主动权。然而，新形势对北京人口均衡发展同样提出了新要求：北京如何稳定人口规模？如何应对人口年龄失衡压力？

第一，人口规模稳定面临新要求。《北京城市总体规划（2016年—2035年）》指出，2020年，常住人口规模控制在2300万人以内，2020年以后长期稳定在这一水平。然而，生育率长期走低，外来人口规模不断下降，不断推高人口负增长惯性的累积。自2017年开始，北京市常住人口规模持续下降，其中，常住非户籍人口规模自2016年开始持续下降，成为常住人口规模下降的主要原因，这体现了首都功能疏解、人口有序流动所取得的成绩；同时，也对如何将常住人口长期稳定在2300万人左右提出了新要求。

第二，人口年龄结构压力日益明显。近年来，北京的生育水平持续维持在极低水平，2019年我国的出生率为10.48‰，已是新中国成立以来的最低水平，而北京市常住人口出生率仅为8.12‰，远低于全国平均水平。[①] 生育率的低下叠加预期寿命的提升，带来北京日益严峻的人口老龄化形势；同时，户籍人口老龄化现象更加突出，2019年户籍人口中，60岁及以上老年人口占26.50%，平均不足四个人中就有一个老年人。[②]

（二）高质量发展对劳动力资源配置提出更高要求

长期以来，北京对劳动力的吸引力位居全国前列，然而，高质量发展对劳动力资源配置提出了更高要求。放眼国际国内形势和"十四五"发展需要，北京劳动力供给的潜在风险仍然存在，人口—产业的耦合度也有待进一步提升。

第一，劳动力供给存在潜在风险。尽管从常住人口数据来看，北京市劳动年龄人口所占的比重高于全国平均水平，但是，北京劳动力供给风险仍然存在。自2015年以来，北京市劳动年龄人口规模持续下降，15～64岁劳动年龄人口从1728.6万人持续下降到2019年的1680.9万人。同期，北京市15～64岁劳动年龄人口在总人口中所占比重持续下降，然而，全国劳动年龄人口的比重却没有呈现同样趋势。此外，劳动年龄人口也在老龄化，对

---

① 《北京市2019年国民经济和社会发展统计公报》；《中华人民共和国2019年国民经济和社会发展统计公报》。
② 《北京统计年鉴2020》。

15～59岁人口的年龄结构进行观察发现：2019年25～44岁以及45～59岁人口在劳动年龄人口中所占的比重同比2018年均有所上升，15～24岁人口的比重则有所下降。①

第二，人口—产业结构优化面临新形势。北京市三次产业从业人员构成统计显示，北京市第三产业就业人口比重从1978年的31.6%上升到了2019年的83.1%，产业结构不断优化。然而，对比服务业就业人口占比均在90%以上的国际大都市，北京与纽约、伦敦、巴黎仍存在差距。对劳动生产率指标的研究发现，2018年北京服务业劳动生产率为24.3万元/人，低于广州的30万元/人，而在2016年日本东京该指标值达到了84.9万元/人。北京的生活性服务业比重不仅低于国际大都市，而且也低于国内的广州和上海，如何在疏解整治促提升的大背景下，继续挖掘生活性服务业的服务能力是北京面临的新挑战。在公共服务业中，医疗保健和社会救助业就业比重相对较低，北京市2015年医疗保健和社会救助业就业人口占服务业就业人口的比重仅为4.3%；而同期国际大都市的该比重普遍接近或超过了10%。2019年北京卫生和社会工作从业人员占全市法人单位从业人员的3.01%。同时，生产性服务业也面临结构进一步优化、生产效率进一步提升的挑战。在国际国内双循环相互促进发展格局下，如何持续优化人口—产业结构，推动服务业扩容、提质、增效成为北京面临的现实问题。

（三）"七有""五性"需求呼唤更优质高效的民生供给

北京市围绕市民"七有""五性"需求的满足，积极提升民生服务供给能力和水平，大大提升了群众的获得感、幸福感和安全感。然而，立足于人口与民生服务的良性互动，仍需继续提升民生供给质量和效能。

第一，老龄化形势要求不断促进养老保障制度创新。伴随着人口老龄化程度的不断加深，社会的养老负担将不断增加，而且，长期照护保险的长期

① 历年《北京统计年鉴》；2020年北京市年度人口与就业统计资料（http://tjj.beijing.gov.cn/tjsj_31433/tjbmfbjh/ndtjzl_31437/2020ndtjzl_31678/202003/t20200325_1735601.html）。

缺位实际上也推高了养老保障制度运行风险。创新养老保障制度，切实保障"老有所养"成为急需解决的问题。

第二，区域人口均衡发展要求更均等的公共服务。虽然北京市就公共资源均衡进行了长期和卓有成效的努力，但是，从当前北京人口和公共服务的分布来看，仍需进一步提高均衡化程度。根据北京市教委公布的数据，海淀区、朝阳区、石景山区、大兴区的小学师生比指标差于北京平均水平；海淀区、密云区、房山区、西城区、通州区、门头沟区、顺义区的普通中学师生比指标差于全市平均水平。教育资源分布上的差异不仅反映了供求数量关系，也是人们对高质量教育资源追逐的结果。根据《北京区域统计年鉴2019》公布的每千常住人口卫生机构床位数、每千常住人口执业（助理）医师数、每千常住人口注册护士数指标，西城区和东城区远优于其他区域，通州区在三个指标上则偏低，同时，延庆区、大兴区、顺义区、昌平区在三个指标上也相对较差。今后如何在数量均衡基础上实现质量均衡，是北京需要继续解决的问题。

第三，人口安全对公共卫生体系建设提出新要求。新冠肺炎疫情暴发后，北京市积极联动应对此次突发公共卫生事件，采用精准防控的形式，在控制疫情的同时也为复工复产做出了突出贡献。然而，公共卫生体系建设仍存在人才短缺，体系化的预警反应机制需要进一步完善；全生命周期健康管理理念并未深入人心，防治分离的现象仍然存在；公共卫生中慢性病预防体系不完善的情况与人口老龄化形势发展不相适应；公共卫生预防中基层动员体系不够完善等问题。

（四）绿色低碳生态家园建设对人口资源环境提出更高要求

北京市生态环境连续五年持续改善，为推动国际一流和谐宜居之都建设做出了重要贡献。然而，人口的非均衡分布与北京市人口与资源环境之间的结构性压力仍然存在，绿色发展长效机制仍需进一步完善。

第一，绿色生产方式的推进程度仍需继续加强。北京市单位经济产出的能源消耗指标显示，2019 年，尽管万元地区生产总值能耗指标有所下降，

但是能源消费弹性系数却出现了上升，2015～2019 年能源消费弹性系数分别为 0.04、0.24、0.36、0.38 和 0.21。① 当前，仍需稳定创新、完善激励机制，提升生产主体的绿色生产自觉性和积极性。

第二，绿色生活方式的推进程度与宜居之都建设要求还存在差距。对 2015～2018 年国家统计局分省年度数据的比较发现：北京市人均生活用水量从 2015 年的 183.81 升逐年递增到 2018 年的 198.70 升，同期北京市的生活垃圾清运量也呈现逐年递增的现象。2015 年以来，北京市人均生活用能源逐年递增，从 2015 年的 695.5 千克标准煤增至 2019 年的 785.3 千克标准煤。今后，如何提升居民的绿色生活意识，如何增强绿色生活方式相关公共和准公共供给对于地区生活水平提高都很重要。

第三，生态文明治理体系仍需进一步完善。北京围绕生态文明治理体系进行了一系列创新，但是，目前社会力量参与不足；与其他政策的协同力度不够；生态补偿机制仍存在纵向补偿、经济补偿比重偏高，多元补偿机制尚不健全，受偿方发展能力不足，"两山"转化路径需完善等问题，制约着北京生态文明向更高水平迈进。

（五）国际一流和谐宜居之都建设要求持续提升人口服务管理水平

近年来，北京积极推动了一系列人口服务管理创新工作，有力保证了首都人口的有序流动和集聚。然而，对标国际一流的和谐宜居之都建设需要，当前北京市人口服务管理工作，还面临几个挑战。

第一，国际人才的服务管理体系需继续完善。近年来，北京不断创新国际人才工作思路，建立了外籍人才引进"直通车"模式，出台国际人才新政，加快推进国际人才社区建设，积极推动打造"类海外"环境，围绕"进得来、留得下、干得好、融得进"开展了一系列卓有成效的工作。然而，与国际一流水平相比，还存在一些差距。世界大都市伦敦、纽约的国

---

① 能源消费弹性系数 = 能源消费量年均增长速度/国民经济年均增长速度。数据来源于《北京统计年鉴 2020》。

际人才比重都超过了 30%，北京则远低于该水平。在国内，根据科技部火炬高技术产业开发中心发布的《中国火炬统计年鉴 2018》，在高新区就业人口中，与国内同一竞争水平上的高新区相比，北京中关村外籍常住人口比重相对较低。

第二，高校毕业生留京服务管理体系需进一步完善。纵观北京高校毕业生留京数据，2017 年以来，北京高校毕业生中留京就业的比重持续下降。北京市教委发布的《2019 年北京地区高校毕业生就业质量年度报告》显示，2019 年 61.76% 的毕业生选择留京，2018 年该比例为 62.49%，2017 年该比例为 62.68%。[①] 未来如何完善高校毕业生留京服务管理体系，对于地区人才储备具有重要意义。

第三，人口统计工作体系需进一步完善。科学决策需要完善的人口数据支持系统，北京市立足于首都特色，不断深化统计改革，提升统计质量和服务能力，积极推动大数据应用，推动人口抽样调查数据同行政记录数据、公安部门的人口身份数据的联通。然而，当前数据的纵向融合和横向融合程度仍相对不足；智能化水平仍有待进一步提高；流动人口信息登记积极性不强，流动人口的动态服务管理数据库不完善；京津冀共享数据平台建设仍需加强，这些都制约着人口数据功能的更好发挥。

三 面向"十四五"的北京人口发展政策建议

2020 年是"十三五"收官之年，总结人口工作经验，展望"十四五"时期北京社会经济发展阶段性特征和人口形势，稳规模、调结构、深挖潜、强协同、优服务的人口政策非常重要。

（一）实现工作—家庭平衡，持续释放生育政策红利

实现工作—家庭平衡，推动家庭友好，释放生育政策红利，保护女性职

---

① 《2019 年北京地区高校毕业生就业质量年度报告》。

业发展权利，对北京人口长期均衡发展具有重要意义。

第一，加快完善婴幼儿照护服务体系。婴幼儿照护需求层次多样，单靠政府力量难以满足。为此，需多方协同、优势互补、共建共管，加强从业人员队伍职业化建设，打造一个集基本、中端和高端于一体的婴幼儿照料服务体系，满足家庭多层次、多样化的需求。

第二，整体平衡休假与职业发展政策。家庭社会经济地位、社会资本、成员的职业发展状况和期待不同，不同家庭对休假和职业发展政策的需求也不同。有必要进行整体需求评估，优化经济补偿、假期时长、休假模式相关政策，处理好休假和个人价值实现的关系；同时重视父职和母职责任，做好弹性休假配套政策供给；从法治角度保障劳动者的职业发展权利，以更大力度推动亲职假结束后的职业发展保障；积极推动家务劳动社会化，填补家务劳动有偿化政策空白，保障每个家庭成员享有平等权利。

（二）继续优化劳动力资源配置，加快高质量发展

伴随着全国范围内人口负增长时代的来临，立足长远战略部署，积极探索在人口收缩背景下，稳定劳动力供给的常态、长效机制，进一步优化人口—产业结构，提升劳动生产率对于北京经济社会高质量发展至关重要。

第一，稳定劳动力供给。在人口负增长和国际国内人才竞争日趋白热化的背景下，稳定劳动力供给，持续提升人才吸引力是亟须思考的政策议题。立足一流人才全球竞争形势，北京需要持续对标国际一流水平，从职业保障、科研创新和专利保护、金融科技支撑、团队建设、家庭发展等方面，不断创新、优化一流人才工作机制，优化就业创业环境和生活环境，持续提升产业发展和科技组团能力，深入打造"高精尖"经济结构，持续增强对国际一流人才的吸引力和黏合力。同时，进一步完善人才生态链，推动人才有序竞争、有机配套也很关键，需要进一步提升城市包容度，结合产业发展和配套需求，动态优化"积分落户"制度，继续扩大对大学毕业生、流动人口的公共服务供给，开展关爱计划，提升人口的归属感和社会融入度。

第二，进一步优化人口产业结构。持续提升劳动生产率，需要不断提升

人才与产业的耦合度，尽可能降低人口的结构性就业风险；需要尊重人既是生产者，也是消费者的客观需要，推动人口与产业的良性互动。当前，北京亟须提升"北京服务"品牌影响力和国际竞争力，进一步优化生产性服务业结构，优化资源配置，提升科技创新力和引领力，继续推动生产性服务业向专业化和价值链高端延伸，大幅提升劳动生产率。结合各类服务业之间的比重关系，适度提升生活类服务业和公共服务业比重，提升智能化水平，扩容提质，满足人们多样化的生活消费。

（三）持续推动民生与人口良性互动，统筹社会事业发展

北京紧扣首都功能定位，不断优化民生服务布局，引导人口更加合理地分布，人口"多点支撑"特征显现。面向"十四五"，需要持续优化民生服务资源配置和人口空间布局，提升京津冀协同力度，推动核心区提质增效。

第一，完善民生服务多元主体供给格局。扩大民生服务市场，吸引社会力量广泛参与对于提升民生服务供给能力，满足人们多样化的需求非常关键，需重点围绕老龄产业健康发展、相对贫困治理长效机制建立、充分优质的儿童养育保障、老旧小区物业服务提升等民生难点问题，进一步扩大政府购买服务，完善 PPP 模式运作相关法律保障，加大公共服务定价机制创新力度，让民生经济不断焕发新的生机和活力。

第二，继续加大积极老龄化推进力度。面对日益严重的人口老龄化形势以及并不充分的养老服务供给，在供给侧，加强标准化建设、鼓励社会力量广泛参与、推动医养结合，加强队伍建设，完善"三边四级"体系，加快铺开长期照护保险，创新监管机制，规范老龄市场非常重要。在需求侧，营造"莫道桑榆晚，为霞尚满天"的社会氛围，鼓励老年人积极看待老年期和老年生活，积极参与社会经济活动，进一步创新老年人就业和劳动保障体制机制，逐步为老年人就业扫清制度障碍，使有意愿、能胜任的老年人能够继续发光发热。

第三，大力加强公共卫生体系建设。深化全生命周期健康管理，推动健

康预防、干预，提升人口的健康素养，从源头降低医疗负担和医保压力非常关键。这要求提升基层医疗卫生机构服务能力，实现医疗机构、公共卫生服务机构协同发展，构建医防结合的卫生服务体系；创新、优化公共卫生人才工作机制，充实公共卫生人才队伍；提升公共卫生体系中慢性病的防控能力，以适应日益严峻的人口老龄化形势；在信息化、便利化基础上，充分动员群众参与，进一步优化、常态化群众自报和社区直报系统。

第四，持续提升京津冀公共服务一体化水平。缩小京津冀基本公共服务差距，有助于优势互补，推动人口在京津冀范围内更加均衡、合理地分布。通过医疗、教育、交通、养老等公共服务的一体化，引导不同需求人口在京津冀更加合理地分布，让核心区真正静下来，不断优化首都核心功能。

（四）打好集约高效牌，持续提升生态宜居水平

北京人口密度大，空间资源价值大，走好集约高效、生态宜居的路子，可以实现人口与资源环境之间的良性互动，提升首都的可持续发展能力。

第一，加大生态文明宣传工作创新力度。强化利益导向机制，创新宣传方式，充分挖掘、整合园区管委会、社区、小区物业、学校等多方力量开展形式多样、内容丰富的主题宣传和常态化宣传活动，增强人们的绿色生产和绿色生活意识。

第二，不断健全生态文明制度体系。积极推动构建主体多元、形式多样的生态文明建设大格局；打造城乡互补、共享共赢的生态文明建设形态；完善推进绿色 GDP 核算体系和生态银行建设体系，深化环境保护奖惩体制创新，加大正向激励力度，通过法治化、智能化、社会化手段，推进源头治理、风险治理，形成不敢污染、不愿污染的良好社会氛围；深入推动生态补偿机制创新，优化纵向补偿，完善京津冀区域生态协同共赢机制，完善横向补偿，通过产业、就业、政策等多条路径打造政府、企业、社会组织、民众之间互惠互利的生态补偿机制，优化、提升受偿地区基础设施水平，积极探索具有首都特色的"两山"转化路径，培育壮大绿色产业，持续提升受偿地区发展能力，形成保护环境的持久、内生动力。

第三，进一步增强绿色生活方式建设力度。进一步深入推进垃圾分类工作，探索更加积极有效的垃圾分类激励机制和示范机制，不断提升治理的精细化程度；继续加大绿色交通系统建设力度，打造连续、安全、舒适、便利的慢行交通系统，实现步行、自行车、公交的无缝衔接；引导和鼓励市民践行绿色生活方式，做到绿色出行、绿色消费、绿色居住。

（五）提升融合度和智能化，加强人口信息系统建设

北京市积极提升人口信息管理水平，为推动首都高质量发展提供了良好的数据服务保障。结合当前人口信息管理形势，还有必要继续做好以下几项工作。

第一，进一步提升数据融合度。首先，加强数据标准化建设，打破部门之间的数据壁垒，实现横向融合；其次，在保证安全、尊重隐私的基础上，增加微观人口数据标识，实现纵向融合，打造动态的人口服务和预警平台；最后，加强不同来源和收集方式人口数据的融合，将人口普查、抽样调查、人口大数据进行融合，做到互通互补、优势共享，进一步提升数据的客观性、时效性。

第二，提升流动人口信息登记水平。流动人口信息登记工作是北京人口信息系统建设的难点，需要创新工作机制，多措并举，提升登记中公共服务的嵌入度，利用手机 App 等简化填报流程，提升便利性，利用大数据进行漏报核查，加强出租房屋管理，提升社区、物业、邻里的联动度。

第三，提升人口数据管理的智能化水平。智能化将大大提升人口信息系统的管理水平和服务能力，需发挥大数据技术在人口数据收集方面的优势，将现代地理信息系统嵌入人口数据库，充分发挥区块链技术在数据加密、存储、共享中的独特优势，解决当前数据融合、管理中的难点，提升人口数据智能化水平。

分 报 告

Sub-reports

B.2
2019年北京人口流动的大数据分析

陈志光*

摘　要： 腾讯位置大数据表明，北京市人口流入流出总体呈现随季节
发生变化的趋势，从春季开始热度逐渐增加，一直到国庆假
期达到最高峰，到秋冬季节以后呈现逐渐下降的趋势。从人
口流向来看，上海市、重庆市、长沙市分列第一、第二、第
三名，杭州、武汉、廊坊、南京、西安、保定、天津、哈尔
滨等城市也是与北京市人口流入流出联系较为紧密的区域。

关键词： 北京　人口流动　大数据

---

* 陈志光，博士，中共北京市委党校（北京行政学院）社会学教研部讲师，主要研究方向为迁
移流动、社会政策。

一　导言

　　和出生、死亡一样，迁移流动是人类发展最为关键的因素之一。人口迁移流动是在经济发展持续变化、产业结构不断优化、社会阶层进行转型中的一种人口应对现象；反过来，人口迁移流动也对经济社会空间的重塑、调整产生巨大的影响力。规模史无前例的人口流动就是改革开放以来中国经济社会最突出的变化，也是引发经济社会变革的主要驱动力。2019年仅农民工总量就有29077万人，占全国总人口的20.8%；换言之，每五个人中就有一个农民工。同时，随着我国进入工业化、城镇化、现代化发展的深入阶段，伴随先进制造业、现代服务业的高速发展，经济社会对流动劳动力的需求数量还将增加，流动人口作为一个特殊的群体将长期存在于我国城镇化事业的发展进程之中。特别是像北京、上海、广州、深圳等特大城市，流动人口的数量达到几百万甚至上千万，比世界上很多国家的总人口还多。几亿流动人口的存在，为城镇化的发展提供了廉价的劳动力、丰富的人力资本、充满活力的智力创新，降低了生活成本，提高了劳动生产率，增加了生产总值，成为支撑流入地经济发展的中坚力量。同时，大量流动人口在城市地区集聚，带动了生活、娱乐的双增长，极大地促进和刺激了消费和内需。而且，流出地多样的生活方式也被带入流入地，多元的文化、多维的风俗在城市大熔炉中交会、交织、交流，共同促进了社会的进步、文化的发展、文明的诞生。此外，大中城市特别是北上广深等特大城市往往面临人口老龄化、本地户籍居民大龄化等人口问题，人口流动对于降低老龄化水平、改善流入地人口结构具有重要作用。最后，人口的流动有利于他们自身素质的提高和观念的改善，有利于他们所在家庭物质的丰富和精神的提高，有利于亿万人口的全面发展。因此，北京市应该把人口流动问题放在战略性、全局性和长期性的角度加以关注。

二 北京人口流动的现实情况

（一）北京市常住外来人口情况

1978～2019 年北京市常住人口和常住外来人口数据变化表明（见图 1），北京市常住人口从 1978 年的 871.5 万人增加到 2016 年的最高峰 2172.9 万人，2016 年以后出现缓慢下降趋势，2019 年北京市常住人口为 2153.6 万人。北京市常住人口的变化可以说主要归因于外来流动人口的贡献，1978 年北京市常住外来人口仅有 21.8 万人，2015 年达到顶峰，为 822.6 万人；2019 年仍有 745.6 万人。

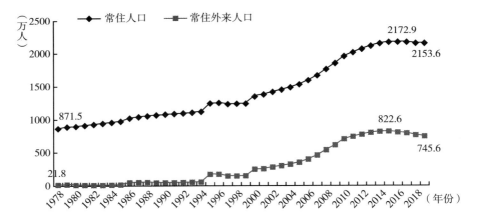

图 1　1978～2019 年北京市常住人口和常住外来人口变化趋势

资料来源：北京市统计局、国家统计局北京调查总队。

2019 年北京市分区常住外来人口数据表明，朝阳区常住外来人口数量最多，有近 150 万人，占朝阳区总人口的 42.9%；其次是海淀区，常住外来人口有 123.7 万人，占海淀区总人口的 38.2%；昌平区虽然常住外来人口规模不是最大的（105.1 万人），但占比却是北京市所有区中最高的，占比为 48.5%（见图 2），换言之，有近一半人口是外来人口；大兴、通州、丰台等区的常住外来人口数量也较多，占比较大。

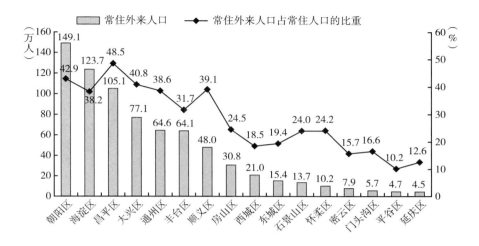

图2　2019年北京市分区常住外来人口形势

资料来源：北京市统计局、国家统计局北京调查总队。

（二）北京市每日人口流动情况

本报告使用的每日流动数据来自腾讯地图定位平台发布的公开数据。腾讯拥有最广泛的民众基础，除了少数老人小孩使用的功能机没有安装腾讯软件外，腾讯产品几乎深入生活的各个领域。腾讯位置大数据依托腾讯系大量产品数据，采用精准高效算法，实时获取精准位置数据信息。迁徙热度代表该条线路人群流动的热度，由迁徙人次、交通方式、迁徙距离综合计算得出。

1.每日流量分析

2019年流入北京市前十城市的总热度的数据分析结果表明（见图3），北京市人口流入呈现明显的起伏和波动，随季节、月份、星期、假期、日期等因素不断变化。北京市流入前十的总热度最低值出现在2019年2月3日（农历腊月二十九），总热度仅为194；最高值出现在2019年10月7日，国庆假期的最后一天，总热度为446。一般在星期日或假期的最后一天为北京市人口流入的高峰时期。总体来看，北京市人口流入总体呈现随季节发生变化的趋势，从春季开始热度逐渐增加，一直到国庆假期达到最高峰，到秋冬季节以后再呈现逐渐下降的趋势。北京市人口流出地趋势呈现与流入类似的规律和特征（见图4）。

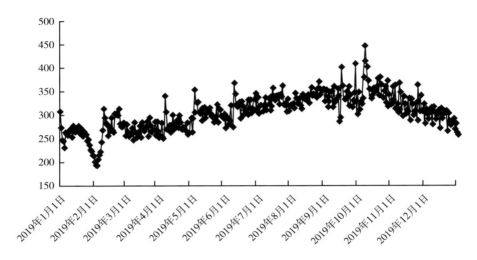

图3　2019年流入北京市前十城市的总热度

资料来源：腾讯位置大数据。

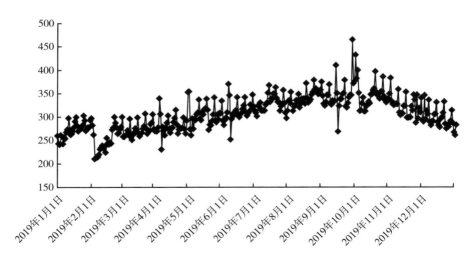

图4　2019年流出北京市前十城市的总热度

资料来源：腾讯位置大数据。

2. 每日流向分析

2019 年人口流入北京市前十城市和 2019 年人口流出北京市前十城市的数据分析结果表明（见表 1 和表 2），上海市无论是流入还是流出都是排名第一，一年中有 307 天流入第一，324 天流出第一。排名第二的是重庆市，一年中有 305 天流入第二，318 天流出第二。排名第三的是长沙市，一年中有 301 天流入第三，230 天流出第三。杭州、武汉、廊坊、南京、西安、保定、天津、哈尔滨等城市也是北京市流入流出联系较为紧密的区域。

表1　2019 年人口流入北京市前十城市

单位：天

第一名		第二名		第三名		第四名		第五名	
上海	307	重庆	305	长沙	301	杭州	173	武汉	140
重庆	56	上海	51	廊坊	26	武汉	73	杭州	124
三亚	1	长沙	5	杭州	12	廊坊	60	廊坊	70
哈尔滨	1	廊坊	3	保定	10	长沙	42	保定	15
		保定	1	上海	5	三亚	7	长沙	9
				重庆	4	天津	4	天津	5
				三亚	2	保定	3	哈尔滨	1
				天津	2	上海	2	邯郸	1
				武汉	2	乌鲁木齐	1		
				温州	1				

第六名		第七名		第八名		第九名		第十名	
廊坊	179	南京	110	西安	119	南京	73	保定	69
武汉	115	西安	69	南京	64	哈尔滨	61	天津	60
杭州	29	天津	50	天津	63	西安	57	西安	59
保定	10	保定	42	保定	46	天津	56	哈尔滨	51
天津	9	哈尔滨	33	哈尔滨	39	保定	49	南京	37
长沙	8	廊坊	21	武汉	12	南昌	24	南昌	37
哈尔滨	6	杭州	18	南昌	7	苏州	11	苏州	14
西安	4	武汉	17	廊坊	4	张家口	8	温州	10
宁波	3	温州	2	张家口	3	郑州	7	石家庄	7

续表

第六名		第七名		第八名		第九名		第十名	
南京	1	台州	1	杭州	3	温州	4	郑州	7
邯郸	1	苏州	1	温州	2	台州	3	武汉	4
		邯郸	1	哈尔滨	1	杭州	3	张家口	3
				苏州	1	廊坊	2	宁波	2
				邯郸	1	武汉	2	秦皇岛	2
						宁波	1	承德	1
						深圳	1	杭州	1
						石家庄	1	邯郸	1
						秦皇岛	1		
						邯郸	1		

资料来源：腾讯位置大数据。

表2　2019年人口流出北京市前十城市

单位：天

第一名		第二名		第三名		第四名		第五名	
上海	324	重庆	318	长沙	230	杭州	172	杭州	121
重庆	38	上海	33	廊坊	75	长沙	103	武汉	115
三亚	1	三亚	5	杭州	33	廊坊	66	廊坊	92
哈尔滨	1	长沙	4	重庆	9	武汉	8	长沙	20
廊坊	1	保定	2	保定	6	上海	5	保定	12
		哈尔滨	2	三亚	4	保定	4	天津	4
		廊坊	1	哈尔滨	3	天津	4	哈尔滨	1
				天津	3	哈尔滨	3		
				上海	2				
第六名		第七名		第八名		第九名		第十名	
武汉	195	南京	98	西安	108	哈尔滨	72	西安	84
廊坊	115	保定	84	天津	68	南京	69	保定	74
保定	20	西安	56	南京	63	保定	66	天津	62
杭州	15	天津	38	保定	54	西安	58	南京	47
天津	7	哈尔滨	36	哈尔滨	34	天津	52	哈尔滨	34
哈尔滨	6	武汉	21	武汉	19	苏州	27	苏州	17
长沙	3	杭州	12	杭州	5	温州	8	温州	14

第六名		第七名		第八名		第九名		第十名	
西安	2	廊坊	10	邯郸	5	武汉	4	石家庄	7
上海	1	长沙	5	温州	3	石家庄	3	郑州	6
温州	1	温州	2	廊坊	2	南昌	1	张家口	4
		宁波	1	张家口	2	廊坊	1	南昌	3
		苏州	1	南昌	1	张家口	1	武汉	3
		邯郸	1	苏州	1	杭州	1	信阳	2
						秦皇岛	1	宁波	2
						郑州	1	廊坊	2
								邯郸	2
								广州	1
								杭州	1

资料来源：腾讯位置大数据。

三 政策建议

改革开放以来特别是党的十八大以来，党中央、国务院采取了一系列政策措施，人口流动工作取得了显著成效。流动人口实现了由生存型向发展型的根本转变，通过加快城镇化进程，积极引导人口有序流动、促进人口合理分布；通过改革户籍制度等措施，降低了农村人口进入城市的门槛，人口流动进程加快。尽管人口的大规模流动带来了经济社会的高速发展，极大地促进了工业化、城市化、现代化、信息化进程，但人口大量流入流出城市，也确实带来了交通拥堵不堪、就业竞争激烈、房价不断上涨、社会矛盾增多等问题，常常引起部分原有居民的不满和反对，甚至引发双方的矛盾和冲突。同时，流动人口内部也是一个差异巨大、层次分明的异质群体，由于流动时间、流动方向、经济收入、居住条件、社会保障、流出地区、风俗习惯、语言行为、地位阶层等多方面的差异，竞争和争执时有发生。如何协调流动人口内部之间的矛盾和冲突，如何促进流动人口和本地原有居民的互相理解、

互相支持，推进流动人口的社会融合成为社会和谐与稳定的关键一环。

特大城市人口流动受到宏观公共政策和微观个体特征的双重力量影响，特别是像北京这样的一国之都、特大城市，每日的人流如潮似海、波动起伏，有的人当日来次日往，有的人小住三五日，有的人旅居一年半载，有的人常住十年八年，涉及经济产业布局、社会和谐稳定、交通路线布局等多个方面，需要政府、社会、企业、个体等多元主体的共同努力和配合，共同保障人口流动的有序和稳定。

（一）高度重视人口流动工作

推进北京市人口有序流动是一项系统工程和政策性极强的工作，迫切需要市级层面甚至国家层面加强顶层制度设计，制定一整套的推进人口有序流动的政策体系。坚持人口流动工作的顶层设计机制，就是从最高层次进行全面设计，立足长远，立足现实，坚持总体性、根本性、长期性、动态性依据，从宏观、战略、国际视角看待、分析、应对北京人口流动问题。第一，坚持以人民为中心的发展思想，把增进流动人口福祉、促进流动人口的全面发展作为战略规划机制的出发点和落脚点。以人的城镇化为核心，合理引导人口流动，保障流动人口的平等发展权利，使包括流动人口在内的全体居民共享现代化建设成果。第二，坚持总揽全局，充分调动各方力量共同推进首都人口流动工作。充分利用中央和地方的合力，中央政府负责制定法律法规、制度原则、组织结构、战略布局，加强指导、监督和评估；市级和各区政府凝聚各方共识，遵守规则、令行禁止、不骄不躁、积极稳妥、因地制宜、循序渐进抓好贯彻落实。统筹政府和市场两种力量形成合力，政府在人口流动进程中起主导和核心作用，制定总体规划、发展原则、前进方向，提供基本公共服务，营造制度政策环境；市场在人口流动进程中起主体和决定作用，充分发挥自主性、平等性、竞争性、开放性、有序性，合理高效配置服务资源。第三，建立健全人口流动依法保障制度，修订完善有关法律法规，增加保障流动人口权益的实质性内容。以宪法、民法、刑法、劳动法、婚姻法等法律法规为根本依据，保障流动人口基本的人身权、人格权、财产权、劳动权、家庭权，维护流动人口的一切合法权益。第四，在明确划分中央和地方政府间农业转移人口基本公共服务事权的基础上，明确中央和地方各级财政为农业转移人口提供不同类型公共服务的责任和作用，通过纵向、横向的财政转移支付，将农业转移人口基本公共服务经费纳入财政预算范围予以保障。第五，对现有与人口流动有关的经济社会各项政策开展效果评估。分解并下达评估任务，做好人、财、物方面的资源配置，建立和健全有效的管理措施。利用多种调查手段，全面收集相关信息，并在此基础上进行必要的加工整理；运用具体的评估技术和方法，对政策做出公正合理的评价。

（二）建立健全人口流动动态信息系统

其一，建立健全人口流动综合信息系统，汇总和衔接交通、卫健、公安、统计、社保、经济、海关等部门的信息资源和数据基础，构建和完善包含人口流动轨迹、路线、流向、目的、居留等的信息管理系统，实现人口流动信息跨部门、跨系统、跨地区共享，提高流动人口的服务管理效能。构建全市、各区、乡镇街道、社区村四级的人口流动信息资源库，使人口流动信息系统形成多元、多层、多级服务管理平台，形成人口服务管理区域的"全市一盘棋"。建立北京流动人口集中、集聚区域与主要流出地、来源地的资源、信息共享机制。通过流出地与流入地政府和组织的互通有无、相互协作、共享共用，切实掌握流动人口及其家庭成员流出前、流出后的社会经济状况及其心理、行为变化情况，从而更好、更快地提高人口流动的管理服务水平。

其二，建设动态监测调查系统。借鉴各地"以路管人""以数管人""以房管人""以企管人""以片管人"的模式与经验，构建人口流动动态监测统计系统，掌握人口流动的基本信息和流动前后的变化状况。构建经济增长、社会发展、环境变化等指标与人口流动相关的动态统计监测，研究经济背景、产业变动、人口分布之间的互动关系和因果关系，为政府调控、企业决策、人口选择提供有力的数据支撑和动态基础。以家庭为单位，构建流

动家庭的动态监测统计系统。加强对以家庭为单位的人口流动状况的统计监测和动态调查，对于促进流动家庭的全面协调发展、和谐幸福稳定具有不可替代的重要作用。

（三）加强城市间交流与合作

从前文数据分析来看，北京与上海、重庆、长沙、杭州、南京、武汉、廊坊、保定、天津等城市联系紧密，人员流入与流出频繁，应加强北京市与这些城市之间的交流与合作，统筹市内和市外两种力量形成合力。北京市人口流动的主导力量是市内，需要政府、市场、社会、个体等多元主体的共同努力。但也不能忽视其他城市的力量，一方面，其他城市人口迁移流动的经验教训能为北京的市民化提供有益的借鉴；另一方面，区域合作、城市间交流等也是促进人口流动工作有序推进的重要力量。首先，加强北京与天津、廊坊、保定等京津冀城市之间的联系与合作。津、冀各城市是北京强有力的支撑和依靠，人员交流最为密集、经济社会往来也最为密切，如同一朵花瓣上的花朵，瓣瓣不同，却瓣瓣同心。其次，加强北京与上海、杭州、南京、武汉、长沙、哈尔滨等经济发达城市、省会城市、区域节点城市的交流与合作。现代科技的发展、交通通行的便利，使得天堑变通途，几千公里的城市之间当日往返成为常态，北京与众多发达城市的人员往来紧密而频繁，这也带来了很多问题，需要各城市之间建立互通互信的合作交流机制，共同推进人口的有序和合理流动。

（四）为流动人口提供基本的公共服务

流动人口到大城市打工经商、探亲访友，深受交通难、住宿难、上学难、看病难、就业难等问题的阻碍和困扰。要加强就业、教育、医疗、公共卫生、交通等基本公共服务的建设，增强基本公共服务的规范化、专业化和信息化，基于全体社会成员的需求来完善基本公共服务国家标准体系，不断提高基本公共服务的供给效率。对于北京市特大城市社会治理来说，人口实时的流入流出首先冲击的就是首都的交通运输能力。坚持"精细化＋智能化"的建设理念，将交通基础设施和交通科技设备相结合，把铁路、航空和公路、轨道交通等多个部门的规划进行有效衔接，通过综合手段解决交通拥堵问题，提升交通管理水平，改善交通秩序。依托轨道交通、城市快速路网、公交专用道、大容量快速公交等线路，通过综合客运交通枢纽、地面公交站等系列建设，全面建成北京交通网和快速通行网络。全面建成北京国家高速公路网和市级公路干道网。加快建设快速公交路，实行公交优先的原则。加大停车建设管理力度，缓解停车难问题。改善步行自行车出行条件，建设绿色出行体系。流动人口城市住房与居住问题是一项系统性工程，必须发挥政府、社会、市场、企业以及个人等多方作用，构筑一个协同合作、分担责任的社会化、市场化机制。因此，要着力抓好两个方面的工作。一方面，要增加住房供应，这是保证人民群众住有所居最直接、最有效的措施。目前住房供应体系不健全、住房供给不足，是造成人民群众住房困难的主要原因。要着重构建以政府为主提供基本保障、以市场为主满足多层次需求的住房供应体系。另一方面，要倡导符合国情的住房消费模式，这是解决住房供应与人民群众住房需求之间结构性失衡问题的关键一招。为此，要建立健全符合中国国情、满足人民群众住房实际需求的住房标准体系和住房消费模式。加强流动人口医疗健康的保护和维护。医疗健康是一个专业知识性较强的领域，需要对流动人口的医疗健康、医疗服务进行立法，对流动人口的医疗保障行为进行规范，使流动人口的医疗保障制度不断完善并健康发展。立法规范调整了医疗保险中的各种利益关系，维护医疗保险的保险人、投保人、被保险人、受益人和医疗服务机构之间因医疗保险费的缴纳、支付、管理和监督所发生的社会关系，保障包括流动人口在内的广大人民群众的基本医疗权利。规范和优化医疗保险的管理与服务。在参保人方面，凡属于保险范围内的个人都必须投保，医疗保险的承办机构必须接受投保，双方都没有选择余地；在保险金的征收方面，凡参加保险的个人和单位都必须依法缴纳一定的保险费，保险费率由政府主管部门与有关各方协商制定，参与保险的各方无权更改保险费率；在医疗保险的经济利益方面，不实行多投多保的原则，医疗保险的实质就在于对国民收入强制进行分配与再分配。

（五）提高流动人口的就业能力

就业能力是一种社会产品，一种谈判的身份：一个有就业能力的员工是难以替代和不可或缺的；一个无就业能力的员工则是可替代或可有可无的。就北京市的市情而言，流动人口就业能力的提升也应尽快提上议程。要建立健全相关法律制度，消除影响城乡劳动者平等就业的制度性障碍，切实保障流动人口获得与城镇职工平等的就业待遇。加强劳动合同法规制度建设，加强分类指导，充实劳动合同实质性内容，提高劳动合同签订率和实效性。推进和落实职业证书制度，提升流动人口职业技能。在职业院校、应用型本科高校启动学历证书＋职业技能等级证书制度试点，即我们说的１＋Ｘ证书制度。将流动人口纳入终身职业培训体系，逐步形成政府主导，相关行政、教育部门协作配合，多级相互连接、上下贯通、运转灵活的农民培训体系，有效地整合教育培训资源，提高培训效益，增强培训效果。合理配置教育、培训资金，划定分层有序的培训补贴标准，改进和优化培训补贴方式，落实职业技能鉴定补贴政策。借鉴"双元制"等模式，完善校企合作、工学结合的人才培养体系。把流动人口的职业技术培训纳入单位发展规划和经费支出中，有效保障流动人口的职业培训权利。采用多种多样的方式，例如，长期学历教育、短期培训专班、假期培训班、周末培训班、夜校培训班、集中学习班等，同时采用高级技师带徒、一徒一师制度、头脑风暴法、背对背打分法、职业技能竞赛等方式方法，提高员工职业技能。加强规范性和条理性，强化品质观念和工作责任心。注重生产服务的精细化管理，提高生产服务的效率和能效，树立责任意识、质量意识、效率意识，真做实干，把工作服务落实到每个细节。大力发展社区教育培训。社区教育具有学员普适性、内容实践性、形式多样性、目标易达性、成本亲民性、社会适应性等特点，从培训的视角来看是补充正规教育的一种重要方式，从社会的视角来看是一种全民教育和终身教育的体系，对于流动人口的市民化进程具有十分重要的作用。加强网络教育与培训。在新媒体时代，互联网的传输速度更加快捷，效果更为明显，终端工具也不再局限于电脑，还有数字电视、手机等多种工具。传输方式也从有线变为无线，摆脱了时间和地域的限制，微博、微信、邮件等交流工具不断涌现，促使人们可以随时随地进行学习。

（六）推进流动人口与本地居民的社会融合

社会融合状况是人口流动面临的重要问题，甚至可以说，社会融合是最高层次的社会稳定与和谐。因此，政府要在多方面努力，提高流动人口与本地居民的社会融合。首先，由于人口流动的分层性和异质性，同时也由于不同条件流动人口态度的复杂性和动态性，政府要利用现代信息化管理技术和大数据分析服务模块，及时、有效、准确地了解和掌握流动人口的个体人口特征、家庭随迁情况、迁移流动范围、停靠驻留时间、就业地点、居留迁户意愿等信息的基本特征和未来变化趋势，为政治、经济、社会、文化等各项工作提供信息支持和决策支撑。其次，做好就业、居住、社保等方面的管理和服务工作。客观生存条件是主观融合意愿的根基和前提，两者是相辅相成、互相促进的。只有流动人口在流入地取得稳定的工作、较高的收入、宜居的住房条件、连续的社会保障，他们才能够形成融入城市的心理意愿。另外，只有主观意愿融入，流入地政府才能在城市规划、经济布局、社会转型、政策发布等方面合理考虑流动人口的需要和诉求，更好地推进流入地的发展。加大宣传力度，推动全社会形成关心关注农业转移人口、促进社会融合的理念和环境氛围。加大投入经费，制作发放条幅、壁画、提示牌等进行广告宣传，将社会融入工作宣传到人人知道、户户知晓。利用短视频、直播平台、微信、微博等阵地，采取图文并茂的形式让人乐于看、容易记，入眼入脑入心，形成强大的舆论合力，有利于将融合精神化于心、践于行，形成全民共同参与融合的浓厚氛围。高度重视农业转移人口的社会交往。人类属于群居动物，无法离开他人而独自生活；人不是生而为人类的，而是通过社会交往才成为人类的。积极参与社会交往，积极与朋友、邻居互动，是流动人口个体体力、智力等能力逐步增强的必要条件，是流动人群应对现代社会庞大而复杂环境的必备素质。当然，流动人口的社会交往也是促进社会协作、社会团结的良好渠道。流动人口在流入地的社区参与和社会交往方面的

行为适应是其社会融入的重要方面。各级政府均应提高认识，转变观念，切实关心农业转移人口社区参与水平和社会交往本地化水平的提高，有效缩小"本地人"与"外来人"之间的差距，加快流动人口与本地居民的社会融合步伐。

参考文献

梁林、赵玉帛、刘兵：《京津冀城市间人口流动网络研究——基于腾讯位置大数据分析》，《西北人口》2019 年第 1 期。

张伟丽、叶信岳、李栋、傅继彬、吴梦荷：《网络关联、空间溢出效应与中国区域经济增长——基于腾讯位置大数据的研究》，《地理科学》2019 年第 9 期。

陈少杰、沈丽珍：《基于腾讯位置大数据的三地同城化地区人口流动时空间特征研究》，《现代城市研究》2019 年第 11 期。

劳昕、沈体雁：《中国地级以上城市人口流动空间模式变化——基于 2000 和 2010 年人口普查数据的分析》，《中国人口科学》2015 年第 1 期。

李拓、李斌：《中国跨地区人口流动的影响因素——基于 286 个城市面板数据的空间计量检验》，《中国人口科学》2015 年第 2 期。

蒋小荣、汪胜兰：《中国地级以上城市人口流动网络研究——基于百度迁徙大数据的分析》，《中国人口科学》2017 年第 2 期。

B.3
社会组织介入新移民包容性发展的
实践与启示
——基于北京协作者"农民工抗疫救援行动"案例分析*

王雪梅　周剑洋**

摘　要： 我国特别是北京市要建设包容性城市，就必须推进城市新移民的融入发展，而社会组织在此过程中发挥着重要作用。本报告基于对北京协作者"农民工抗疫救援行动"案例的分析，梳理剖析协作者救援行动的灾害管理理念、策略、模式及行动历程，认识到以协作者为代表的专业社工机构扎根于基层，在服务"脆弱"人群方面具有优势和不可替代的社会功能，积极推动了城市新移民的包容性发展。进一步调研表明，新冠肺炎疫情中仍有众多社会组织试图发挥社会功能但"有心无力"，如何让广大社会组织在推动新移民包容性发展过程中充分发挥作用，还需要进一步研究。对此，本报告提出若干对策建议：以"协作者"为典范，培育引导专业社工机构积极介入新移民服务；推行公益"1+1"，打造公益生态链，探索社会问题整体性响应机制；后疫情时代加强常态化防控，以社会组织为轴三方联动、三社联动等。

关键词： 新移民　包容性发展　灾害管理　整体性响应

---

* 本报告为北京市社会科学基金研究基地项目"疏解非首都功能背景下城乡接合部流动人口聚居区治理研究"（项目编号：17JDSHB002）的阶段性成果。

** 王雪梅，博士，中共北京市委党校（北京行政学院）社会学教研部副教授，主要研究方向为社区治理、流动人口；周剑洋，中共北京市委党校（北京行政学院）社会学教研部硕士研究生，主要研究方向为城市社会学。

北京市协作者社会工作发展中心（以下简称"协作者"）创办于 2003 年北京"非典"肆虐的春天，是全国最早的民办社会工作机构之一。协作者组织目标明确，即为农民工、流动儿童及孤寡老人等弱势群体提供困境救助、能力建设、权益保护、社区照护等社会工作专业服务活动。协作者成立之际，北京已成为全国"非典"疫情最严重的地区，作为流动人口密集的城市，外来打工者处于更脆弱也更为关键的地位。在此情况下，协作者迅速启动抗击"非典"农民工紧急救援服务项目，项目遵循社会工作"助人自助"的服务理念，为在突发性灾害面前最有需要的人群，提供来自物质层面、心理建设层面以及应对突发灾害能力建设层面的社会工作专业服务，直接受益的有 12548 个家庭，31343 人。协作者更是通过实际行动，摸索出民间组织应对公共卫生危机的宝贵经验。十七年来，对困境农民工的救助，始终是协作者工作的重点，也是其组织发展的重要战略方向。①

2020 年突如其来的新冠肺炎疫情极大地改变了广大民众的生活，其中农民工群体受经济条件、社会保障、信息获取能力、社区支持等因素的影响，在疫情中属于高风险高脆弱性人群。因此协作者紧急启动"农民工及其子女抗击新冠肺炎疫情紧急救援与能力建设项目"（以下简称"农民工抗疫救援行动"），凭借其专业的服务团队、丰富的项目经验、成熟的工作模式，持续为困境农民工家庭提供具有针对性的、多方位的救援。

一 新冠肺炎疫情下协作者抗疫救援理念、策略与模式

（一）以灾害管理思维统领行动，应对农民工群体脆弱性

1. "灾害管理"：协作者专业服务的创新思维

在多年的救援行动中，协作者重新定义"灾难"，即潜在危险＋薄弱环节＝灾难。潜在危险，指凡是那些有机会对社区环境及社会群体造成损害或引致死

---

① 《协作者：团结协作 助人自助的典范》，协作者云社工微信公众号，2020 年 7 月 26 日，https：//mp. weixin. qq. com/s/STZwa－a2RY7cx36PEJETKQ。

亡的事件，可分为自然形成的危险、人为形成的危险、混合形成的危险。薄弱环节，指那些有可能削弱社会群体抵制潜在危险的能力和事物，也可以称为"社会群体的脆弱性"。这些"脆弱因素"早在灾难发生之前就存在，并且它们在灾难发生之后还会继续存在。协作者认为在以经济为本的发展思路下，公共社会保障及边缘人群抵御外部环境侵害的社区保障能力被掩盖忽视，使得社会性的灾害风险正在加剧自然灾害对边缘人群的危害程度，边缘人群面对的灾害风险正由人民传统认识的"自然灾害"向长期性的社会资源及保障制度缺少转移。这就需要改变传统的赈灾观念，对于受灾者的救助，不仅仅是要提供短期单一的物资救济，更是要从长计议，以灾害管理的思维开展工作。①

协作者认为灾害管理（Disaster Management），即在社区内有策略地进行一连串活动或工作，以降低潜在危险发生的可能性，以及帮助社会弱势群体减轻或消除抗灾脆弱点，发挥抗灾潜能，减轻灾害对人们的影响。及早关注脆弱人群、建立预案，变单纯的紧急救助为持续性的增强公众对边缘人群脆弱性的关注。灾害管理更关注对脆弱性及其成因的分析，更强调对脆弱人群抗灾能力的长期建设。目前，协作者灾害管理工作的重点是将针对某一阶段某一种自然灾害风险的抗灾能力与长期可持续发展能力相结合。

2. 农民工群体"脆弱性"：协作者服务实践的专业研判

"农民工"是中国城镇化进程中特有的"产物"，群体规模持续增长，1983 年全国农民工总数仅为 200 万人，2004 年突破 1 亿人，截至 2018 年底，农民工总量约为 2.88 亿人，占全国人口总量的 20.67%。② 即使该群体规模庞大，但一直是城市中的社会弱势群体。协作者自成立起便重点关注这一群体，为其提供相应的社会服务，在长期服务实践中，形成了对农民工群体的专业认知。

协作者认识到农民工与其他群体相比，受经济条件、受教育程度、社会

---

① 《灾害面前看我们——从灾害管理的角度诠释农民工的脆弱性》，协作者云社工微信公众号，2020 年 1 月 22 日，https：//mp. weixin. qq. com/s/e92ahXja1PTOIvdZBVCfgA。

② 数据来源于"流动人口数据平台"，该平台由国家卫生健康委流动人口服务中心主办，https：//www. chinaldrk. org. cn/wjw/#/home。

保障、信息获取能力、社区支持等因素的影响，在遭遇灾害危险时抵御、应对和恢复能力更弱，更易受到伤害和遭受损失。他们认为，农民工应对灾难的脆弱性包括有形的物质方面的，如经济条件差；也包括社会或组织方面的，如缺少来自单位与家庭的直接帮助；还包括动机和态度方面的，如因为信息不对称、无助而产生的麻木、绝望情绪。尤其是家庭式迁移的农民工，流动成本更高，生活压力更大，应对风险的能力更弱。其中，特别是因为疾病、工伤职业病、丧失劳动能力、单亲等原因，导致深陷困境的农民工家庭，在生存机会相对较多的城市靠打工维持生计，且以拾荒、打短工、建筑工、装修工、做小生意等非正规就业为主，① 相比成建制单位就业人群，几乎没有任何社会保障，一旦风险降临，更是雪上加霜。

由此，协作者明晰抗议救援行动预设及行动逻辑，即农民工群体具有脆弱性，在新冠肺炎疫情中表现得更高危更脆弱，更加需要救助，必须从灾害管理的视角出发，开展农民工灾害管理工作。

（二）把握农民工群体灾害管理周期规律

目前，灾害管理对于中国的大多数社会公众及 NGO 来说，还是一个全新的概念，但对边缘人群而言是一个基本需求，也是一个社会公共管理的整体反应行动能力建设的基本内容。协作者走在了发展的前端，通过学习借鉴，基本把握了农民工群体灾害管理的周期规律。

国际上认为灾害管理周期（Disaster Management Cycle）包含 Mitigation（缓解）、Preparation（准备）、Response（回应）、Recovery（恢复）四个步骤。这一周期是灾难事件发生—出现紧急状况—恢复—重建—能力建设—预防灾难—灾难事件发生的循环，在这一循环过程中，不仅包括对当下灾难事件的紧急处理，更包含对抗灾能力的建设。② 协作者紧紧抓住了这一特点，

① 《协作者视线 | 应急与常态：从新冠疫情响应看农民工服务》，协作者云社工微信公众号，2020 年 4 月 18 日，https：//mp. weixin. qq. com/s/Z4hy81Vz4_ MVGSq0F8jZ0g。

② Nishan Sakalasooriya, Disaster Management Cycle, https://www. researchgate. net/publication/2855 91129_ Disaster_ management_ Cycle.

认识到要想有效地抵制灾难，需要及早削弱"潜在危险"，也需要降低"脆弱性"，提升减灾能力。灾害管理不应局限于物资救援，而是在满足脆弱人群现实性需求的同时，与长远的可持续发展相结合，既要对其进行"困境救助"，也要对其进行"能力建设"，增强抗灾能力，提升其社区参与的意识和能力，构建助人自助的社群灾害管理模式。在此次农民工抗疫救援行动中，协作者对降低农民工的脆弱性、提升他们的发展能力做了有益的尝试。

（三）区分常态——非常态管理策略

1. 常态下的灾害管理网络建设策略

灾害管理是长期性的，覆盖面积广。协作者认为需要在不同地域建立一个多元化的、跨学科的、能够长期持续关注分析总结并推广赈灾工作经验的人员网络，并以此为平台，定期综合现阶段社会发展信息，探讨积累多元化的赈灾手法，互相支持，并及时总结倡导矫正主流社会对灾害的认识。目前协作者已经在长三角、珠三角地区、山东半岛和中部地区分别建立了服务组织。

此外，协作者相信边缘人群具备自我发展的潜力，以及应获得公平的权利，而且社会及组织急需灾害管理的知识及人才。因此北京协作者推动建立"灾害管理志愿者网络"，该网络致力于培育本土灾害管理志愿者，探索动员民间力量参与灾害管理的本土化模式。通过培训、定期沙龙、经验分享及参与紧急救援实践等活动，提高志愿者及民间组织的灾害管理能力，建立灾害管理者志愿者服务网络，并推广强调以人为本及可持续性发展的灾害管理理念与手法。

2. 非常态下启动灾害管理策略，建构"农民工抗疫救援行动"工作模式

2003年"非典"、2008年国际金融危机及2020年新冠肺炎疫情，三次重大的危机事件，协作者都开展了相应的应急救援，逐步探索出了完善的灾害管理流程。针对新冠肺炎疫情和农民工群体的特殊性，迅速建构了"农民工抗疫救援行动"工作模式。该工作模式基于困境农民工能力与脆弱性预设；嵌入协作者"三位一体"的战略服务体系，即紧急救援—专业支持

—教育倡导；启动两种机制，即困境农民工家庭动态监测评估机制和整合取向的社会工作系统介入机制；具体开展九项工作，即信息救援、物资救援、生计救援、行动研究、经验推广、能力建设、调查研究、公众教育和政策指导（见图1）。

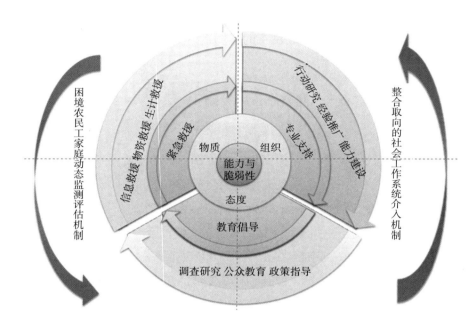

图1　"农民工抗疫救援行动"工作模式

二　协作者抗疫救援行动历程

社会工作服务、专业支持和政策倡导是协作者已经形成的三个成熟的部门，在这一次疫情响应中，三个部门协同推进。自2020年1月22日始，协作者组建了倡导组、救援组、保障组，正式启动农民工抗疫救援行动。

（一）精准识别服务对象、全面评估服务需求

协作者首先针对困境农民工家庭开展了需求调研，通过对46个困境农

民工家庭的个案访谈和持续的追踪监测，形成研究报告使协作者更清晰地识别服务对象、更精准地掌握疫情期间困境农民工家庭的需求，为之后的救援服务提供指导。① 协作者发现农民工流动方式发生了结构性变化，即家庭式的迁移成为农民外出务工的主要方式。家庭式流动，涉及子女教育、房屋租住等问题，流动成本更高，生活压力更大，导致农民工应对风险的能力更弱。进一步识别对象发现更需关注的困境农民工家庭——迫于各种原因，这些家庭成员大都是非正规就业，62.9%的人未与用人单位签订劳动合同，而签订了劳动合同的人员中，81.8%的雇主没有为其缴纳医疗保险。

概括来讲，困境农民工家庭比较紧迫的需求有以下八个方面。一是防护意识和能力提升需求。这主要表现在在意识层面对新冠肺炎病毒的了解比较欠缺，以及防护物资不到位。二是信息获取与识别需求。大部分困境农民工家庭因为受教育程度低、信息渠道不足等影响，识别信息能力有限，经常会接触到一些错误的信息。对政策信息也不甚了解，这使得他们很难为自己争取到权益保障。三是生计需求，包括最基本的吃饭问题、居住问题及出行问题。四是健康需求，不仅包括疫情对他们健康的影响，也包括常态生活中糟糕的健康状况。五是社会保障需求，很多农民工家庭缺少社会保障，加上因病返贫，疫情更是加剧风险。六是教育需求，一部分是子女的教育需求，受网络或设备匮乏的限制子女无法正常上网课，家长也没有能力进行课程辅导；另一部分是成年人本身拓展职业能力的需要。七是情感需求。农民工的社会支持网络比较薄弱，对疫情的恐惧和对生计的担心会令其产生很大的心理压力。八是自我实现需求。疫情极大地冲击了农民工的生活和工作，对于未来的迷茫和自我价值的找寻使得他们承受较大的心理压力。许多农民工的需求都被忽略，而协作者在需求报告的指导下有的放矢，开展了系统的信息知识救援、防护物资救援和生计经济援助等。②

---

① 《疫情下的深呼吸｜新冠肺炎疫情中困境农民工家庭需求分析报告（摘要）》，协作者云社工微信公众号，2020年3月13日，https：//mp. weixin. qq. com/s/laEr－7fn70kupoZnsgcmJQ。

② 《疫情下的深呼吸｜新冠肺炎疫情中困境农民工家庭需求分析报告（摘要）》，协作者云社工微信公众号，2020年3月13日，https：//mp. weixin. qq. com/s/laEr－7fn70kupoZnsgcmJQ。

（二）抓住"救援之重"：困境救助与能力建设

家庭社会工作认为家庭是社会的细胞，家庭结构的维持和其功能的正常发挥十分重要。新冠肺炎疫情期间，协作者对农民工及其子女进行了紧急救援，以整合的家庭为救援单位开展行动，帮助其应对风险，走出困境。

协作者疫情中对农民工家庭进行救助时，利用专业的社工服务，从两方面切入，一是困境救助，在了解需求的情况下链接资源，从外部为困境家庭提供支持、缓解其压力；二是能力建设，社工借助增强权能理论和相关技巧，在访谈叙事中发掘被访谈者优势、激发其潜能，提升家庭抗逆力，促使家庭从内部迸发走出困境的能力与活力。

案例　刘霞（化名）的家庭服务

刘霞，44 岁，没上过学。2015 年带着患有肾病综合征的小儿子到北京求医，丈夫因病去世，与 12 岁还在上学的儿子越越和 23 岁已经参加工作的女儿相依为命。过年期间一直留在北京，因新冠肺炎疫情工作不太好找，同时需要照顾生病的孩子让找工作难上加难。刘霞有时会因儿子的学习和女儿的亲事与他们发生冲突。在访谈结束时，刘霞说道："这么多年，我们家经历的事情太多了，感觉生死没有多重要，过一天是一天吧。我们以后还得留在北京给儿子看病，最近确实是比以前更困难一点了，我再怎么坚强，也没有一个男人肩膀硬，我只能说是尽力。"

访谈的社工小艺（化名）在访谈中，感受到刘霞还沉浸在哀伤中。丈夫的突然病逝，对这个已经压力重重的家庭来说无疑是飞来横祸。她眼中那个饱受疾病折磨的小儿子，虽然对学习和未来仍有很多迷茫，但是也和女儿一样在磨难中开始长大。疫情之下，刘霞依然得在生活和求医的路上坚持走下去。因此小艺针对刘霞一家的情况，从当下和长远两个方面提出了服务意见。当下：①协调救助资源，提供紧急生活救助；②开展丧亲哀伤辅导，给予妈妈心理慰藉和情感上的支持，并关注子女的心理状况，支持妈妈协助孩子处理好危机；③提供个性化的防护知识指导，确保疫情期间家庭成员的生活、工作和就医安全；④在疫情期间通过在线沟通，了解越越在学习上的困难，并鼓励其参与协作者在线课业辅导；⑤持续跟进家庭近况，了解家庭下一步的生活规划，协助其在疫情期间正常生活。长远：①为妈妈提供就业资讯和建议，关注其女儿的工作情况，提升工作技能，拓展工作机会，缓解家庭经济困难；②协调医护志愿者定期提供咨询指导、体检服务和就医资源；③链接大病救助资源，为其提供医疗救助；④疫情结束后，继续对越越提供助学帮扶，包括援助小额助学资金，对接陪伴天使，辅导其学习，提升学习成绩，并给予精神上的陪伴。①

此外，协作者还开设了打工者防疫能力建设课堂，在加强困境农民工家庭对防疫知识的学习、提升防疫抗疫能力之外，成立线上互助支持小组，使困境农民工家长在疫情期间，亲子沟通、情绪管理的能力有所提升。

（三）扼住"脆弱之源"：特别关注对流动儿童的援助

儿童是否能健康成长，关乎其未来的人生发展。流动儿童由于其生长环境的特殊性，极易陷入成长困境，要想从根本上改变农民工群体的脆弱性，还需得从娃娃抓起，使他们拥有强大的内心。新冠肺炎疫情迅速改变了儿童生活的环境。学校停课和限制人员流动等隔离措施扰乱了儿童的日常生活和社会支持，由新冠肺炎疫情引起的污名化和歧视可能加剧儿童遭受暴力和社会心理困扰的脆弱性。那些本来因为社会经济地位被排挤或是聚居在拥挤环境里的困境儿童，在新冠肺炎疫情暴发期间面临更高的风险。协作者特此开展了疫情下从"儿童—家庭—社群—社会"四位一体流动儿童线上服务。②

---

① 《疫情下的深呼吸｜我扛着这个家，尽力过一天算一天》，协作者云社工微信公众号，2020年2月13日，https：//mp. weixin. qq. com/s/r5aSTv6AWXWDXg48H8COOQ。

② 《协作者经验｜疫情下四位一体的流动儿童线上服务——以协作者的农民工抗疫救援服务为例》，协作者云社工微信公众号，2020年3月28日，https：//mp. weixin. qq. com/s/-WkHGN03az4wHWxOOSGGcg。

1. 儿童层面：遵循以儿童为本的原则，从服务儿童视角切入

协作者认为，疫情时期流动儿童的学习、居家生活以及对外界的认知有着不同于正常时期的需求，他们有权利也有必要参与抗疫过程，加深对疫情、对世界的理解，提高抗疫能力及应对风险的心理素质。因此设计了"在家看世界""防疫小记者能力建设"等服务活动，始终以流动儿童为主体，提高其防疫能力、自主学习能力与主动参与的意识和能力。[①]

2. 家庭层面：以家庭为本的服务，以家庭亲子关系建设为核心，推动家庭支持系统建设，改善疫情时期农民工家庭问题

协作者启动亲子课堂，儿童、家长议事会等服务活动，并在线下救援物资发放时，为家长发放"以我们的力量帮助我们任务清单"，让家长与儿童一起选择完成任务、每天一打卡，旨在通过促进流动儿童家庭互动来改善流动儿童疫情时期的家庭关系。

3. 社群层面：以社群互助网络建设为本，注重社群内在动力的培育与挖掘，提升其社群内部支持系统的建设

协作者设计了以社群参与为目标的社群服务，尤其是针对困境流动儿童及其家长群体的服务活动，开展家长互助小组等活动，以家庭为单位，以协作者原有的微信服务社群等为平台，采用在线分享、交流、培训等方式，让家庭之间互相取长补短、学习交流，建立起他们居家隔离时期的家庭互动网络。

此外，协作者通过相关研究和服务引起了社会关注，并得到了广泛的支持和更多的救助资源，通过筹集与协调社会资源，促进其社会支持系统建设。

总体来说，疫情时期协作者针对流动儿童及其家庭的服务，在系统支持理论视角下，遵循以儿童为本的原则，从儿童服务方面切入，进而深入家庭，改善其生活环境，进一步挖掘与培育其社群互助能力与意识，形成社群内自助互助网络；再通过相关研究和服务引起社会关注，筹集与协调社会资

---

① 《协作者经验 | 疫情时期儿童参与为本的困境流动儿童服务——以协作者小记者防疫能力建设课堂为例》，协作者云社工微信公众号，2020 年 3 月 28 日，https：//mp. weixin. qq. com/s/_ DTM4mkn7NIfiEjRdVxM0w。

源,促进其社会支持系统的建设与增大;最终达到支持农民工群体顺利渡过疫情时期,赢取持续性发展的服务目标。

(四)创新服务方式,开辟线上救援通道

由于新冠肺炎易传染,许多线下的活动也不得不叫停,协作者在疫情期间,结合现实情况、利用已有资源,快速反应,创新救援方式,借助互联网开辟线上救援通道。首先,传递科学信息。协作者邀请相关机构专家委员会的医学顾问、法律顾问和心理咨询专家加入救援工作,回答各类问题,保障救援工作的安全性与专业性。[①] 其次,开设主题多样的"在线课堂",丰富了打工朋友们的居家生活。最后,还在线上开展专业个案服务、"陪伴天使"、童缘项目,为困境家庭及儿童送去陪伴、关怀和帮助。虽然疫情造成了物理空间的阻隔,但在线救援的方式打破了这一屏障,让协作者的救援及时且多样,不仅缓解了打工朋友们因疫情而加重的生活压力,也温暖了他们的心,更增强了他们战胜困难的决心和信心。

(五)协作者抗疫救援行动成果

从 2020 年 1 月底项目启动到年中,协作者的救援行动从未停止,截至6 月 30 日,"救援行动"为 766 个困境农民工家庭,1705 名成人,5007 名儿童以及 11 所打工子弟学校提供了服务。具体成果见表1。

表 1　协作者抗疫救援行动项目成果(2020 年 1 月 22 日至 6 月 30 日)

服务类别		服务内容	服务成果
紧急救援	需求评估	通过个案访谈与问卷调查,了解疫情下困境农民工家庭需求,建立动态需求监测评估体系	针对长期服务的 46 个困境农民工家庭开展前后 4 次的"个案访谈",以及针对 311 个农民工家庭开展内容全面的"问卷调查"

---

① 《在线服务丨疫情面前,协作者专家为您答疑解惑》,协作者云社工微信公众号,2020 年 2 月 3 日,https://mp.weixin.qq.com/s/8BcEgmLa60KFaKbNO5lQjQ。

续表

服务类别		服务内容	服务成果
紧急救援	信息救援	针对困境农民工家庭信息获取能力有限的问题,为农民工及其子女答疑解惑	累计开展 76 个个案咨询服务;撰写发布《致打工者的一封信》的疫情应对系列文章 8 篇
	物资救援	发放救援物资	共为 766 个困境农民工家庭、1705 名成人、5007 名儿童、11 所学校、1 个街道、7 个社区、1 个社会组织,发放了 61527 个口罩、4873 件消毒用品、582 罐雀巢婴儿奶粉、424 个乐高堆砌包、2 部二手手机、1 部二手笔记本电脑、634 本宣传册等
	生计救援	为相关困境农民工家庭提供小额资金救援服务	累计为 113 个困境农民工家庭发放 134167.2 元小额生计救援金
专业支持	行动研究	对社会组织应对疫情状况展开调查研究	对北京市 448 家社会组织进行调研,发布相关调查报告
	经验推广	整理救援行动经验进行推广	为社会组织提供咨询辅导服务 2343 次,开展各类培训、评审、交流等活动 186 次,8974 人次的社会组织负责人和业务骨干直接受益,成功对接资源 12 项;应邀在民政部和国家卫健委组织召开的疫情防控工作会议上介绍救援经验
	能力建设	提高农民工及其家庭应对风险的能力	累计开展 9 个主题 368 次在线能力建设活动,为 184 个农民工家庭带去兴趣课堂、防疫知识等服务,并为 126 个困境儿童及其家庭开展包括学业辅导、职业规划和情感慰藉等线上服务,以及一对一陪伴天使个案服务 686 次
教育倡导	调查研究	对困境农民工家庭进行需求评估、分析	发布困境农民工家庭需求分析个案研究报告 4 期
	公众教育	丰富公众对农民工及农民工救援行动的认识	发布困境农民工家庭口述实录个案故事 24 个;发布系列专题文章及短消息 1000 条,阅读量 65.5 万次;制作公益海报 130 张;撰写发布 15 篇经验总结文章;海内外 46 家媒体报道救援行动
	政策倡导	结合救援行动中的研究发现等对有关政策及社会组织发展提出倡议	通过调研报告递送给相关政府部门以及参加会议进行主题发言等形式,进行政策倡导;结合针对社会组织调研完成的报告,通过参加社会组织与疫情防控相关交流座谈会提出倡议

资料来源:《北京协作者年中工作报告》,协作者云社工微信公众号,2020 年 7 月 26 日,https：//mp. weixin. qq. com/s/Ctj3f－yrROzqTlHQiGKo－Q。

总之，协作者利用灾害管理的思维和流程，合理有效地展开救援；从困境救助和能力建设两大角度切入，不仅有效缓解了困境家庭的生活压力，更是从家庭信念、家庭组织模型和家庭沟通过程①三个方面帮助困境家庭提升家庭抗逆力，激发内生的抗灾能力。协作者社会工作服务、政策倡导和专业支持"三位一体"战略服务体系的服务效果在抗疫救援行动中得到了充分体现，协作者的社会影响力不断扩大，为脆弱的农民工家庭及流动儿童提供长期可持续服务的平台和网络也在更大范围内构建起来。

三 协作者案例启示

协作者在服务农民工群体应对新冠肺炎疫情方面发挥的作用，给我们很多启示。

（一）专业社工机构具备"以人为本"的天然属性，在"脆弱"人群服务方面具有优势和不可替代的社会功能

在新冠肺炎疫情下，社会组织凭借自身优势，作为"脆弱"群体需求的发现者、利益的代表者、资源的链接者和支持服务的直接提供者，陪伴诸多"脆弱"人群渡过了难关。协作者在新冠肺炎疫情期间对北京市 448 家社会组织进行调查，结果表明，大部分社会组织积极响应抗疫行动的号召，参与各类服务工作，51.79% 的社会组织非常积极地参与抗疫行动，仅仅是整合各类资源，捐赠价值就超过了 3 亿元；此外，它们还开展了丰富的线上线下抗疫行动，其所产生的价值和影响难以估量。

（二）专业社工机构具有强烈的底层意识，可以"看见不被看见的生活"

专业社工机构的目标及任务不仅是及时提供流动人口急需的服务，更是

---

① 〔美〕Froma Walsh：《家庭抗逆力》，朱眉华译，华东理工大学出版社，2013。

要让社会看到和听到他们的需求，促进政府和社会在常态及非常态情况下，都能充分考虑到这一群体。

在这次新冠肺炎疫情中，政府发布了一些面向农民工的政策，① 其重点是稳就业、保经济，政策思路是以经济为中心。从社会工作角度来看，这忽略了农民工尤其是家庭式迁移的农民工在就业之外的其他需求，如健康、教育、居住、心理慰藉等。与之不同，社会组织一直活动于基层、扎根底层，对社会需求的敏感度非常高，能在第一时间就迅速感触到各类群体的实际问题，并提供相应的服务。社会组织不是空喊口号，而是通过各类实务活动将服务真正作用于基层群体，弥补和完善政府服务的空白和不足。

（三）专业社工机构以三种视角，积极推动了城市新移民包容性发展

专业社工机构秉持发展、政策和公众教育三种视角，践行社会融合、社会包容及社会接纳的行动理念。一是发展视角，作为城市新移民，农民工群体社会支持网络脆弱，缺少社会资本。社会组织在扩展紧急救助时，积极建设其社会支持网络，通过正式的支持如有关部门和社区组织，和非正式的支持如志愿者、周边的居民、邻里等，链接更多资源给农民工群体，在援助中促进他们自身的可持续发展。二是政策视角，农民工群体之所以脆弱，也有政策缺失的问题。社会组织在回应需求时，也要带着政策研究的视角，多去了解为什么他们是脆弱的，政策在哪些环节与农民工群体的现实需求产生了偏差，可以通过报告或传播工作将这些意见传递给有关部门，进行政策倡导。三是公众教育视角，长期城乡二元发展造成对农民工的隔离和排斥，这在新冠肺炎疫情中表现得尤为突出。社会组织认为，排斥和歧视的背后是城市社会对这个群体不了解，为此，社会组织可以在所服务的群体和社区中加强公众教育，让公众更好地理解包括城市新移民在内的各类弱势群体的处

---

① 比如人社部出台了针对农民工返岗复工的"点对点"服务保障计划；国务院发布了针对中小微企业、个体工商户的政策，包括增加贷款、减免社保、降低增值税征收率、减免房租等。

境、内心世界，更好地理解流动是人的一个常态。社会组织最大的价值之一就在于促进包容性发展。

四 社会组织介入新移民包容性发展的反思与对策建议

（一）社会组织反思——新冠肺炎疫情这一课

新冠肺炎疫情这一课，能为社会组织发挥其社会功能、支持脆弱人群提升综合灾害应对意识和能力、促进政府和社会持续性增强对脆弱人群的关注，特别是改进城市新移民包容性发展方面，提供哪些新的启示？

协作者的调查报告表明，调查的社会组织中，近半数的组织尽管有非常强烈的参与意愿，但却没有能够参与进来。主要原因，一是没有资金、没有物资，占 44.91%；二是想参与但不知道要做什么，在组织服务规划中没有灾害管理、应急救援的知识和能力储备；三是想参与但认为有风险；四是找不到服务对象，不知道应该给谁服务，占 7.9%。显然，从某种意义上来说，社会组织的参与程度受制于组织的定位、能力、资源和渠道。

这些原因应当引起反思。从 2008 年汶川地震救灾以来，只要有灾害发生，社会力量就会以各种各样的形式参与响应。社会组织实际上是让社会力量以有序、理性的方式参与响应的重要渠道。如果社会组织构建不起来，强大的社会力量和社会情绪难以正向输出到响应行动中，反而易转化成一系列负面的情绪。这次疫情中一些负面舆情反映出，社会组织与社会发展、社会需求、公众期望之间存在较大差距。社会组织主要依靠社会财富的二次分配，无论是从道义上还是法律上都应以承担社会责任为第一要义。解救危难、帮助弱小是社会组织必须肩负起的责任，社会组织需要放宽视野，具备人类命运共同体的意识。①

---

① 《李涛：社会组织要带着底层意识，深入到底层去，扎根到底层去，服务到底层去｜CNC-COVID19 专题 22》，协作者云社工微信公众号，2020 年 3 月 28 日，https://mp.weixin.qq.com/s/DdvGt0TD3fYD8czMSjiXRA。

应对重大公共卫生危机，需要政府、社会联动。通过这次抗疫行动可以看出，针对重大突发公共卫生危机，需要两方联动：一个是政府公共服务，自上而下通过提供医疗救治、进行疾病防控来等截断疾病传播途径；另一个则是社会联动，包括各类社会组织快速识别所服务社区中的脆弱人群及其迫切需求，并及时、个性化、灵活地提供有针对性的多样援助与服务，从而形成在社区层面对疫情的阻断和对人的关怀。然而，实际行动更多依靠的还是行政命令和运动式的战术。为此，政府要更加尊重和承认社会组织的重要性，在整个国家体系、社会治理改革当中，给社会组织在方方面面都预留出足够的空间和资源，让它去发展。例如，将社会组织纳入国家应急管理体系，在灾害发生时社会组织才能快速、直接、顺畅地参与。

（二）对策建议

1. 以"协作者"为典范，培育引导专业社工机构积极介入新移民服务

协作者以"团结协作、助人自助"为服务理念，一方面与政府、企业、NGO及志愿者广泛合作，构建"服务创新—研究倡导—专业支持"三位一体的战略服务体系；另一方面协助困难群体从受助者成长为助人者，他们坚信：每个生命都有尊严，每个弱者都有力量。协作者在介入新移民服务的过程中进行了许多探索创新。

第一，服务创新。协作者建立了科学、规范、严谨的专业服务管理体系，秉持专业价值理念，利用专业服务思维和服务方法，为流动人口提供服务，在成立之初就着手构建社会工作服务管理体系，包括依据社会工作通用过程模式建立的服务流程、督导制度和能力建设制度等，所有服务活动都严格依照服务流程开展需求评估、过程评估和成效评估。

协作者在服务过程中，用客观公正专业的态度平等对待每一位流动人口。他们致力于消除群体污名，发现他们身上的闪光点，激发他们身上的潜能。在多次救援项目中，协作者利用灾害管理的思维和方式，规范、快速且有效地开展行动帮助脆弱人群走出困境，更具有前瞻性地增强其抗灾能力，增强韧性。

协作者构建跨地域联动的救援和服务网络。2007 年起协作者服务模式在全国范围内推广，在中国流动人口输入、输出最密集的五个区域分别建立了"北京协作者""南京协作者""珠海协作者""青岛协作者""江西协作者"。其中"北京协作者"、"南京协作者"及"珠海协作者"被民政部评为"全国社会工作服务示范单位"。各地协作者跨地域协作，能够大大降低服务成本，提高救援效率，也可以实现优势互补，增大能量，同时提升资源使用的效能。

第二，研究倡导。协作者突破民间组织局限于微观服务的瓶颈，在服务基础上开展行动研究。抗击"非典"时，直接救助、能力建设与倡导结合的方法形成雏形。同时在援助过程中开展了行动研究，形成了大量的案例，最后出版了《农民工：流动在边缘——记录与调查》，还结合抗击"非典"时拍摄的图片，在 2006 年进行了全国巡展。既达到了物质援助的目的，也达到了能力建设和教育倡导的功效。此后，协作者多次承担民政部课题研究工作,[1] 发布了 35 个研究报告，出版了 9 本图书；参与了多项社会政策和标准的起草制定工作;[2] 并召开了四届全国性研讨会,[3] 并邀请农民工和流动儿童作为会议代表在大会中做主旨发言。

第三，专业支持。2010 年 6 月，北京协作者成为北京首家由市民政局直接主管的兼具服务性、倡导性和支持性的民办社会工作机构。2015 年，受北京市社会团体管理办公室委托，北京协作者承接北京市社会组织发展服务中心建设与运营项目，为全市 4000 多家市级社会组织提供专业支持服务，并统筹引领市区街三级社会组织培育孵化平台建设工作。协作者创造性地将"团结协作 助人自助"的模式引入培育孵化工作，组建了涵盖法律、财

---

[1] 包括 2009 年民政部"社会工作人才服务农民工问题"课题（编号：2009MZABR46），2012 年民政部"志愿者培育与发展机制研究"课题（编号：MZ2012ZYZ－5002），2015 年民政部"基层社会治理中的社区、社会组织与社会工作互动机制研究"（编号：2015MZR0252702）等课题研究工作。

[2] 包括《社区社会工作服务指南》、政府购买社会工作服务等。

[3] 包括"全国农民工职业安全与健康权益保障研讨会""全国农民工公共政策改革与服务创新研讨会""全国农民工社会工作服务创新研讨会"等。

务、品牌建设、人力资源和公益导师在内的公益资源联合体，为社会组织提供自助式服务；并建立了"边界清晰、优势互补、良性互动、协作支持"的政社合作模式，作为经典案例被收入《中国社会组织报告（2016~2017）》。协作者作为第三方承接政府购买社会组织项目的监测评估工作，并创新出"支持性监测评估模式"，截至2019年，为全国47700多名社会组织负责人、社会工作者和志愿者提供了专业支持。

协作者用他们的行动，向社会传递出了农民工的真实状态；用他们的研究，为政策制定提供了坚实的经验证据；更用他们的专业性，为其他社会组织和志愿者提供了专业支持，鼓励更多的社会力量加入对流动人口的服务中来。其经验和模式值得广大社会组织学习借鉴。

2. 推行公益"1+1"，打造公益生态链，探索社会问题整体性响应机制

2018年，在北京市社会组织管理中心的指导下，协作者推出了"公益1+1"资助行动。该行动实现了资源配置工作的突破，打造政府提供政策支持、基金会提供资源支持、支持性组织提供专业支持、社会服务机构专注于服务行动的公益生态链。

协作者希望搭建资源聚合与配置的平台，鼓励基金会、企业等资源方和社会服务机构合作。一方面吸引有资源的基金会加入"公益1+1"；另一方面找到扎根社区、踏实做事的社会服务机构进行对接，各发所长，共同发展。通过"公益1+1"实现三个目标：一是让社会服务机构找到急需的资源，让社会资源找到优秀的项目；二是提升资助方资助质量，支持社会服务机构可持续发展；三是发挥示范引领作用，倡导社会组织伙伴共生、价值共创的公益新风尚。同时协作者提出了"一个前提，两个明确，两不限，两鼓励"的资助原则。

2020年6月9日，"疫情下的困境儿童发展论坛暨公益1+1项目启动发布会"举办，共计530余人在线参加，春苗基金会出资120万元用于支持社会服务机构开展困境儿童抗疫关爱服务项目。上半年，开展资源对接服务65次，其中举办大型资源对接活动1场，共计为530家社会组织1112人提供服务，成功对接资源12项。"公益1+1"的重大意义就在于把资源的提

供方——基金会的资源优势，与公益活动的实施方或者说资源的需求方，通过协作者进行连接，实现资源的优化配置，最终目的是让广大困境儿童的各种实际困难都能得到很好的解决。这可以弥补政府在困境儿童保护服务方面的不足。从这个角度上讲，"公益1+1"是一个多方共赢的好项目——也再次提醒政府部门：社会蕴含着巨大的公益积极性和力量，应该把它们更好地利用起来，可以有益补充政府工作。

社会组织分为基金会、社团和社会服务机构，三类组织的功能优势和社会分工不同，只有互相协作，才能形成一个良好的公益链条。而传统的社会服务机构和基金会合作模式，存在三个问题：公开性问题，并不是公开统一发布；制度化问题，尚未形成制度化的项目对接与管理；专业支持的问题，无法保证专业支持的质量。这使基金会和社会组织之间的合作存在风险。

"公益1+1"针对上述问题进行了探索突破。"公益1+1"中重要的一方是基金会，另外一方就是从事儿童保护或者儿童领域的社会服务机构，中间的"＋"是作为平台的社会组织发展服务中心，同时还有运营方协作者。"＋"中的横线即是平台，既能面向整个社会公开发布项目，又能够保证社会组织之间资源对接的制度化。"＋"中的竖线是协作者，从一开始的筹备到发布会再到后期项目审批与执行，都是贯通的。协作者将他们的经验与优势应用于"公益1+1"的项目对接中，从而避免或解决各种问题。

此外，"公益1+1"的模式形成了全面的合作，通过支持性组织把这些社会服务机构和基金会连接在一起，形成了一个完整的公益组织链条体系，与之前的模式相比，专业化程度更高，分工更细。这样一个全新完整的公益运作组织体系构建，也说明当下公益发展到了一个新的高度，它的专业化分工越来越细。同时"公益1+1"模式背后也折射出，在面对社会问题时要形成一种整体性的响应机制，从而解决社会问题。把公益组织运作体系构建好，才是真正可持续性的概念，也是应对社会问题最有效的一种方式。

3. 加强常态化防控，以社会组织为轴三方联动、三社联动

通过对协作者抗疫救援行动的分析，我们可以发现社会组织在应急状态

下服务城市新移民的及时性和专业性，也启发我们思考，在常态下如何做好新移民的危机防控工作，又如何保证社会组织可以持久发挥作用？常态化防控即在日常状态下为脆弱人群提供发展型服务，降低其脆弱性，提升其能力，削弱其在突发危机中的高脆弱和高风险性。

其一，将疫情常态化防控与反贫困结合。除救助外，还应发挥公益组织和社会工作者的专业服务功能，协助困境农民工提升摆脱困境的能力。建议社会工作者为困境农民工开展生涯规划能力建设，提升生涯规划意识，学习生涯规划的方法，从而协助其规划好个人及家庭的生活，提升可持续发展能力。

其二，针对困境农民工家庭儿童视角不足的问题，开展家庭教育能力建设。疫情对学校教育和家庭教育、社区教育都带来了前所未有的变化，需要教育部门、社区服务部门和社会组织调整教育资源供给方式，转变教育理念和方法，投放资源提升家庭亲职教育的能力。如通过开展儿童视角下的亲子服务和亲职教育等能力建设培训，协助困境家庭父母了解和尊重儿童的知情权，提升父母在灾害中对儿童进行心理疏导的能力。

其三，针对困境农民工不了解相关扶持政策的问题，创新政策的传递方式。建议政策制定和落实应充分考虑农民工群体的多样性，考虑不同类型的农民工的信息接收和资源获得方式，其中，政府、企业和媒体均应树立"第三部门"视角，重视并发挥公益组织和社会工作者的专业优势，形成合力，使政策惠及公共服务与市场服务覆盖不到的边缘人群。唯有如此，良好的施政意愿和财政资源才能切实转化为基层群众的获得感。

其四，加强常态化防控，不仅需要在政策战略上高度重视，也需要做好实践中的联动——政府、市场、社会三方联动；社区、社会工作和社会组织"三社联动"。政府内部建立跨部门、跨专业的联动机制。其中社会组织是常态化防控的重要一环，但社会组织具有自发性，其持久性需要得到保障，这就需要将社会组织纳入各地发展计划中，加大对其总体投入力度，提供有力的发展支持。

五 结语：建设包容性城市，推进城市新移民融入发展

2000 年联合国人居署首次提出"包容性城市"的理念，该理念获得了广泛的认同，并逐步成为世界城市发展的新目标。包容性城市就是指城市中的每个人，不论财富、性别、年龄、种族和宗教信仰，都能够有机会进行充分的社会参与和享受城市发展所带来的好处。包容性城市强调城市发展在政治、经济、社会、文化、生态环境等领域的均衡与统一，强调城市发展过程中公平与效率的内在一致，以及城市不同主体发展权利的同质均等性。这种城市发展理念和思路将在未来较长一段时间内成为各个国家努力奋斗的方向和积极追求的目标。2014 年，国务院发展研究中心课题组提出了"包容的城镇化"理念，并把"包容"看作新型城镇化道路的基本内涵之一，中共中央在《关于制定国民经济和社会发展第十三个五年规划的建议》以及《新型城镇化战略》中，明确提出了"包容发展"和"共享发展"的理念和倡议。提出要充分调动政府、企业和社会各方面的积极性，让全体人民公平参与发展、公平分享城镇化的物质文明和精神文明成果，促进社会各阶层和谐相处，把城市打造成共享人生出彩机会的宽阔舞台。[①]

城市本身是新产业和经济就业的中心，因此吸引了大量人口集聚。在当下首都转型发展过程中，我们能够看到城市新移民与城市的紧密联系，推进城市新移民融入发展，是建设包容性城市，推进新型城镇化战略的必然选择。如前所述，整个中国社会已经是一个高度流动的社会，目前大数据技术、信息化管理手段发达，对流动人口的管理已经不像过去那样困难，就业、教育、医疗等社会保障也可以跟上，让政策和服务跟着人流动，真正实现社会改革成果的共享。这也是包容性城市发展的题中应有之义。

---

① 文军：《迈向包容性城市的发展之路》，《上海城市管理》2017 年第 1 期。

B.4
2019年北京老年人口现状
与社会参与研究报告[*]

董亭月　闫　萍[**]

摘　要： 积极应对人口老龄化是国家政策的主导方向。北京市低龄老人规模大、比例高，健康素质良好，受教育程度领先于全国，且社会参与程度较高。其中公益参与比例最高，尤以正式志愿参与为代表，家庭参与和政治参与也较为活跃，经济参与程度相对最低。不同居住地和不同居住类型的老年人社会参与类型不一样。自我实现、获得奖励和自由选择是老年人社会参与的主要动机，身体状况或经济条件不允许、交通不方便、缺乏支持和个人偏好则是阻碍老年人社会参与的主要原因。改善居住环境、提升健康素质有助于促进老年人实现高参与型社会参与。为此，老龄政策的决策者要积极调整对老年人的消极认知，通过国情教育、终身教育、健康促进、智慧养老等方式全面加大对老年人参与的支持力度，增强老年人参与社会发展的能力，有效促进北京市老龄社会治理能力与治理体系现代化的发展。

关键词： 积极老龄观　老年社会参与　高参与类型　家庭参与类型

---

* 本报告为中共北京市委党校（北京行政学院）2020 年校（院）级科研项目（项目编号：2020XQN011）的阶段性成果。

** 董亭月，博士，中共北京市委党校（北京行政学院）社会学教研部讲师，主要研究方向为老龄社会学、老龄政策；闫萍，博士，中共北京市委党校（北京行政学院）社会学教研部副教授，主要研究方向为社会老年学。

一 引言

老年人口规模和比例增长是 21 世纪中叶之前的"主旋律",贯穿于全面建成小康社会、全面建设现代化国家两个一百年奋斗目标的全过程,无疑将对北京市的经济社会产生广泛且深远的影响。一方面,老年群体被社会贴上负面标签,如思想保守、健康不良、文化水平低、经济状况较差、社交圈子小等,消极论者认为,人口老龄化对经济发展、社会保障提出挑战,如导致劳动力供给能力下降、降低高国民储蓄势能、造成国民消费潜力的下降,并加剧养老保障与医疗保障压力。另一方面,社会经济的快速发展推动了老年群体的变迁,积极论者认为,老年人口数量增加也带来了养老服务需求的增长,给经济社会的转型发展带来了难得的机遇,尤其在发展"银发经济"、老龄金融、推进产业结构升级方面,能够激发中国经济活力。总体而言,人口老龄化对经济社会的影响主要取决于相应的制度安排,将积极应对人口老龄化的挑战融入可持续发展议程,及时调整经济社会政策以适应人口年龄结构的转变,在一定程度上可以将挑战转变为发展机遇。

世界卫生组织在《关于老龄化与健康的全球报告》中将积极老龄化定义为"为提高老年人的生活质量,尽可能优化其健康、社会参与和保障机会的过程"。老年人社会参与作为世界卫生组织"积极老龄化"框架的三大支柱之一,既是老年人保持与社会联系的重要途径,也是体现社会发展水平的重要指标。尤其现代社会的生活方式、教育制度、工作环境都在深刻改变着新一代老年群体的个性特征,他们不再是人们刻板印象中需要被照顾者,而是具有一定经济财富网、具备独立意识、追求自我价值实现的新时代老年人,只有真正把老年人视为积极、能动的社会主体,提升老年人的自我认知,增强老年人参与社会发展的能力,才能够有效促进老龄社会治理能力与治理体系的现代化发展。

二 政策与研究回顾

2016年5月27日，习近平总书记在中共中央政治局第三十二次集体学习时提出以"三个积极看待"为主要内容的积极老龄观，强调"要积极看待老龄社会，积极看待老年人和老年生活，老年是人的生命的重要阶段，是仍然可以有作为、有进步、有快乐的重要人生阶段"，并指出"要着力发挥老年人积极作用"，"要为老年人发挥作用创造条件，引导老年人保持老骥伏枥、老当益壮的健康心态和进取精神，发挥正能量，作出新贡献"。在积极老龄观视角下，老年人口被视为有独特价值且具有创造力的人力资源、经济资源，积极应对人口老龄化是国家政策的主导方向。

以积极老龄观为指导，促进老年社会参与的政策法规经历了三个发展阶段。第一个阶段为1949~1978年，是政策发展的初始阶段。1958年，国家颁布了第一项涉及老年人社会参与的政策《关于安排一部分老干部担任某种荣誉职务的决定》，正式拉开了我国老年人继续参与社会的序幕。第二个阶段为改革开放至2012年，是政策法规的发展阶段，尤其是1996年，国家颁布《中华人民共和国老年人权益保障法》，并在第四章中专门对老年人"参与社会发展"进行了明确规定，从法律层面规定了社会参与是老年人的一项基本权利。第三个阶段为党的十八大以来，是相关政策的完善阶段。在2012年与2015年，我国对《中华人民共和国老年人权益保障法》进行了两次修订，修订后的法案对老年社会参与的范围、活动内容进行了更为详细和全面的规定，为进一步推动老年社会参与提供了非常重要的法律保障。国务院在2016年印发的《国家人口发展规划（2016—2030年）》和2017年印发的《"十三五"国家老龄事业发展和养老体系建设规划》中，也分别提出要"鼓励老年人积极参与家庭发展、互助养老、社区治理、社会公益等活动，继续发挥余热并实现个人价值"，"通过培育积极老龄观、加强老年人力资源开发、发展老年志愿服务、引导基层老年社会组织规范发展扩大老年社会参与"。从上述一系列政策法规可以看出，推动老年人的社会参与已经逐渐成为我国开发老年人力资源、推进积极老龄化的一项重要战略决策。

学术界也大力推进老年社会参与相关研究。已有研究从身份认同、社会互动、功能发挥、参与形式等角度切入，在老年人社会参与的概念与内涵、参与类型、参与的影响因素等方面取得了丰硕的研究成果。研究者也指出当前我国老龄政策主要将老年人视为纯粹的消费者而非生产者，不经意间凸显了老年人的依赖性和被动性。我国老年人的社会参与还主要集中在正式的劳动就业领域，而志愿服务、无报酬的劳动服务、老年教育等参与程度还不高。为了深入了解北京市老年人的社会参与形式，充分发挥老年人力资源优势，本报告从北京市老年人口的结构特征、社会参与形式、社会参与动机与阻碍因素等方面展开讨论。

三　北京市老年人口的内部结构特征

（一）北京市低龄老人规模大、比例高

2019 年末，北京市常住 60 岁及以上老年人口数量达到 371.3 万人，占常住人口的 17.2%。其中 56.56% 的老年人年龄在 70 岁以下（见图 1）。从 2020 年开始，规模庞大的"60 后"一代将陆续加入老年群体的队伍中，并逐渐成为老年人口的主体。与"40 后""50 后"相比，子女数量的减少、受教育程度的提高、居住方式的改变等将对"60 后"群体的生活方式带来全方位的影响。

（二）北京市老年人受教育程度领先于全国水平

2015 年 1% 抽样调查数据显示，北京市 77.8% 的老年人受到过初中及以上教育（见图 2），此比例远高于全国平均水平（56.78%）。随着"55 后"老年人步入老年期，这一比例将进一步提升。发挥北京市老年人的社会参与潜力，是树立老年人积极形象、促进代际和谐、发挥老年人价值的主要途径。2015 年全国与北京市老年人分性别受教育程度比较见图 3。

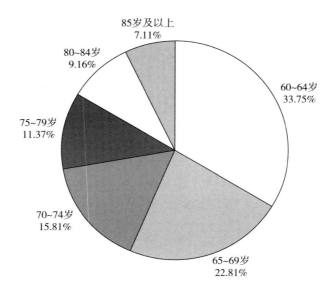

图1　2019年北京市常住老年人口分年龄构成比例

资料来源：《北京市2019年国民经济和社会发展统计公报》，北京市人民政府网站，http：//tjj. beijing. gov. cn/tjsj_31433/tjgb_31445/ndgb_31446/202003/t20200302_1673343. html。

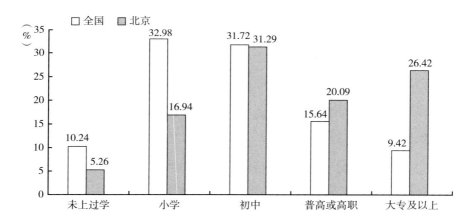

图2　2015年全国与北京市常住老年人口受教育程度比较

资料来源：国家统计局2015年1%抽样调查数据。

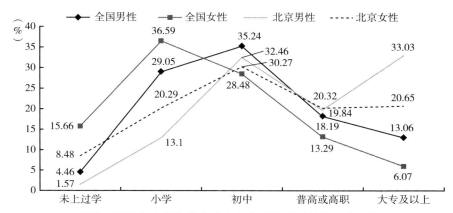

图3　2015年全国与北京市老年人分性别受教育程度比较

资料来源：国家统计局2015年1%抽样调查数据。

（三）老年人健康素质良好

2015年1%抽样调查数据显示，北京市89.95%的老年人健康状况良好（见图4）。随着健康中国战略、健康北京行动的实施，尤其是全民健康行动开展背景下，北京市老年人的健康状况预计会进一步提升。激发健康老年人社会参与的积极性，有助于老年人保持健康活力和独立性，充实晚年生活，提高生活质量，实现全面发展。

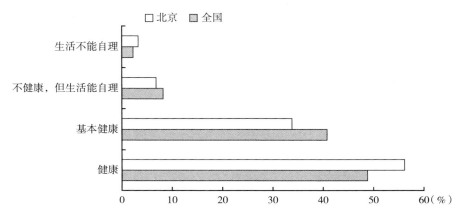

图4　2015年全国与北京市常住老年人口自评健康状况比较

资料来源：国家统计局2015年1%抽样调查数据。

四　数据和方法

本报告采用中国老年社会追踪调查（CLASS）2018年调查数据进行具体分析。CLASS调查涉及老年人基本情况、健康状况及经济状况等，重点关注老年人的社会参与、社会支持、养老资源等方面的信息。该调查项目最初于2014年8～10月，在全国除香港、台湾、澳门、海南、新疆和西藏之外的28个省（自治区、直辖市）组织实施。调查采用分层多阶段的概率抽样方法：首先，选定县级区域（包括县、县级市、区）作为初级抽样单位（Primary Sampling Unit，PSU）；其次，选定村/居委会作为次级抽样单位（Secondary Sampling Unit，SSU）；最后，在每个村/居委会中采用绘图抽样的方法来抽取样本户，每户访问1位老年人。最终，CLASS项目的2014年基线样本共11511人，其中北京市样本516人。该项目于2016年和2018年开展了第一次和第二次追踪调查。2016年调查总样本11494人，北京市样本556人。2018年调查的总样本11428人，其中北京市样本531人，详细样本特征见表1。

表1　调查样本特征

变量	类别	占比（%）	平均值（标准差）
性别	男性	35.03	
	女性	64.97	
婚姻状况	无配偶	22.41	
	有配偶	77.59	
分年龄组	60～69岁	55.37	
	70～79岁	30.32	
	80岁及以上	14.31	
居住方式	空巢或独居	70.06	
	和其他人同住	29.94	

变量	类别	占比（%）	平均值（标准差）
居住地	中心城区	67.80	
	边缘城区	13.75	
	城乡接合部	5.08	
	乡镇	13.37	
受教育程度	文盲	2.82	
	小学或扫盲班	22.79	
	初中	47.46	
	高中或中专	21.85	
	大专及以上	5.08	
社区公共活动设施数量（个）			2.98（SD = 1.16）
能够上网		56.31	
拥有智能手机		64.41	
总样本量（个）			531

本报告利用2018年调查样本进行横截面数据分析，呈现北京市老年人社会参与的最新状况。一方面，采用描述分析的方式，刻画北京市老年人的社会参与形式。另一方面，利用潜在类别模型对老年人的社会参与情况进行归类，探索北京市老年人社会参与模式。

五　北京市老年人的社会参与形式

（一）老年社会参与的主要形式

老年人的社会参与是积极老龄化的核心和精髓，老年人有参与社会发展的权利。在快速老龄化背景下，促进老年人社会参与具有更重要的价值，能够减轻社会和家庭养老负担，壮大人力资源队伍。本报告参考谢立黎和汪斌的研究，主要通过老年人在经济参与、政治参与、公益参与和家庭参与4个方面的综合情况考察老年人的社会参与模式。

在此次调查的 531 位老年人中，有 64.97% 为女性老年人，55.37% 年龄在 60~69 岁，30.32% 年龄在 70~79 岁，另外有 14.31% 的 80 岁及以上老年人。总体来看，接受调查的老年人社会参与程度较高（详见表2），其中公益参与比例最高，尤以正式志愿参与为代表，家庭参与和政治参与也较为活跃，经济参与程度最低。

具体而言，近三年参加过本地居委会或村委会的投票选举，即有政治参与活动的老年人占调查样本的比例达到 48.02%；仅 4.14% 的调查样本从事有收入的工作或活动，即有经济参与活动。

鉴于公益活动形式多样，既有老年人参与由专门机构组织开展的志愿活动，如义诊等，也有很多老年人通过非正式的方式在为他人提供帮助，如邻里互助等，本报告将公益参与分为正式志愿参与和非正式助人活动。分析结果显示，有 53.48% 的老年人参与过包括社区治安巡逻活动、环境卫生保护活动或需要专业技术的志愿服务在内的各项正式志愿活动，有 38.61% 的老年人参与过照料其他老人、调解纠纷、陪同聊天或帮助照看其他人家的小孩等非正式助人活动。

以往研究发现家务劳动和照顾孙子女都是老年人家庭活动中的重要组成部分。通过询问老年人在过去 12 个月帮助子女做家务的频率和帮助子女照看孙子女所花的时间，本报告发现 46.14% 的调查样本在过去一年参与子女的家务劳动，49.91% 的调查样本为子女照料孙子女。

为了更好地研究老年人参与行为模式，本报告运用潜在类别分析方法对数据进行多次拟合，发现总样本分为三类及以上时将无法拟合，分为两类时 BIC 指标最小（详见表2），且 2 个潜在类别对每个指标都有比较显著的解释力（详见表3）。综合考虑，本报告将北京市老年人社会参与模式分为两类：家庭型和高参与型。有 58.2% 的老年人属于高参与型，这类老年人在六种活动中的条件概率都较高，例如正式志愿参与的概率为 0.880，参与非正式助人活动的概率为 0.636。有 41.8% 的老年人属于家庭型，这类老年人具有一定家庭活动参与，但并未参与志愿活动和非正式助人活动，经济参与和政治参与比例也相对较低。

表2 1~2类潜在类别分析模型拟合优度及选择（N=531）

模型	χ^2	G^2	df	P	AIC	BIC
1	337.290		6	0.000	3841.373	3867.021
2	68.781		13	0.040	3586.864	3642.436

表3 社会参与状况及其模式的潜在类别系数（N=531）

社会参与形式	参与比例(%)	类别一:家庭型	类别二:高参与型
经济参与	4.14	0.026 ***	0.052 ***
政治参与	48.02	0.232 ***	0.640 ***
正式志愿参与	53.48	0.000	0.880 ***
非正式助人活动	38.61	0.000	0.636 ***
家务劳动参与	46.14	0.391 **	0.507
照料孙子女	49.91	0.418 *	0.552
潜在类别概率	——	0.418/0.392	0.582/0.607

（二）北京市老年社会参与的群体特征

老年人的社会参与受人力资本、社会资本、文化资本等因素的影响，存在较大的群体差异。本报告通过双变量分析的方式，比较不同性别、年龄、婚姻状况、居住方式和居住地类型老年人的社会参与活动及模式（详见表4、表5），有如下发现。

分性别老年人的社会参与模式没有显著差别（P=0.088），53.23%的男性老年人属于高参与型，60.87%的女性老年人属于高参与型。但男性老年人的经济参与比例显著高于女性老年人（P=0.000），有8.6%的男性参与有收入的经济活动。正式志愿参与比例和家务劳动参与比例男性老年人显著低于女性老年人（P=0.045，P=0.001），其中超过五成的女性参与过正式志愿服务，并承担家务劳动。这与我们传统"男主外、女主内"观念有一定联系，女性负责家务劳动，男性负责家庭收入。但女性高比例的志愿活动参与也在一定程度上突破了传统观念的束缚，体现了女性的积极老龄化。

表4 不同群体老年人社会参与模式比较

社会参与形式	家庭型（%）	高参与型（%）	卡方检验
性别			
男性	46.77	53.23	0.088
女性	39.13	60.87	
婚姻状况			
无配偶	39.50	60.50	0.599
有配偶	42.48	57.52	
分年龄组			
60～69岁	37.41	62.59	
70～79岁	47.20	52.80	0.073
80岁及以上	47.37	53.63	
居住方式			
空巢或独居	37.63	62.37	0.004
和其他人同住	51.57	48.43	
居住地			
中心城区	46.11	53.89	
边缘城区	43.84	56.16	0.001
城乡接合部	14.81	85.19	
乡镇	28.17	71.83	

表5 不同群体老年人社会参与活动的参与比例比较

单位：%

社会参与形式	经济参与	政治参与	正式志愿参与	非正式助人活动	家务劳动参与	照料孙子女
性别						
男性	8.60	44.09	47.31	34.95	36.56	44.62
女性	1.74	50.14	56.81	40.58	51.30	52.75
婚姻状况						
无配偶	3.36	37.82	57.14	47.90	45.38	53.10
有配偶	4.37	50.97	52.43	35.92	46.36	49.27
分年龄组						
60～69岁	5.10	60.54	56.12	35.37	55.44	48.30
70～79岁	1.86	37.27	49.69	37.89	34.16	50.93
80岁及以上	5.26	22.37	51.32	52.63	35.53	53.95

社会参与 形式	经济参与	政治参与	正式志 愿参与	非正式助 人活动	家务劳 动参与	照料孙子女
居住方式						
空巢或独居	2.96	52.96	56.45	38.44	39.25	47.85
和其他人同住	6.92	36.48	46.54	38.99	62.26	54.72
居住地						
中心城区	3.89	45.83	49.44	38.89	45.56	46.94
边缘城区	4.11	58.90	46.58	45.21	56.16	54.79
城乡接合部	7.41	25.93	81.48	62.96	66.67	40.74
乡镇	4.23	56.34	70.42	21.13	30.99	63.38

不同婚姻状况老年人的社会参与模式并没有显著差异（P = 0.599）。分参与形式来看，有配偶老年人的政治参与比例明显更高，达到50.97%；无配偶老年人的非正式助人活动参与比例更高（P = 0.019），达到47.9%。

不同年龄组老年人的社会参与模式也没有显著差异（P = 0.073），其中70岁以下年龄组老年人属于高参与型的比例最高，达到62.59%。分参与形式来看，低年龄组老年人的政治参与和家务劳动参与比例显著高于高年龄组的老年人（P = 0.000），其中有超过60%的60～69岁老年人参与过居委会或村委会选举投票，且有55.44%的低龄老年人参与家务劳动，但仅三成的70～79岁老年人以及两成或三成的80岁及以上老年人有过政治参与或家务劳动参与活动。高年龄组老年人非正式助人活动的比例显著高于低年龄组老年人（P = 0.022），52.63%的80岁及以上老年人参与非正式助人活动，不到40%的80岁以下老年人参与同类活动。

不同居住方式老年人社会参与模式显著不同（P = 0.004），空巢或独居老年人归属于高参与型的比例显著高于和其他人同住的老年人，而与其他人同住老年人归属于家庭型的比例更高。具体而言，62.26%的与其他人同住老年人帮助子女做家务，此比例远高于空巢或独居老年人的39.25%（P = 0.000），但他们正式志愿参与和政治参与的比例仅46.54%和36.48%，显著低于空巢或独居老年人的56.45%和52.96%（P = 0.000，P = 0.037）。

我们可以理解为，与子女或其他人同住的老年人更多在家务劳动方面帮助家庭，缓解家人的家务劳动压力；而空巢或独居的老年人则相对有更多时间和精力投入社区志愿活动中。

不同居住地老年人社会参与模式也显著不同（P = 0.001），城乡接合部和乡镇老年人归属于高参与型的比例显著高于中心城区和边缘城区的老年人，而中心城区和边缘城区的老年人归属于家庭型的比例则更高。具体而言，边缘城区和乡镇老年人的政治参与比例最高，均超过55%（P = 0.010）；城乡接合部老年人两种形式的公益参与比例都最高（P = 0.000），达到81.48%和62.96%；且城乡接合部老年人的家务劳动参与比例也较高（P = 0.003），达到66.67%；乡镇老年人照料孙子女的比例则最高（P = 0.046），有63.38%。这一研究发现，提醒我们需要加强中心城区老年人社会参与积极性的调动。不过，由于该调查样本中，居住在城乡接合部的样本比例很小，所以分析结果受到小样本调查的影响，有待进一步的研究验证。

总体而言，北京市老年人社会参与程度较高，尤其是空巢或独居的且居住在城乡接合部和乡镇的老年人更有可能归属于高参与型。具体到不同的参与形式可以发现，男性老年人的经济参与比例相对较高，低龄、有配偶、空巢或独居、居住在边缘城区或乡镇老年人的政治参与比例相对较高，女性、低龄、与其他人同住老年人的家务劳动参与比例相对较高，女性、空巢或独居、居住在城乡接合部或乡镇的老年人正式志愿参与比例较高，无配偶、高龄、居住在城乡接合部的老年人非正式助人活动参与比例较高，女性、低龄、和其他人同住、居住在城乡接合部的老年人家务劳动参与比例较高。

六　社会参与的动机与阻碍因素分析

分析老年人社会参与的影响因素有助于我们更有针对性地实现"积极老龄化"。鉴于北京市老年人的社会参与程度普遍较高，相对而言参与模式差异主要体现在公益参与方面，所以本报告利用 CLASS 调查中关于老年人"外出参加社区或者其他机构组织的活动主要是因为什么"和"为什么不再参加或者不参加各类活动的原因是什么"，来了解老年人社会参与的动机和阻碍因素。同时，本报告运用两分类 Logistic 回归模型检验人口学因素、健康因素、居住环境因素以及网络因素对老年人社会参与模式的影响。

（一）参与动机

从数据结果来看，老年人社会参与的动机大致可以分为三类，分别是自我实现（得到认可）、获得奖励（物质奖励、医疗救助）和自由选择（时间自由、交通便利、距离近、可选活动）。其中，自由选择是当前老年人愿意参与各类活动的最主要原因，有 53.11% 的老年人认为"能够自己选择参与的时间"是其社会参与的主要动力；另外有超过 40% 的老年人指出"能够有车接送"、"与居住地离得近"以及"能够自己选择参加什么样的活动"是其社会参与，尤其是公益参与的主要动力。另外，有 39.36% 的老年人看重社会参与带来的物质奖励，有 20.9% 的老年人因为提供医疗救护措施而参与活动。重视社区（或者主办机构）认可的老年人仅占调查样本的17.7%。老年人社会参与动机对自由选择的关注，体现了老年群体自我意识的加强以及对个人选择的看重，这是新一代老年人的特质。根据这一特征，应该加强社会组织的多样性，提升城市交通的便利性，为老年人的社会参与营造更自由、更友好的外在环境。

（二）阻碍因素

阻碍老年人社会参与的因素大概有四类，分别是条件不允许（健康、经济、时间条件不允许）、不方便（交通不方便、没人组织、不知道怎么参加）、缺乏支持（子女不赞成、得不到认可）、个人偏好（不想担责任、不感兴趣、没有特长）。

条件不允许是阻碍老年人多样化社会参与的最主要原因，尤其有约

30%的老年人因为时间限制而不得不有选择性地参加家务劳动、照料他人、休闲娱乐或公益参与等活动，另外18.6%的老年人受健康限制而未参加或不再参加各类公益活动。个人偏好也是有些老年人社会参与的主要原因，超过20%的老年人因为觉得自己没有一技之长或者不想担责任而拒绝参与各类公益活动，还有12.8%的老年人对目前的活动设计不感兴趣。参与的便利性也是阻碍老年人社会参与的关键因素，20%以上的老年人因为不知道参与渠道、距离太远而未参加或不再参加各类公益活动。缺乏支持也在一定程度上阻碍了老年人广泛的社会参与，其中14.4%的老年人因为子女不赞成而未参加或不再参加各类公益活动，另有8.6%的老年人因为得不到认可而不愿意参加活动。

（三）影响因素分析

除了上述激励或阻碍因素外，有些老年人社会参与模式的因素还包括其个体因素、环境因素。本报告以家庭型社会参与作为分析模型中的参照组，得出以下模型估计结果（见表6）。模型结果验证了双变量分析的检验结果。居住环境对老年人社会参与模式的影响可能存在，不同居住地类型老年人的社会参与模式存在显著差异，居住在乡镇或城乡接合部的老年人更有可能归属于高参与型，而居住在城区的老年人则更有可能归属于家庭型。另外，模型分析结果还发现个人健康因素和人口学因素如性别、年龄对老年人的社会参与模式也显著相关，能够自理老人归属于高参与型的可能性是不能自理老人的4倍，女性、高龄老年人也更有可能归属于高参与型。

表6　老年人社会参与模式的两分类 Logistic 回归分析

社会参与模式（参照项：家庭型）	OR	SE	P
年龄	1.077	0.022	0.000
男性	1.675	0.348	0.013
有配偶	0.697	0.185	0.174

续表

社会参与模式(参照项:家庭型)	*OR*	*SE*	P
与他人同住	0.689	0.164	0.117
居住地类型(参照项:中心城区)			
边缘城区	0.997	0.282	0.990
城乡接合部	6.039	3.538	0.002
乡镇	2.164	0.687	0.015
受教育程度(参照项:文盲)			
小学或扫盲班	0.588	0.359	0.384
初中	1.556	0.985	0.485
高中或中专	1.647	1.094	0.452
大专及以上	1.027	0.762	0.971
能够自理	4.928	2.045	0.000
社区公共活动设施数量	0.861	0.087	0.141
能够上网	1.972	0.698	0.055
拥有智能手机	1.424	0.550	0.361
截距			
Log likelihood	−318.198		
Prob > chi^2	0.000		
N	531		

七　讨论与建议

世界卫生组织 2015 年提出"健康老龄化"理念与行动框架,强调老年人的"个人健康"与"功能发挥",这启发我们反思以往的政策制定思路:我们总是考虑老年人"需要什么",进而政府"提供什么",实际上,老年人是具有自主性的群体,他们具有独特的价值和作用,政府可以通过发展支持环境,开发老年人力资源,壮大人力资源队伍,发挥老年人价值,这也将有助于促进代际和谐、实现人的全面发展。

当前,北京市老年人的社会参与程度较高,体现了北京市老年人传播正

能量的积极态度与作为。老年参与的高龄化趋势也意味着老年人积极参与的年限可能延长。值得一提的是，当前老年社会参与形式多样，老年人对社会参与的态度也日益多元化。不同年龄、性别、居住地的老年群体呈现差异化的社会参与偏好。尤其是新一代老年群体个性特征、生活方式、受教育程度等都发生了深刻改变，他们已经摆脱"被照顾者""奉献者"等标签，成为具有一定经济财富、具备独立意识、追求自我价值实现的新时代老年人，对社会参与有了更加个性化的需求。然而，当前政策对老年人社会参与的支持力度不足，多元社会主体参与和创新活力不足，项目可持续性和常态化程度低，活动组织形式和内容单调，难以满足老年群体的多层次、多样化的参与需求。

因此，在人口老龄化快速发展时期，老龄政策的决策者需要清醒地认识到这一转变，并积极调整对老年人的消极认知，全面加强对老年人参与的支持力度，真正把老年人视为积极、能动的社会主体，发挥老年人的主观能动性与参与积极性，增强老年人参与社会发展的能力和机会。

第一，开展人口老龄化国情市情教育，破除老年刻板认知，树立老年人社会参与的信心。拓展老年人社会参与的新形式，以对家庭和社会有贡献作用的老有所为活动为重点，调动老年人的积极性与创造性，发展政治、经济、社会与家庭参与等多种参与形式，扩大参与范围，丰富活动内容。倡导老年人在家庭和社会中提供的照顾服务，重视与尊重老年人在照顾、教育下一代中的作用。

第二，发挥多元参与力量，逐渐消除困难和障碍，为老年人提供充分的社会参与机会和条件。加大对老年协会等老年人社会组织的管理、支持力度来调动老年人自身的力量参与社会发展。对涉及老年人权益的有关问题，应充分听取老年人及老年人组织的意见和建议。开展多种形式的老年人自助互助服务，扩大志愿服务范围和内容，提升老年志愿服务的参与水平。利用基层治理体系建设契机，与社区居委会紧密合作，丰富老年政治参与、公益参与等活动内容，发挥老年人在社区邻里关系调整、党和国家政策宣传、社区文化推广等方面的积极作用。

第三，提高老年人的参与能力，挖掘不同群体老年人的参与潜力。一方面，重视老年人力资本投资，将终身教育纳入教育体系，充分利用教育资源为老年人的学习教育服务。积极开发利用老年开放大学和社区学院等教育资源，发展各类远程老年教育、老年兴趣小组和学习活动。另一方面，结合《"健康中国 2030"规划纲要》，从生命历程视角出发，加大在健康领域的长期投资，通过疾病预防、健康生活方式推行等，促进全民健康，延长个体健康预期寿命，为促进老年社会参与创造条件。

第四，发展多样化老年社会参与支持项目。在政策方面，结合"积极应对人口老龄化"中长期规划，制定禁止年龄歧视的法规有助于保障老年人的社会参与权利和公平待遇，收入税收激励是提高老年人口继续就业积极性的有效手段，对经济困难但仍要照顾他人的老年人给予经济补贴或服务支持也十分必要。在社会宣传方面，对于优秀的老年志愿者、老年工作者等进行表彰与宣传，有助于吸引更多的老年人积极参与社会公益事业服务，形成老年人积极社会参与的浓厚氛围。在实践方面，结合乡村振兴战略、基层治理能力现代化建设等，充分发挥老年人尤其是老干部的政治优势、组织优势、经验优势，密切干群关系，提升治理效能。

第五，加强智慧养老项目在老年社会参与领域的开发与应用。信息化时代，我们需要充分应用数字科技，提升老年社会参与项目的灵活性与个性化。例如，应用区块链技术改善"时间银行"项目，确保"时间"的存储和兑换公开透明，防止丢失或者被篡改，不仅永久记录在链，还为将来实现跨机构、跨区域通兑奠定基础。

参考文献

陈岱云、陈希：《人口新常态下服务于老年人社会参与问题研究》，《山东社会科学》2015 年第 7 期。

杜鹏、谢立黎、李亚娟：《如何扩大老年志愿服务？——基于北京朝外街道的实证研究》，《人口与发展》2015 年第 1 期。

李宗华：《近 30 年来关于老年人社会参与研究的综述》，《东岳论丛》2009 年第 8 期。

孙鹃娟、张航空：《中国老年人照顾孙子女的状况及影响因素分析》，《人口与经济》2013 年第 4 期。

王莉莉：《中国老年人社会参与的理论、实证与政策研究综述》，《人口与发展》2011 年第 3 期。

文军：《迈向包容性城市的发展之路》，《上海城市管理》2017 年第 1 期。

谢立黎、汪斌：《积极老龄化视野下中国老年人社会参与模式及影响因素》，《人口研究》2019 年第 3 期。

张文娟、赵德宇：《城市中低龄老年人的社会参与模式研究》，《人口与发展》2015 年第 1 期。

Lazarsfeld，P.，Henry，N.，*Latent Structure Analysis*（New York：Houghton-Mifflin，1968）.

B.5
北京市失能与认知障碍老人
照护服务现状

贾云竹　邱瑞英　喻声援　李琪*

摘　要： 本报告主要利用北京市四部门 2018～2019 年实施的"精准帮扶需求调查"资料，以及 2019 年北京市民政局对全市养老机构失智照护服务能力的现状调查资料，分析北京失能、认知障碍老人的照护服务现状与问题。研究发现失能人口的女性化、高龄化、有偶率低、受教育程度低、保险享有率低等特征突出。且北京市失能老人照料需求满足状况缺口较大，失能老人家庭存在照顾负荷过重、照护质量不佳、家属无照护意愿等问题。对北京市认知障碍照护机构的研究发现，当前机构规模差异大，新机构呈现小型化趋势，机构入住率高于北京市普通养老机构的平均入住率；且机构收费更趋分散，符合市场需求。总体而言，北京市"三边四级"就近养老服务体系布局基本形成，但家庭照料和机构照料的服务能力还相对薄弱，需要通过基础性制度完善、政策创新与社会参与等方式，继续推进基本养老公共服务体系的建立与完善。

---

* 贾云竹，社会老年学博士，北京协力人口与社会发展研究所所长、研究员，主要研究方向为养老公共政策；邱瑞英，北京协力人口与社会发展研究所实习研究员，主要研究方向为长期照护体系、养老机构管理；喻声援，北京协力人口与社会发展研究所所长助理，主要研究方向为养老机构服务质量、长期照护；李琪，北京协力人口与社会发展研究所助理研究员，主要研究方向为老年社会工作、养老机构服务质量。

关键词： 失能老人　认知障碍　家庭照料压力　机构照料

一　引言

随着人口老龄化程度的快速加深，老年群体中基本生活能力缺损及存在认知障碍，亦即俗称的失能、失智老人的规模也日益增长，如何满足这些群体的照料服务需求，成为世界各国在应对人口老龄化挑战中最为棘手的一大难题。在 2002 年联合国第二次世界老年大会上，世界卫生组织将"健康与照料"作为实现积极老龄化的三大支柱之一，呼吁和倡导各国构建适合各自实际情况的长期照料服务体系，作为应对日益增长的失能、失智群体照料服务需求的重要举措。

新时代以来，党中央高度关注我国社会养老服务体系的建设，就此做出了一系列重要的指示，2019 年 4 月，国务院办公厅发布了《关于推进养老服务发展的意见》（国办发〔2019〕5 号），明确提出"建立健全长期照护服务体系"。北京市政府在 2020 年 5 月颁布的《关于加快推进养老服务发展的实施方案》（京政办发〔2020〕17 号）则是首次明确将"失智、重度残疾、计划生育特殊家庭老年人等重点保障群体"作为北京市基本养老服务对象，这也意味着北京市政府向失能失智的老人做出了承诺，将在北京市的基本养老服务体系建设中重点保障他们的现实服务需求。

本报告主要利用北京市民政局、北京市卫健委、北京市妇联及北京市老龄工作委员会四部门在 2017 年启动、2018～2019 年实施的"精准帮扶需求调查"所采集的有关北京市困境老人生活及照护状况的第一手资料，以及 2019 年北京市民政局对全市养老机构失智照护服务能力的现状调查的第一手数据资料，揭示北京失能、失智老人在基本养老服务照料方面的现实状况、面临的挑战，并结合国内外的相关经验等提出相关的政策建议。

二　北京市困境失能老人概况

（一）数据说明

2017 年 9 月 20 日，北京市民政局联合北京市妇女联合会、北京市残疾人联合会、北京市老龄工作委员会办公室共同发布了《关于开展"精准帮扶"需求调查工作的通知》（京民福发〔2017〕351 号），对北京全市范围内常住人口中的困境老人、困境儿童以及残疾人开展大范围的生活状况及服务需求调查，其中将困境老人界定为 60 岁及以上家庭困难、失能、残疾、失独、认知障碍、独居老年人，以及所有 80 岁及以上的高龄老人。

本次需求调查范围涵盖了北京市 16 个区、333 个街道乡镇和 7124 个社区居委会和村民委员会。调查建立了市级统筹指导、区级主责实施，统分结合的工作机制，通过第一阶段"摸底调查"，由社区、街乡工作人员根据日常的工作台账及实际工作经验，共历时一年左右形成本辖区困境老人的快筛调查名册；第二阶段"专项调查"，从 2018 年下半年启动，一直延续至 2019 年上半年，由经过统一培训的社会组织根据快筛调查名单开展入户面访调查，通过专门为此次调查开发的北京市精准帮扶电子计算机辅助调查系统（CAPI），在手机、平板等移动终端上完成数据的采集工作。需要特别指出的是，本次调查为精准帮扶调查的第一轮调查，各区均存在不同程度的人员遗漏，并且由于本次调查是在筛查基础上的调查，而非概率抽样，故而数据仅反映本次调查对象的情况，而不能直接推断全市的情况。

本轮调查共采集了北京市 653495 位 60 岁及以上困境老人的生活状况及服务需求信息，对老年人基本生活能力的测度采用国际通用的 Barthel 基本生活能力量表（Activities of Daily Living，ADL），包括每日生活中最基本的进食、穿衣、保持个人卫生、坐、站、行走、如厕等十项基本生活能力。该量表满分为 100 分，从高到底，分为四级：ADL = 100 分，功能完好；99 ~ 60 分为轻度受损；59 ~ 41 分为中度受损，40 分及以下为深度受损。

（二）失能老人的基本人口特征

1. 失能老人的基本人口特征

本轮精准帮扶调查中基本生活能力有缺损的老年人（即 ADL<100 分）的为 366064 人，占本次调查总体的 56.0%。在这些失能老人中，轻度受损占 81.1%，中度受损占 10.3%，深度受损占 8.6%。

数据显示，本次调查的失能老人具有较为明显的女性化特点，女性占 53.8%，显著高于男性（46.2%）。同时失能与年龄的正向关系也得到了充分的印证：数据显示，中、重度失能的比例随着年龄的提升而增长，在 60~64 岁的低年龄组，深度受损的比例仅为 5.5%，而 70~74 岁则达到了 7.9%，85~89 岁则增至 10.3%，90~94 岁为 16.3%，百岁以上老人的深度受损比例更是高达 31.4%（见图 1）。

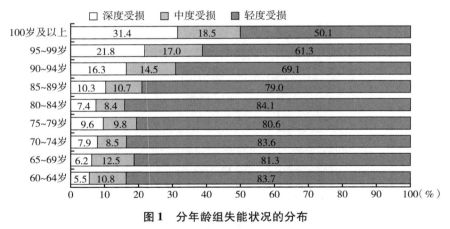

图 1　分年龄组失能状况的分布

资料来源：根据北京市民政局等，2018~2019 年北京市精准帮扶需求调查（第一轮）数据。

数据显示，在本次被调查的老年人中，基本生活能力有缺损老年人口的有偶率（62.1%）显著低于能力完好的老年人口（68.6%），并且失能程度越严重的老年人口有配偶的比例越低、无配偶的比例越高（见表 1）。这也印证了不少研究提出的婚姻对老年人的健康具有显著保护作用的论断。

表1　不同失能状况被访群体的婚姻状况

单位：%

	轻度受损	中度受损	深度受损	失能	能力完好
未婚	1.4	2.2	1.3	1.4	2.8
有配偶	63.5	59.3	52.0	62.1	68.6
离婚	1.1	3.8	0.8	1.4	1.6
丧偶	34.0	34.7	45.9	35.1	26.9
合计	100.0	100.0	100.0	100.0	100.0
N	296925	37716	31410	366051	287411

资料来源：根据北京市民政局等，2018～2019年北京市精准帮扶需求调查（第一轮）数据。

2. 失能老人的基本社会经济特征

总体来看，失能老人与功能完好老年人口的受教育状况不存在显著差异，但是在失能老人内部，受教育程度的差异则相对明显。轻度受损的老人在高中及以上等较高教育层次上的比例要显著高于中度受损和深度受损的老年人口，深度受损老年人口的整体受教育状况要显著差于轻中度受损的老年群体（见表2）。失能老人在受教育程度上的这一差异，也在不少研究中得到印证，受教育状况相对较好的老年人，其健康素养、包括维护健康状况的相关资源也相对较好。

表2　不同失能状况被访群体的受教育程度分布

单位：%

	轻度受损	中度受损	深度受损	失能	功能完好
未上过学	14.3	21.6	28.7	16.3	13.3
小学	34.9	42.1	37.8	35.9	35.5
初中	24.7	21.9	19.3	23.9	29.3
高中/中专	13.4	8.9	7.9	12.5	12.0
大学专科	6.5	2.8	2.7	5.8	4.4
大学本科及以上	6.3	2.8	3.5	5.7	5.5
合计	100.0	100.0	100.0	100.0	100.0
N	296923	37716	31408	366047	287405

资料来源：根据北京市民政局等，2018～2019年北京市精准帮扶需求调查（第一轮）数据。

根据调查结果，绝大多数失能老人（99.5%）都享有医疗保险，且其享有职工基本医疗保险的比例（41.2%）高于功能完好老年人口的相应比例（35.8%），新型农村合作医疗的比例（29.9%）则低于后者（36.2%）。从不同失能状况的老人享有医疗保险的情况看，受损程度越高的老人的医疗保障享有率反而越低，目前北京市轻、中、深度受损老人的医疗保障享有率分别为99.5%、99.4%和99.2%，仍有0.8%的深度受损老人未享有任何医疗保险（见表3）。

表3 不同失能状况被访群体的医疗保险享有情况

单位：%

	轻度受损	中度受损	深度受损	失能	能力完好
职工基本医疗保险	44.4	25.5	29.5	41.2	35.8
新型农村合作医疗	28.1	35.4	39.7	29.9	36.2
城镇居民基本医疗保险	20.8	35.1	24.7	22.6	20.7
公费医疗/劳保医疗	5.6	2.6	4.0	5.2	5.3
其他医疗保险	0.5	0.8	1.3	0.7	1.0
没有任何医疗保险	0.5	0.6	0.8	0.5	1.1
合计	100.0	100.0	100.0	100.0	100.0
N	296935	37715	31409	366059	287463

资料来源：根据北京市民政局等，2018～2019年北京市精准帮扶需求调查（第一轮）数据。

与医疗保障类似，本次调查的失能老年人中仅有3.4%的人没有任何养老保险，而这部分群体恰恰应该是社会救助的重点关注对象。从老年人享有养老保险的类型来看，城镇职工基本养老保险占比最高（43.0%），其次为保障水平最低的农村养老保险（28.1%），城镇居民养老保险也占近20%，机关事业单位离退休待遇的享有比例相对较低，仅为5.1%。从不同失能状况的老人享有养老保险的情况看，受损程度越高的老年人的养老保险保障享有率反而越低，目前北京轻、中、深度受损的老人养老保险的享有率分别为96.7%、96.8%和95.5%，仍有4.5%的深度受损老人还未享有任何养老保险（见表4）。

表4　不同失能状况被访群体的养老保险享有情况

单位：%

	轻度受损	中度受损	深度受损	失能	能力完好
城镇职工基本养老保险	46.1	28.1	31.3	43.0	38.0
农村养老保险	26.2	34.1	38.0	28.1	34.8
城镇居民养老保险	18.2	31.5	21.3	19.8	17.3
机关事业单位离退休待遇	5.6	2.5	3.7	5.1	5.1
其他养老保险	0.5	0.7	1.3	0.6	0.9
没有任何养老保险	3.3	3.2	4.5	3.4	4.0
合计	100.0	100.0	100.0	100.0	100.0
N	296901	37711	31403	366015	287402

资料来源：根据北京市民政局等，2018~2019年北京市精准帮扶需求调查（第一轮）数据。

住房也是影响困境老人群体生活保障的重要因素，本次调查详细了解了老年人住房性质和类型情况。结果显示94.1%的失能老人居住在自有住房中。其中，住房属于平房的占比为37.9%，住房类型是无电梯楼房和有电梯楼房的占比分别为35.6%和26.3%，也就是说超过三成的失能老人住房属于无电梯楼房（见表5和表6）。

表5　不同失能状况被访群体的住房性质情况

单位：%

	轻度受损	中度受损	深度受损	失能	能力完好
自有住房	94.1	95.4	93.8	94.2	95.5
租/借私房	0.5	1.0	1.2	0.6	0.6
租/借公房	2.7	1.9	2.8	2.6	1.9
公管房	2.5	1.4	1.6	2.3	1.8
其他	0.2	0.3	0.5	0.2	0.2
合计	100.0	100.0	100.0	100.0	100.0
N	296884	37713	31409	366006	287443

资料来源：根据北京市民政局等，2018~2019年北京市精准帮扶需求调查（第一轮）数据。

北京人口蓝皮书

表6 不同失能状况被访群体的住房类型情况

单位：%

	轻度受损	中度受损	深度受损	失能	能力完好
平房	36.5	40.8	47.8	37.9	43.3
无电梯楼房	36.2	34.1	31.9	35.6	35.7
有电梯楼房	27.1	24.9	20.0	26.3	20.8
其他	0.1	0.2	0.3	0.2	0.2
合计	100.0	100.0	100.0	100.0	100.0
N	296878	37713	31409	366000	287441

资料来源：根据北京市民政局等，2018~2019年北京市精准帮扶需求调查（第一轮）数据。

　　家庭常住人口数量一定程度上影响失能老人获得照料的程度，同时也影响家庭承担照料的压力程度。根据本次调查数据，绝大多数失能老人家庭（89%）常住人口数在2人及以上，其中常住人口在3人及以上的失能老人家庭超过一半（见表7）。随着社会和家庭的变迁，以核心家庭为主的二代户比例降低，空巢化和独居化趋势将更加显著，独居的失能老人群体照料将是社会关注的重点。

表7 不同失能状况被访群体的家庭常住人口情况

单位：%

	轻度受损	中度受损	深度受损	失能	能力完好
1人	10.6	15.5	8.6	11.0	14.6
2人	38.7	37.5	37.5	38.5	46.8
3人及以上	50.6	47.0	53.8	50.5	38.5
合计	100.0	100.0	100.0	100.0	100.0
N	296885	37713	31409	366007	287445

资料来源：根据北京市民政局等，2018~2019年北京市精准帮扶需求调查（第一轮）数据。

（三）失能老人的照料情况

1. 失能老人的照料满足情况

　　根据本次调查，失能老人照料需求满足状况缺口较大。在所有失能老人中，仅有32.5%的老人在日常生活中获得了家人等的支持和协助，照料支持的获得比例与老人基本生活能力的缺损程度正相关，基本生活能力深度受损老年人获得的照料支持的比例最高，为78.3%，中度受损老年人的照料获得比例为49.9%，轻度受损的老年人为25.4%，生活能力完好的老年人日常生活得到他人协助和支持的则有17.7%（见图2）。

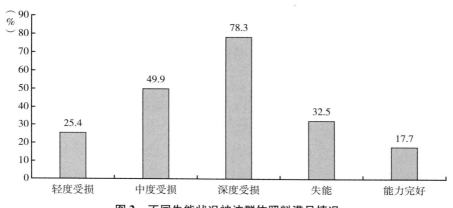

图2　不同失能状况被访群体照料满足情况

资料来源：根据北京市民政局等，2018~2019年北京市精准帮扶需求调查（第一轮）数据。

根据本项调查中访问员对被调查老人的照顾情况的评估，有17%的失能老人家庭照顾负荷过重，有9%的失能老人家庭的照护质量不佳，另有1.7%的失能老年人家属无照护意愿。尤其需要关注的是在深度受损的老人家庭中，41.2%的家庭存在家庭照顾负荷过重的问题（见表8）。

表8　不同失能状况被访群体照顾情况的访问员主观评价

单位：%

	轻度受损	中度受损	深度受损	失能	能力完好
照护质量不佳	8.0	18.4	7.7	9.0	6.5
家庭照顾负荷过重	13.3	26.1	41.2	17.0	9.8
家属无照护意愿	1.6	3.4	1.4	1.7	2.0
其他	0.7	0.8	0.8	0.7	1.0
以上皆无	78.9	57.2	54.7	74.6	81.8
N	296900	37706	31404	366010	287413

注：表中各项为多选项，故各项比例之和不为100%。

资料来源：根据北京市民政局等，2018~2019年北京市精准帮扶需求调查（第一轮）数据。

2. 失能老人主要照料者的基本情况

在长期的历史发展过程中，家庭是我国养老的责任主体。在本次调查中，也显示了配偶、子女等家庭成员是失能老人照料的主力的特征，其中超过一半（55.7%）的失能老人由其子女提供照料，29.1% 的失能老人由配偶提供照料，仅有 2.6% 的失能老人依靠其他非亲属（保姆、小时工等社会服务人员）提供照料，由此也反映了家庭在失能老人照料中承担的不可替代的角色以及家庭照料者的重要作用（见图 3）。

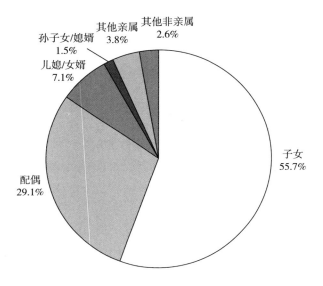

图 3　不同失能状况被访群体主要照料者关系分布

资料来源：根据北京市民政局等，2018～2019 年北京市
精准帮扶需求调查（第一轮）数据。

从失能老人主要照料者的性别结构看，男性占 47.6%，女性占 52.4%，女性照料者比例明显高于男性照料者；从失能老人主要照料者的婚姻状况看，有配偶的照料者超过占 93.95%，其他未婚、离婚、丧偶的照料者占 5.7%；从失能老人主要照料者的受教育程度看，高中/中专和大学及以上学历占比为 45%，初中及以下学历占比为 55%。另外，数据显示 42.6% 的主要照料者目前还处于在业状况，工作与照料责任的平衡对此部分照料者而言是一个很大

的挑战，社会应给予这些承担家人主要照料责任的社会成员支持和协助，以帮助他们更好地承担照料责任，同时也能兼顾自己的工作和生活（见图4）。

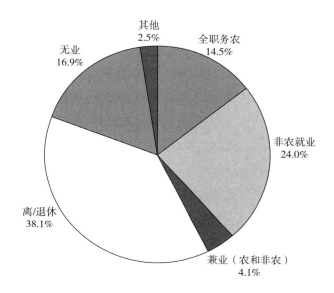

图4　不同失能状况被访群体就业情况分布

资料来源：根据北京市民政局等，2018～2019年北京市精准帮扶需求调查（第一轮）数据。

在本次失能老人主要照料者自身健康状况自评中发现照料者对自身的健康评价一般，数据显示：仅有11.1%的照料者自评健康状况"非常好"，39.6%的照料者自评健康状况"比较好"，自评健康状况"一般"的占比为42.9%，6.4%的照料者觉得身体状况"不太好"或"很差"。总体来说，北京市家庭照料者本人的健康问题值得关注。一方面，照料活动可能对照料者的健康状况产生负面影响，如陈璐基于中国健康与营养调查的分析发现从事照料活动使女性过去四周患病率显著提高。另一方面，承担对失能老人的照料，需要照料者具有较好的体力和精力，照料者的健康状况也将影响对失能老人的照料质量，增加家庭的负担和压力。

3. 失能老人主要照料者压力和社会支持

由于缺乏护理知识、精力不足等原因，照料者自身面临各方面压力，接受家庭照料的失能老人也存在照料需求未满足的情况。在被访的失能老人主要照料者中，64.6%的照料者认为照料有压力，其中深度受损的老人照料者中认为照料有压力的人数超过80%。从照料压力的来源看，"身体方面""经济方面"和"缺少自由支配的时间，社交活动受限"是主要压力，认为有"心理方面"和"工作方面"的压力所占比例较小，工作方面的压力感知较小可能与大部分照料者处于离退休和无业状态有关。另外，调查结果也显示，被照料老人受损程度越严重，照料者面临的各方面压力就越大。深度受损的老人家庭需要承担较高的养老服务费用，同时也需要照料者投入更多的照料时间和体力，因而深度受损老人照料者面临更大的身体、经济和缺少自由支配时间的压力（见图5）。

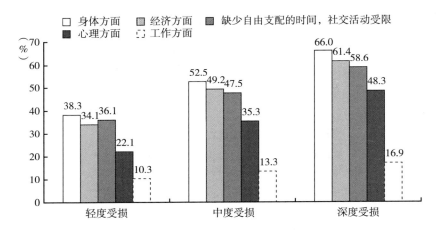

图5 不同失能状况被访群体照料者面临压力情况

资料来源：根据北京市民政局等，2018~2019年北京市精准帮扶需求调查（第一轮）数据。

照料时间长短是影响照顾者身心健康的主要因素之一。相对于能力完好的老人，照料者对失能的老人所投入的照料时间更长。数据显示，52.3%的轻度受损老人照料者每天投入的照料时间在6小时以上，而68.8%的中度受损老人照料者每天投入的照料时间在6小时以上。且因老人失能状况不同其照料时间也有所差异，失能程度越重的老人，需投入的照料时间越长，在深度受损的老人主要照料者中，85.4%的照料者每天投入的照料时间在6小时以上，超过一半（53.9%）的照料者每日照料老人的时间在 12 小时以上（见图 6）。对于为失能老人提供长期照料的家庭照顾者而言，其照料负荷和压力之重不言而喻。

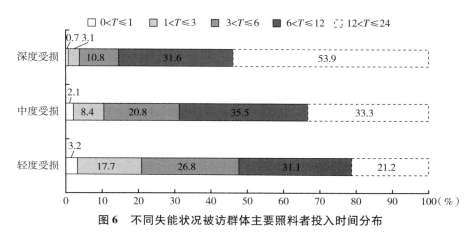

图 6 不同失能状况被访群体主要照料者投入时间分布

注：*T* 为日均照料时间，单位为小时。
资料来源：根据北京市民政局等，2018～2019 年北京市精准帮扶需求调查（第一轮）数据。

构建老年照料服务体系需要将老人所在的家庭作为一个整体，以家庭照顾者需求为导向，采取多种措施支持家庭照顾者，帮助家庭更好地履行养老责任，维持家庭的照顾能力，才能真正达到照顾老人的目的。然而，本次调查中，仅有 2.3% 的照料者表示接受过相关的照护技能培训，3.3% 的照料者表示接受过喘息服务的支持。尽管近年来，北京市在积极探索家庭照料者的相关支持举措，但在实际推进家庭照料者照护技能培训以及喘息服务等项目过程中，还需要加大工作力度（见表 9）。

表 9　不同失能状况被访群体主要照料者相关政策接受情况

单位：%

	轻度受损	中度受损	深度受损	失能	能力完好
照料者技能培训	1.9	2.8	2.9	2.3	1.0
喘息服务	3.6	2.9	2.7	3.3	1.4
以上皆无	94.5	94.3	94.4	94.4	97.6
合计	100.0	100.0	100.0	100.0	100.0
N	75385	18804	24563	118752	50903

资料来源：根据北京市民政局等，2018～2019 年北京市精准帮扶需求调查（第一轮）数据。

（四）失能老人辅助器具使用和福利服务享受情况

适当的康复辅助器具能够极大提高失能老人的生活品质，提高其生活的独立性，减少对他人的依赖。本次调查数据显示，在被调查的失能老人群体中辅助器具的配置和使用率很低，仅有42%的失能老人在生活中使用了辅助器具来协助自己生活。老年人使用的辅助器具种类也相对单一，在使用辅助器具的老人中，移动类辅助器具的使用率远远高于其他类型的服务器具，这一情况与目前我国康复辅助器具的产品供给、老年人对康复辅具的认知和接受程度相对较低等诸多因素有关（见表10）。

表10 不同失能状况被访群体辅助器具使用情况

单位：%

	轻度受损	中度受损	深度受损	失能	能力完好
移动类	30.6	52.0	56.6	35.0	8.7
生活自理类	2.3	9.7	26.5	5.1	0.7
信息沟通类	1.4	2.2	3.3	1.7	1.3
其他	0.1	0.1	1.4	0.2	0.1
未使用任何康复辅具	65.6	36.0	12.2	58.0	89.3
合计	100.0	100.0	100.0	100.0	100.0
N	296935	37716	31410	366061	287460

资料来源：根据北京市民政局等，2018～2019年北京市精准帮扶需求调查（第一轮）数据。

近年来，北京市大力推进"免费体检""社区建立健康档案"等基本公共医疗服务，失能老人接受过以上两类服务的比例分别达到78.8%和71.8%，此外也有58.3%的失能老人享有"老年津补贴"。但是老人接受过"家庭适老化/无障碍改造补助""安装紧急医疗救援呼叫器/一键通""喘息服务、日间照料、托管服务等"等服务的比例还不高（见表11）。

表 11　不同失能状况被访群体政策福利享有情况

单位：%

	轻度受损	中度受损	深度受损	失能	能力完好
免费体检	80.6	69.3	73.1	78.8	75.1
社区建立健康档案	74.2	58.4	64.7	71.8	62.5
老年津补贴	58.3	52.4	65.2	58.3	45.7
文体娱乐服务	21.7	19.1	18.1	21.2	21.5
签约家庭医生	20.3	18.3	25.4	20.5	22.2
精神慰藉服务	12.0	11.0	10.8	11.8	10.6
安装紧急医疗救援呼叫器/一键通	8.4	6.8	7.2	8.1	5.8
助餐服务	5.2	5.7	5.9	5.3	5.4
家庭适老化/无障碍改造补助	4.7	6.4	7.8	5.1	4.2
喘息服务、日间照料、托管服务等	3.4	2.6	2.6	3.3	3.1

资料来源：根据北京市民政局等，2018～2019 年北京市精准帮扶需求调查（第一轮）数据。

在对失能老人照料、监护方面最急需的服务和帮助调查中，"生活照顾"的服务需求最大，其次是"助医服务"、"辅助器具配置"和"无障碍支持服务"。失能老人对于这几项服务的需求更加显著（需求度分别到达62.0%、39.3%、34.4%和24.3%）。心理疏导层面的相关服务的需求相对较低，这与目前养老服务发展整体还处于起步阶段的现实社会情况相吻合（见表12）。

表 12　不同失能状况被访群体服务需求调查情况

单位：%

	轻度受损	中度受损	深度受损	失能	能力完好
生活照顾	60.4	70.0	68.2	62.0	45.6
助医服务	39.2	33.3	46.8	39.3	29.3
辅助器具配置	33.1	35.3	45.8	34.4	17.1
无障碍支持服务	23.7	24.1	30.3	24.3	16.1
精神慰藉	18.4	14.0	15.3	17.7	15.0
娱乐活动	8.8	5.7	4.4	8.1	13.2
社会融入	5.5	5.6	5.2	5.5	8.1
心理疏导	3.8	5.2	6.3	4.2	5.6

资料来源：根据北京市民政局等，2018～2019 年北京市精准帮扶需求调查（第一轮）数据。

三 北京市认知障碍老人的照料服务情况

（一）北京市认知障碍照护服务的发展概述

北京作为我国社会经济发展水平相对较高的大都市，其认知障碍照护和干预的相关工作起步也相对较早。1999 年北京开展了第一次城乡 55 岁及以上居民认知状况的筛查，拉开了北京市在认知障碍方面干预、应对的序幕。2000 年北京市第六人民医院成了国内第一家 AD 家属联谊中心，为在该院确诊的阿尔茨海默病患者（AD）的家庭成员提供病患照料护理方面的专业指导和社会支持等服务，在 20 年间服务了数以千计的 AD 患者及其家庭。2001 年北京第六人民医院的记忆中心开始正式启用，也成为我国最早开设的记忆门诊的前身。2002 年，我国在北京成立了中国阿尔茨海默病协会（ADC）并正式加入国际阿尔茨海默病协会，这也极大地推动了北京认知障碍的相关诊疗及社会关注等工作的开展。这一阶段，北京的相关养老和福利机构也陆续收住有认知障碍的老人，但并未有意识地开展有针对性的认知障碍照料服务，其服务的方案、收费等与普通的失能老人没有做区分。

2012 年，中国人口福利基金会联合中央电视台、北京市老龄委等发起"黄手环"行动，为认知障碍患者免费发放具有身份标识性的黄色特制手环，引发了相关养老服务机构对认知障碍老人群体特殊照护需求的关注。2013 年，北京乐成恭和苑双桥老年公寓的认知照护专区正式启用，同年英国具有多年认知障碍干预和服务经验的"关爱惟士"正式落户北京。2014 年以后，远洋椿萱茂的认知照护旗舰店在北京双桥建成并投入使用，该机构推出了"忆路同行""认可疗法"等服务支持方案，其也成为国内认知障碍专业照护的重要阵地。2015 年龙振养老集团下的劲松老年家园作为首家以收住认知障碍老人为主的嵌入社区养老服务机构，从环境设计到服务管理等方面开展了有益的探索。2016 年，中国本土的认知障碍照护和社会支持的组织"乐知学院"成立。2017 年，北京诚和敬养老集团的"乐智坊"、北科养老等也纷纷投入认知障碍专业照护及支持方面的系统开发工作，为探索和发展认知障碍照护的本土方案做出了积极的探索。这些机构和组织的发展，极大地推动了北京失智照护服务能力的提升。

虽然北京在认知障碍的照护和社会支持方面已经有了多年的实践探索，但与日本或欧美一些国家的相关水平相比，总体上北京养老服务行业对认知障碍的认知和服务保障水平等还处于起步和较为初级的培育阶段。北京市对认知障碍老人的照护和干预具有显著的"一高四低、一家独大"特点，"一高四低"即高患病率、低知晓率、低诊断率、低干预度、低治疗率；"一家独大"指目前认知障碍老人的照护以家庭为绝对主力，社区照护服务缺位、机构照护无论是数量还是质量都亟待提升。

（二）调查主要发现

2019年6月30日，北京在民政部全国养老机构业务管理系统登记在册的养老机构共528家，初步摸查共有331家机构收住了具有认知障碍症状的老人，其中286家机构填答了关于认知障碍照护的相关调查问卷，占北京市营业养老机构的54.3%；此外有13家目前未收住认知障碍老人的机构表示有意愿在未来开展相关服务，余下的32家养老机构表示目前不打算扩展甚至希望停止收住具有认知障碍症状的老人，其原因主要是护理难度太大，没有能力收住；没有相关的设施设备；安全风险太高；服务成本太高，觉得市场需求不大。

近十年内，北京市认知障碍照护机构数量加速增长。在286家开展认知障碍照护的机构中，58.7%是在2010年后开业的新机构，在2015年后开业的机构更是高达37.8%（见表13）。北京认知障碍照护机构的加速发展，一方面是北京人口老龄化加速带来的巨大认知障碍照护市场需求的拉动，另一方面无疑也是近年来国家大力鼓励和支持养老机构发展的一系列政策落地的刺激。

调查发现认知障碍照护机构性质以非营利为主，但市场化趋势逐渐凸显。在接受调查的286家机构中，63.2%是非营利性质的民非组织，其次有

26.9%是事业单位性质的养老机构，营利性的公司企业性质的养老机构仅占9.8%（见表13）。但从发展趋势来看，北京市认知障碍照护的养老机构也呈现明显的社会化、市场化特点：1990年前开业机构属于公办事业单位性质，到1990年后民非组织性质养老机构的数量开始逐步增加，2005年后民非性质的机构成为北京养老机构的主角，2013年《国务院关于加快养老产业发展的若干意见》拉开中国养老产业市场化大幕后，工商企业性质的养老机构开始大量涌现，北京认知障碍照护机构中营利性机构的比例还将进一步增加，市场化的特点将会更明显。

表13 不同规模认知障碍照护机构的开业时间分布

单位：个

床位	1980年前	1980~1989年	1990~1999年	2000~2004年	2005~2009年	2010~2014年	2015~2019年
50张以下	0	1	0	1	1	3	9
50~99张	1	10	3	3	4	6	35
100~199张	1	12	9	6	10	25	33
200~499张	2	7	8	9	20	16	23
500~999张	2	0	0	0	5	9	6
1000张及以上	0	0	2	0	1	1	2
合计	6	30	22	19	41	60	108

资料来源：根据2019年北京市民政局"北京养老机构的认知障碍照护服务现状研究"课题调查数据整理。

1. 认知障碍照护机构规模差异大，呈小型化发展趋势

调查显示，286家开展认知障碍照护机构的平均床位规模为239张，其中规模最小的仅有13张床位，最大的则达到了3800张。具体而言，50~99张床的小机构占21.2%，100~199张床的中小型机构占33.1%，200~499张床的中型机构占33.1%，这三类规模的机构合计占北京认知障碍照护机构的87.4%。而且近年新开业的认知障碍照护机构呈现明显的小型化趋势。与前些年相比，2015~2019年新开业的机构中100床以下的机构数显著增加，与近些年来鼓励发展嵌入社区的小机构发展的政策引导有关。

2. 认知障碍照护机构的月收费更趋分散

调查显示，286 家接受认知障碍老人的机构的月收费从 2000 元以下到 15000 元及以上都有分布。总体来看，月收费在 5000 元以下的普惠性的机构占比达到 66.2%。与此同时，2010 年以后 15000 元及以上的高端机构也开始出现（见表 14）。从 2015～2019 年新开业机构的月收费分布情况来看，高中低端各个层次的机构均有所增加，不同层次机构的发展，可以满足不同消费能力和层次的老百姓的认知障碍照护服务需求，增加了认知障碍照护服务市场的可选择性。

表 14　不同规模认知障碍照护机构的开业时间分布

单位：%

收费	1980 年前	1980～1989 年	1990～1999 年	2000～2004 年	2005～2009 年	2010～2014 年	2015～2019 年	合计
2000 元以下	0.0	29.2	5.0	16.7	15.4	8.6	10.4	12.3
2000～4999 元	50.0	66.7	85.0	77.8	69.2	58.6	33.0	53.9
5000～7999 元	50.0	4.2	10.0	5.6	12.8	15.5	38.7	22.7
8000～9999 元	0.0	0.0	0.0	0.0	2.6	13.8	7.5	6.3
10000～14999 元	0.0	0.0	0.0	0.0	0.0	1.7	8.5	3.7
15000 元及以上	0.0	0.0	0.0	0.0	0.0	1.7	1.9	1.1
合计	100.0	100.0	100.0	100.0	100.0	100.0	100.0	100.0
N	4	24	20	18	39	58	106	269

资料来源：根据 2019 年北京市民政局"北京养老机构的认知障碍照护服务现状研究"课题调查数据整理。

3. 认知障碍照护机构的入住率相对较高

机构的入住率和提供的服务项目是我们衡量认知障碍照护机构服务状况的两个核心指标。前者可以反映出消费者对机构服务的认可情况，后者则是相对客观的服务能力的反映。数据显示北京开展认知障碍照护机构床位的入住率总体上高于北京养老机构的平均入住率，且认知障碍照护专区入住率明显高于普通养老床位。数据显示，北京 286 家开展认知障碍照护机构的床位总数为 68346 张（约占北京市 11 万张养老床位的 60%），共收住老人 37443

人，总体的入住率为54.8%，比北京市养老机构的平均入住率（42.3%）高近12.5个百分点。在入住老人中，认知障碍老人为8553人，占实际收住老人的22.8%。

以往的研究指出，在中国大部分养老机构中认知障碍老人与其他老人混合居住，多数机构并未设置认知障碍专区。北京的情况也类似。本次调查发现，在开展认知障碍照护的286家机构中仅77家机构设置了认知障碍照护专区，占认知障碍照护机构的26.9%。这77家中，除1家未实际运营外，其他76家在运营的养老机构认知障碍专区设置床位数合计4809张，实际入住认知障碍老人2918位，认知障碍专区床位入住率达到60.7%。数据显示，在设置了认知障碍专区的机构中，认知障碍专区床位的入住率要显著高于其普通区域养老床位的入住率，这也充分说明老年人对认知障碍照护的服务需求是更为迫切的（见图7）。

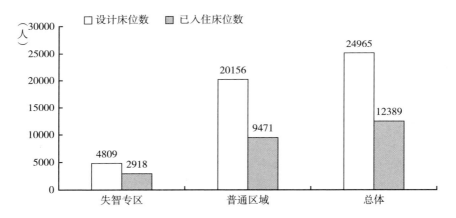

图7 设置认知障碍专区机构中认知障碍专区与非专区床位入住率比较

资料来源：根据2019年北京市民政局"北京养老机构的认知障碍照护服务现状研究"课题调查数据整理。

相对于普通的失能老人照护而言，认知障碍照护除了满足老人基本生活照护的需求外，还针对其异常的行为以及认知功能下降等提供相应的服务。调查发现，86.2%的认知障碍照护机构开展了至少一种及以上的非药物干预服务，超过70%的机构在认知障碍老人的护理中使用了两种以上的非药物干预项目，近一半的机构开展了三种及以上的非药物干预活动。数据显示，设置认知障碍专区的照护机构平均采用的非药物干预项目为3.6个左右，明显高于没有设置专区的机构（2.6个）。从采用的方法来看，最多的是做手工或手指操等认知训练，其次是为老人播放音乐或组织唱歌等的音乐疗法，最后是通过把老人带入装修布置复古怀旧的房间或翻看老照片等怀旧疗法。相对而言，园艺疗法、宠物疗法、芳香疗法的采纳率较低，这些主要在一些较大型机构的认知障碍专区中使用（见图8）。不过，实地走访中也发现，各机构在提供非药物治疗服务方面还存在一定的随意性，一些机构的护理人员对开展相关活动的意义和目的并不十分明确，仅仅是被告知要放音乐，或者让老人做手工，甚至一些护理人员将开展这些活动视为"打发时间"和给老人"找点事情"，而对于这些活动能够改善老人认知能力下降的机理并不了解，从而也无法对老人参与活动提供很好的指导和协助。

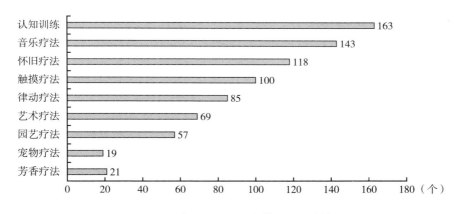

图8　认知障碍机构采用非药物干预的情况

资料来源：根据2019年北京市民政局"北京养老机构的认知障碍照护服务现状研究"课题调查数据整理。

4. 认知障碍机构整体人员配置较为多元

认知障碍老人照护需求的多样性，也要求护理团队具备多学科、多方面的专业人员。调查显示，在各机构认知障碍老人照护服务的团队中除护理人员外，医护人员的配有率相对较高，其中护士配有率为56.7%，有接近一半的认知障碍照护机构配备医生（49.6%）。值得注意的是，有接近一半的养老机构在认知障碍老人的照护服务方面把非正规的照护者，主要是老人家属（47.2%）和志愿者（41.2%）也纳入照护服务团队之中，这有利于弥补机构照护人员人手不足、解决难以满足老人情感慰藉需求等现实问题。在当前认知障碍机构的人员配置中，社会工作者、营养师、康复师这些专业人员的配有率相对较低，均不足40%（见图9）。

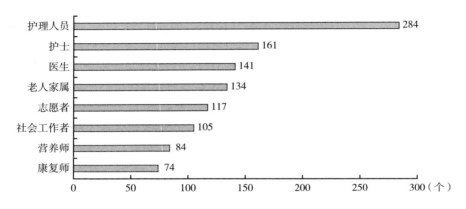

图9　北京市认知障碍老人照护团队建设情况分布

资料来源：根据2019年北京市民政局"北京养老机构的认知障碍照护服务现状研究"课题调查数据整理。

调查还发现，开展认知障碍照护的机构认为认知障碍照护最大的风险是夜间护理（主要是认知障碍老人夜游、坠床等），280家机构都认为这是认知障碍老人照护的一个突出风险；第二是饮食照料（如无节制饮食或噎食等风险），有260家（占填答本题机构总数的92.9%）机构认为这是认知障碍照护的一个突出风险；第三是久坐不动导致褥疮风险增高，243家机构选择了此项，相对而言，养老机构认为药物照料、大小便护理以及意外伤害等的风险要低一些（见图10）。要发展和完善认知障碍照护体系，迫切需要有针对性地为照护人员提供认知障碍照护相关风险防范和处置的培训与指导，以有效防控风险、提升认知障碍照护的能力和水平。

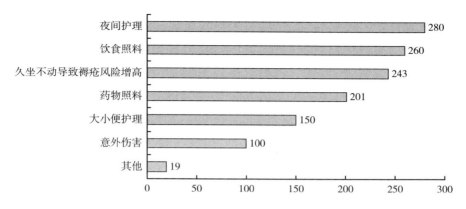

图 10 机构照护认知障碍老人面临的突出风险（频数）

资料来源：根据 2019 年北京市民政局"北京养老机构的认知障碍照护服务现状研究"课题调查数据整理。

四 小结

本报告依据北京市四部门 2018～2019 年实施的"精准帮扶需求调查"资料，以及 2019 年北京市民政局对全市养老机构失智照护服务能力的现状调查资料，分析北京失能、认知障碍老人的照料现状与问题。基于调查研究，我们对北京市 36 万左右基本生活能力有缺损的困境老人群体的基本生活状态，特别是家庭照料和服务福利享受情况有了初步的了解，也掌握了北京市在认知障碍照护机构发展方面的基本情况。

在困境老人群体特征方面，我们发现失能老人中女性、丧偶、低文化程度、高龄群体所占比例相对较高。值得一提的是，北京市失能老人文化程度相对较高，养老、医疗社会保险的享有程度均在 95% 以上，同时失能老人自有住房的比例也接近 95%，显著高于国内其他地区。

从失能老人的照料满足情况来看，仅有 1/3 的居家养老的失能老人在生活中获得了家人或社区等的支持和协助，即便是严重失能老人，照料的满足率也仅达到 78%。目前家庭照料者依旧是北京居家养老失能老人最重要的照料资源，占 98% 左右，家庭照料者也同样存在较为显著的女性化、老龄

化的特点。值得关注的是，2/3 的照料者认为照料有压力，其中深度受损的老人照料者中认为照料有压力的人数超过八成，照料中辅助器具等的使用率相对较低。在政府提供的各项养老的公共服务和福利项目中，免费体检和健康档案等的感知率相对较高，而与长期照护相关的一些福利和服务的公众认知率还有待提升。

同时，北京市在认知障碍患者的照护服务方面已经有了一定的基础，但养老照料机构的服务能力尚未满足老年人的多元化照料需求。2020 年北京市政府办公厅发布《关于加快推进养老服务发展的实施方案》，也首次明确将"失智、重度残疾、计划生育特殊家庭老年人等重点保障群体"作为北京市基本养老服务对象。这意味着北京市政府向失能失智的老人做出了承诺，将在长期照护服务体系建设中承担基本保障的职责。

总体而言，近年来北京市大力推动养老相关的公共服务设施建设，出台了养老机构建设补贴、运营补贴等一系列扶持鼓励政策举措，初步形成了具有北京特色的"三边四级"就近养老服务体系，依托区级养老服务指导中心、街乡养老照料中心和社区养老服务驿站等区域性养老服务平台，统筹区域内企事业单位和社会组织提供的各类专业服务和志愿公益服务，不断提升为老年人提供周边、身边和床边就近享受居家养老服务的服务供给能力。不过，北京市基本养老服务体系的建设任重道远，还需要建立包括长期照护保险在内的一些基础性的制度、政策，需要创新发展政府的社会治理能力，打破相关部门职能及资源的断裂、分割格局，也需在传统的家庭养老文化传统与现代的社会养老服务之间找到现实的平衡。

参考文献

陈璐、范红丽：《家庭老年照料对女性照料者健康的影响研究》，《人口学刊》2016年第 4 期。

陈蓉、胡琪：《社会化养老趋势下家庭照料的作用及支持体系研究》，《城市观察》2015 年第 3 期。

杜鹏：《回顾与展望：中国老人养老方式研究》，团结出版社，2016。

雷咸胜：《中国老年失能人口规模预测及对策分析》，《当代经济管理》2020 年第
5 期。

伍小兰、刘吉：《中国老年人生活自理能力发展轨迹研究》，《人口学刊》2018 年第
4 期。

张文娟、付敏：《长期护理保险制度中老年人的失能风险和照料时间——基于
Barthel 指数的分析》，《保险研究》2020 年第 5 期。

柯淑芬：《老年痴呆治疗性环境筛查量表的汉化及初步应用研究》，硕士学位论文，
福建医科大学，2014。

贾建平：《阿尔茨海默症在中国及世界范围内疾病负担的重新评估》，2018。

宋月萍、黄石松、陈红梅：《北京市人口老龄化趋势（2015～2050 年）预测研究》，
2018。

B.6
多城市群比较视野下京津冀城市群
人口空间演变特征研究[*]

史 毅 尹德挺[**]

摘 要： 为更好地把握城市群发展过程中的人口空间演变规律，本报
告以我国 15 个主要城市群为研究对象，使用人口重心模型、
空间自相关、泰尔熵指数分解等方法对人口的空间均衡度和
集中度进行了分析。研究发现，在 1982 年前后我国人口重心
由"东北向移动"掉转至"西南向移动"；高密度城市群开
始向西接近胡焕庸线，但京津冀城市群空间均衡性相对稳定；
京津冀城市群人口空间演变与全国的情况不同，主要经历了
"提高—下降—再调整"三个阶段；我国城市群正在逐渐从
发育走向成熟，内部人口分布差异在逐渐缩小，京津冀作为
人口持续聚集型城市群，其间也经历了多次空间分布调整。

关键词： 城市群 泰尔熵指数 空间演变 人口分布

对于一个区域而言，城市群的人口规模应该控制在何种程度，怎样的人
口空间分布结构算是处于合理的区间范围之内，至今尚未形成定论。对于这

* 本报告系国家社科基金重大课题"中国主要城市群人口集聚与空间格局优化研究"（项目编号：
18ZDA131）的阶段性成果。

** 史毅，博士，中国人口与发展研究中心副研究员，主要研究方向为人口迁移流动、社会调查
方法等；尹德挺，博士，中共北京市委党校（北京行政学院）社会学教研部主任、教授，主
要研究方向为京津冀协同发展、流动人口有序管理等。

一问题，不仅需要对我国主要城市群的人口空间分布现状和历史变动特点进行研究，更需要对城市群发展过程中的人口空间演变规律进行分析。

城市群作为一个相对完整的人口、经济和空间集合体系，其空间集聚和变动特征同样具有规律性和阶段性。在人口迁移流动和人口城镇化的双重影响下，我国以胡焕庸线为界的人口空间分布格局并未发生较大变化，但城市群之间及其内部人口空间分布正在发生明显转变。本报告使用人口普查、统计年鉴或公报数据，基于空间数据分析的方法，以京津冀城市群为主体，对我国15个城市群的人口空间分布特点进行了综合比较，并总结了我国主要城市群人口空间演变的阶段性规律，以期为京津冀城市群人口发展和空间优化提供建议和参考。

一　概念、数据与方法

（一）研究范围

按照研究需要，本报告以2017年行政区划为基础，以4个直辖市、334个地级行政区划、27个其他类型行政区划等365个行政单元为基本空间研究单元。由于国内外相关研究对城市群概念和空间范围的界定不同，我们在《中华人民共和国国民经济和社会发展第十三个五年规划纲要》中提到的19个城市群中选择15个城市群作为研究对象，其中各城市群的范围主要以国务院批准的城市群规划范围为标准，针对那些尚未获得国务院批复的城市群，其范围主要参考相关研究或地方政府出台的规划文件。

（二）数据来源

本研究使用的人口数据为常住人口数，数据来源主要分为四类：人口普查、抽样调查、统计年鉴、统计公报。其中，人口普查资料主要包括历次人口普查的分省数据；抽样调查数据主要包括2005年和2015年全国1%人口抽样调查数据；统计年鉴主要包括历年《中国统计年鉴》、分省统计年鉴及

部分地市统计年鉴；统计公报数据主要包括各地历年发布的国民经济和社会发展统计公报。本研究使用的坐标数据以市级和县级行政区划为基本单位，使用 Geocoding 对 Google 地图的数据库进行地址解析，得到各个行政区域的经纬度坐标数据。

（三）研究方法

1. 区域重心模型

重心位置（经纬度）具体计算公式分别为：$\bar{x} = \dfrac{\sum X_i W_i}{\sum W_i}$；$\bar{y} = \dfrac{\sum Y_i W_i}{\sum W_i}$，其中，$W_i$ 为区域内第 i 个基本单位的人口数，X_i 为该单位的经度坐标，Y_i 为纬度坐标，经计算后的 $(\bar{x}, \bar{y})$ 即为人口的区域几何重心。

2. 空间自相关

空间自相关是指变量的观测值之间因观测点在空间上邻近而形成的相关性，本报告采用全局空间自相关指数 Moran's I 测度城市人口密度及人口变化率在全国的分布状态和集聚程度，采用局部空间自相关（LISA）分析每个城市与其邻近城市间人口密度及人口变化量的相似或相关程度。

3. 基尼系数法和泰尔熵指数

洛伦兹曲线可有效反映城市人口空间聚集状态，基尼系数可以测量城市群人口分布的分离程度，泰尔熵指数可测量人口分布的不平等情况，并计算组内差距与组间差距对总体差距的贡献。

二 城市群人口发展的阶段、规律与趋势

（一）人口重心回归：1982年前后由"东北向移动"掉转至"西南向移动"

从人口重心的移动轨迹看，我国人口增长、聚集和迁移流动的方向具有一定的曲折性和复杂性，可以大致分为三个阶段。第一，人口重心由南向西

向北移动的阶段。这一阶段我国南部地区人口聚集的状况有所改变，部分人口开始流向我国北部和西北地区，北方人口出现一定程度的增长。1928～1933年，我国人口重心出现短暂的向东聚集，之后受战争和国家开发政策的影响持续向西北方向转移。第二，人口重心向东向北移动的阶段。这一阶段主要发生在新中国成立以后至改革开放前夕，其间我国对人口迁移流动进行了一定的限制，但由于东部地区经济社会发展状况相对较好，人口自然增长较快，因此总体上人口重心呈现向东移动的趋势。同时，1965～1978年由于"上山下乡"运动的影响，大批东部知青向西部地区流动，导致人口重心出现短暂的向西向南移动的态势。第三，人口重心向南向西移动的阶段。这一阶段主要发生在1982年国家对迁移流动的限制放松和计划生育政策严格实施之后，一方面大量人口开始涌入东南沿海地区通过务工提高收入，另一方面西部地区因生育政策相对宽松而导致人口自然增长较快。同时，2010年以后部分流动人口开始由城返乡，一定的人口回流也导致人口重心发生向西偏移的态势。总体而言，国家人口重心的移动轨迹反映出人口集中趋势的变化方向，是城市群孵化需要参考的重要基础，人口重心向西偏移为推动我国中西部地区的城市群孵化、实现区域间城市群发展的均衡性提供了一定的机遇。1912～2017年我国人口重心转移方向及趋势见图1。

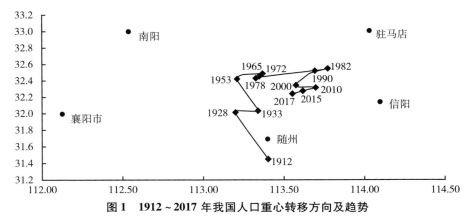

图1　1912～2017年我国人口重心转移方向及趋势

注：1912～1978年的人口重心转移数据来自李仪俊《我国的人口重心及其移动轨迹》一文，1983年刊载于《人口研究》第1期，本报告关于人口重心的计算方法与李仪俊文章一致。

（二）城市群规模化：胡焕庸线东侧高密度城市群骤增，京津冀城市群人口密度再增

1982～2017 年，我国城市群的空间分布已由"单调孤点支撑"向"多元连片发展"转变，胡焕庸线东侧的城市群人口密度逐步增加，这一特征既反映出胡焕庸线作为自然生态分界线的重要性，也反映出局部区域间城市群发展均衡性开始得以实现。在此期间，京津冀城市群人口密度发生了明显的变化，但空间分布格局相对稳定。一是京津冀城市群总体发展水平较高。人口规模迅速增加，人口密度提升较快。从 346 人/千米² 增加至 555 人/千米²，增长了将近 60%，高于国内其他多数城市群人口密度的增速。二是京津核心的人口增长格局维持不变。人口聚集和密度增加主要集中于北京、天津及其周边地区。北京人口密度从 609 人/千米² 增至 1414 人/千米²，增长了 132%；天津人口密度从 708 人/千米² 增至 1419 人/千米²，增长了 100%，廊坊人口密度从 471 人/千米² 增至 786 人/千米²，增长了 67%，其他城市人口密度均接近或低于平均增长水平。三是京津冀城市群核心城市人口密度的爆发增长期已过。京津冀人口密度的变化不仅具有区域差异，而且存在阶段性差异。北京人口密度增长期主要集中在 1982～2010 年，之后增速便开始下降；天津人口密度增长期持续到 2015 年，之后增速也开始下降（见表1）。从 2015～2017 年的情况看，京津人口密度增速在整个京津冀城市群处于最低水平，廊坊、石家庄、沧州等地人口密度开始提升。

表1 1982～2017 年不同阶段京津冀城市群人口密度年均增长率比较

单位：%

城市	1982～2017 年	1982～1990 年	1990～2000 年	2000～2010 年	2010～2015 年	2015～2017 年
北京市	2.44	1.89	2.30	3.70	2.04	0.0046
天津市	2.01	1.56	1.31	2.64	3.55	0.32
廊坊市	1.47	2.23	1.24	1.31	0.90	1.93
石家庄市	1.37	2.13	1.45	0.97	1.01	0.83

城市	1982 ~ 2017 年	1982 ~ 1990 年	1990 ~ 2000 年	2000 ~ 2010 年	2010 ~ 2015 年	2015 ~ 2017 年
邯郸市	1.18	2.26	1.08	0.92	0.53	0.41
邢台市	1.08	2.19	1.02	0.68	0.50	0.39
沧州市	1.08	1.94	0.92	0.73	0.83	0.75
秦皇岛市	1.01	1.52	1.11	0.83	0.55	0.61
保定市	0.97	1.90	0.77	0.68	0.61	0.60
唐山市	0.84	1.38	0.69	0.74	0.57	0.61
衡水市	0.75	1.43	0.79	0.45	0.41	0.28
承德市	0.40	1.07	-0.15	0.45	0.31	0.49
张家口市	0.36	0.97	-0.09	0.37	0.33	0.13

（三）区域一体化：城市群内部人口分布趋于稳定，京津冀仍处于再调整阶段

从历史人口空间分布的洛伦兹曲线看，我国城市间人口分布的均衡性经历了"提高—不变—降低—稳定"四个阶段。京津冀城市群人口分布的均衡性与全国的情况不同，主要经历了"提高—下降—再调整"三个阶段。第一，京津冀人口分布均衡性提升阶段。1982 ~ 2000 年，京津之外的其他城市快速发展，1982 ~ 1990 年人口分布的洛伦兹曲线开始向空间绝对平等线接近（见图 2）。第二，京津冀人口分布均衡性下降阶段。1990 ~ 2010年，北京和天津发展迅速，人口流动进入高峰期且主要向京津流动，导致人口分布的洛伦兹曲线开始远离空间绝对平等线，20% 的城市聚集了整个城市群接近 40% 的人口。第三，京津冀人口分布均衡性二次调整阶段。2010 ~ 2017年，京津冀城市人口空间分布保持稳定态势，人口仍然主要聚集于少部分城市，但这些城市的人口占比开始降低，出现向空间绝对平等线接近的趋势。

从基尼系数和泰尔熵指数看，两类指数在 2015 年之后的缩小反映了京津冀人口空间分布向均衡方向发展的趋势和可能，虽然具体变化方向仍需后续的数据分析做支撑，但京津冀城市群正在区域一体化思路下逐渐从发育走向成熟，其内部人口分布差异缩小的事实已然存在（见表 2）。

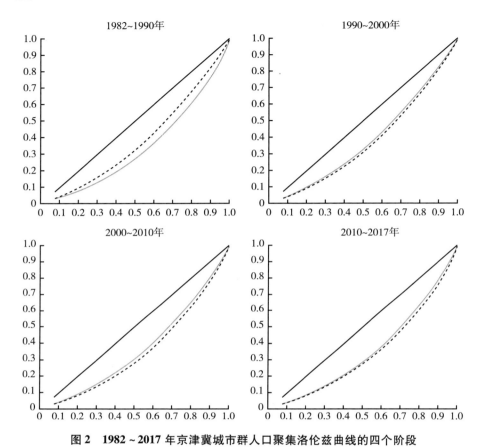

图2　1982～2017年京津冀城市群人口聚集洛伦兹曲线的四个阶段

表2　1982～2017年京津冀城市群人口密度基尼系数和泰尔熵指数变化情况

	1982年	1990年	2000年	2010年	2015年	2017年
基尼系数	0.2196	0.2236	0.2415	0.2845	0.3031	0.3019
泰尔熵指数	0.0974	0.1015	0.1153	0.1488	0.1678	0.1666

（四）摆脱发育不足：城市群人口吸附力高，京津冀城市群人口的全国占比达8.1％

我国15个城市群行政区划范围内的人口占全部人口的70％以上，分阶段看不同城市群的人口占比变化具有各自的特点，但京津冀人口占比始终处于较高水平。分阶段看，1982～2000年，多数城市群的发展尚未开始，部分城市群人口吸引力较低，如中原、长江中游、成渝城市群等。2001～2017年，各城市群开始摆脱发育不足的局面，人口吸引力开始迅速上升，所有城市群的人口相对规模增幅均高于非城市群地区（见表3）。但值得注意的是，部分城市群的人口相对规模仍处于下降阶段，如辽中南、哈长、长江中游和成渝城市群，上述城市群的人口吸引力仍然较弱。

表3　1982～2017年15个主要城市群的人口相对变化情况比较

	1982～2017年各城市群人口占比					1982～2000年		2001～2017年	
	1982年	1990年	2000年	2010年	2017年	增幅	排序	增幅	排序
珠三角	2.4	2.4	4.0	4.7	5.0	1.6	1	1.0	1
京津冀	7.0	7.1	7.2	7.7	8.1	0.2	4	0.9	2
长三角	10.5	10.0	10.0	11.1	10.5	-0.5	14	0.5	3
海峡西岸	5.4	5.5	5.5	5.7	5.8	0.1	5	0.3	4
滇中	1.5	1.5	1.5	1.6	1.6	0.0	6	0.1	5
山东半岛	3.3	3.1	3.2	3.2	3.3	-0.1	10	0.1	6
中原	10.7	11.1	10.0	10.5	10.1	-0.7	15	0.1	7
呼包鄂榆	0.7	0.7	0.7	0.8	0.8	0.0	7	0.0	8
天山北坡	0.5	0.7	0.8	0.8	0.8	0.3	2	0.0	9
北部湾	2.8	2.9	3.0	2.9	3.0	0.2	3	0.0	10
关中平原	3.2	3.2	3.2	3.2	3.2	0.0	8	0.0	11
辽中南	2.6	2.5	2.4	2.3	2.2	-0.2	12	-0.2	12
哈长	3.9	3.7	3.6	3.5	3.3	-0.3	13	-0.3	13
长江中游	9.5	9.4	9.4	8.8	8.9	-0.1	11	-0.5	14
成渝	8.7	8.2	7.9	7.1	7.2	-0.8	16	-0.7	15
其他地区	27.5	28.0	27.5	26.0	26.0	0.0	9	-1.5	16

　　资料来源：1982年、1990年、2000年和2010年人口数据来自我国第三、四、五、六次人口普查分省汇总资料；2017年人口数据来自全国地市级行政单位发布的当年国民经济和社会发展统计公报。

（五）阶段性转变：全国城市群经历人口发展的三阶段和四转变，京津冀城市群属于人口持续聚集型

　　从长期纵向发展的视角看，国家城市群的分布正在从过度集中于某些区

域转向均衡化发展，城市群内部的人口分布差异正在被城市群间的差异取代，而这一变化过程主要受不同城市群的先发与后发优势的影响。通过对1982～2017年、1982～2000年、2001～2017年三个阶段的人口相对规模增幅的比较，我们可以对15个城市群的人口分化模式进行聚类分析，最终可划分为后发输出型、持续输出型、后发聚集型和持续聚集型，其中我国城市群的发展模式主要体现为后三种类型。京津冀城市群属于持续聚集型（见图3）。

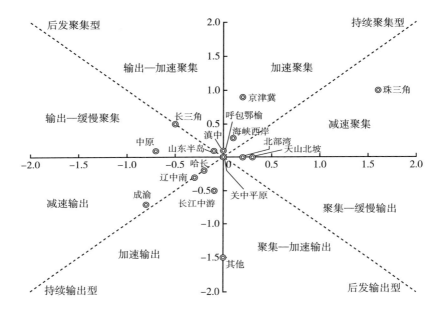

图3　1982～2017年中国城市群孵化过程中的人口转变特征

第一类城市群为人口持续输出型城市群，该类城市群人口吸引力相对较弱，或处于城市群孵化初期，或产业转型相对滞后，难以适应经济发展需求。进一步看，人口持续输出型城市群可划分为人口减速输出、加速输出、稳定输出三类。人口减速输出型城市群尽管在20世纪末人口处于快速流出的状态，但21世纪以来人口流出速度有所减缓，城市群发展的人口基础有所改善，如成渝城市群；人口加速输出型城市群在20世纪末人口流出相对缓慢，但21世纪以来人口流出速度反而有所提升，对未来城市群发展将会产生一定影响，如长江中游城市群。此外，我国东北地区的哈长和辽中南城市群的人口持续稳定流出问题值得注意，自 1982 年以来两个城市群的人口相对规模减幅始终处于较高的水平，严重影响区域经济社会发展。

第二类城市群为人口后发聚集型城市群，该类城市群早期人口吸引力相对较弱，但后期人口吸引力开始有所提升，具有明显的后发优势。进一步看，后发聚集型城市群可划分为缓慢聚集和加速聚集两个阶段。缓慢聚集型城市群在 20 世纪末人口持续流出，但 21 世纪以来人口相对规模开始有一定的增长，如中原城市群；加速聚集型城市群在 20 世纪末也表现为人口持续流出，但 21 世纪以来人口相对规模增幅明显较大，如长三角城市群。

第三类城市群为人口持续聚集型城市群，该类城市群发展基础较好，无论早期还是当前的人口吸引力均高于其他地区。尽管如此，从当前的人口吸引力看，持续聚集型城市群中有一类城市群的人口相对规模增幅仍在持续提升，处于加速聚集阶段，如京津冀和海峡西岸城市群；有一类城市群的人口相对规模增幅开始下降，处于减速聚集阶段，如珠三角城市群。不同的城市群发展类型不仅可以反映各自的人口分布特点，而且可以反映城市群发展的轨迹和规律。

三　城市群人口演变的内在逻辑及未来趋势

城市群的形成发育是一个漫长的自然过程，城市群人口问题的研究是一个复杂科学问题，需要从发展的阶段性、一般性和未来发展态势进行综合判断。

第一，从人口重心的移动轨迹来看，我国人口增长、聚集和迁移流动的方向具有一定的曲折性和复杂性，现阶段我国人口空间重心向西偏移，为推动我国中西部城市群孵化、实现区域均衡发展提供了一定的机遇。

第二，高密度城市群开始向西接近胡焕庸线，既反映出胡焕庸线作为自然生态分界线的重要性，也反映出局部区域间城市群发展均衡性开始得

以实现。

第三，我国城市间人口分布的均衡性经历了"提高—不变—降低—稳定"的转变过程，城市群之间差异开始取代城市群内部人口差异成为影响中国人口分布的主要因素，这一变化反映出我国城市群正在逐渐从发育走向成熟，区域一体化思路下的内部人口分布差异在逐渐缩小，京津冀城市群人口也经历了多次空间分布调整。

第四，我国城市群正在摆脱发育不足的困境，城市群人口吸引力显著高于非城市群地区且出现阶段性转变。城市群孵化大致可以划分为"人口持续输出—后发聚集—持续聚集"三个阶段，人口相对规模可能会经历"人口加速输出—减速输出—缓慢聚集—加速聚集—减速聚集"四个转变。由于区域特征和宏观形势的变化，三个阶段和四个转变的连续性可能会有所改变，有的城市群可能会跨越某一阶段或转变过程直接进入下一阶段，有的城市群在经历人口减速聚集后或将进入人口输出阶段，从而形成城市群从孵化到发育到繁荣再到衰落的封闭发展环，国家政策、产业结构和技术进步将对此产生重要影响，其中，京津冀城市群的发展过程尤其表现出此类特征。

参考文献

陈明星、龚颖华：《城镇化系列咨询研究进展与影响》，《地理研究》2016 年第 11 期。

李建新、杨珏：《"胡焕庸线"以西的西部人口格局》，《西北民族研究》2018 年第 1 期。

刘洁、王宇成、苏杨：《中国人口分布合理性研究——基于发展方式角度》，《人口研究》2011 年第 1 期。

陆大道、王铮、封志明等：《关于"胡焕庸线能否突破"的学术争鸣》，《地理研究》2016 年第 5 期。

戚伟、刘盛和、赵美风：《"胡焕庸线"的稳定性及其两侧人口集疏模式差异》，《地理学报》2015 年第 4 期。

冉淑青、刘晓惠、冯煜雯：《大城市发展过程中经济、人口、空间相互作用力空间分异研究——以陕西西安为例》，《改革与战略》2015 年第 2 期。

孙平军、丁四保：《人口—经济—空间视角的东北城市化空间分异研究》，《经济地理》2011 年第 7 期。

王桂新、潘泽瀚：《中国人口迁移分布的顽健性与胡焕庸线》，《中国人口科学》2016 年第 1 期。

方创琳、鲍超、马海涛：《2016 中国城市群发展报告》，科学出版社，2017。

B.7
京津冀协同发展中的天津定位
及人口发展应对策略

金牛 原新[*]

摘　要： 天津是实现京津冀协同发展的重要引擎，立足于京津冀协同
　　　　 发展格局，天津应找准经济产业定位，从交通和人口互动、
　　　　 人口和城市空间分布、人才招引和培育、职业教育人才培养、
　　　　 人口老龄化应对等维度积极策应，在疏解北京非首都功能、
　　　　 配合雄安新区千年大计建设的战略中肩负天津担当，奋力推
　　　　 动天津高质量发展。

关键词： 天津　京津冀协同　人口发展　产业转移

人口是经济社会发展的基础性、全局性、长期性和战略性因素，京津冀
地区优化城市空间布局和产业结构，提升资源配置效率，实现协同发展必须
直面区域人口发展问题，推动人口与资源和环境的良性互动，实现高质量可
持续发展。相较于北京的"向外调控"和河北的"积极承接"，天津处于京
津冀协同发展的夹心层位置，在找准区域经济产业定位的基础上加快角色融
入，配套合乎市情和区域要求的人口发展政策，走出"一亩三分地"，做出
了京津冀协同发展的天津贡献。

---

* 金牛，南开大学经济学院博士研究生，主要研究方向为人口经济学、教育经济学；原新，南
　开大学经济学院人口与发展研究所教授、博士生导师，南开大学老龄发展战略研究中心主任，
　主要研究方向为人口经济学、人口老龄化、人口政策。

一 京津冀协同发展背景下天津人口发展概况

天津是京津冀区域发展的重要引擎，天津人口规模、流动人口来源、人口分布和年龄结构、人口素质等方面的发展变化，既影响着天津经济社会的发展程度，又关涉京津冀区域整体格局的塑造。

（一）常住人口和外来人口增速放缓，户籍人口加速增长

人口规模方面，以2014年京津冀协同发展战略正式启动为界，相较于2010~2013年，2014~2019年天津常住人口和外来人口年均增量虽明显下降，但常住人口规模仍在1500万人以上，外来人口规模基本稳定在450万~500万人；户籍人口年均增量由6.03万人大幅提高至17.37万人，增加了近2倍。尤其是2018年天津实施"海河英才"行动计划，全面融入京津冀协同发展战略以来，有效吸引人口流入，扭转上年度户籍人口增速缓慢，以及常住人口和外来人口双降的局面，2018年和2019年户籍人口年增量高达31.64万人和26.55万人，常住人口年增量稳定在2万~3万人，2018年外来人口增量转负为正（见表1）。实际上，天津人口规模的平稳扩张同步契合了疏解非首都功能下的北京人口规模缩减趋势，北京常住人口从2017年开始连续三年下降，外来人口从2016年开始连续四年下降。

表1 2010~2019年天津市人口规模和年增量变动情况

单位：万人

年份	总人口			年增人口		
	常住人口	户籍人口	外来人口	常住人口	户籍人口	外来人口
2010	1299.29	984.85	300.44	71.13	5.01	34.45
2011	1354.58	996.44	344.84	55.29	11.59	44.40
2012	1413.15	993.20	392.79	58.57	-3.24	47.95
2013	1472.21	1003.97	440.91	59.06	10.77	48.12
2014	1516.81	1016.66	476.18	44.60	12.69	35.27
2015	1546.95	1026.90	500.35	30.14	10.24	24.17

年份	总人口			年增人口		
	常住人口	户籍人口	外来人口	常住人口	户籍人口	外来人口
2016	1562.12	1044.40	507.54	15.17	17.50	7.19
2017	1556.87	1049.99	498.23	−5.25	5.59	−9.31
2018	1559.60	1081.63	499.01	2.73	31.64	0.78
2019	1561.83	1108.18	—	2.23	26.55	—

注:"—"表示数据缺失。

资料来源:《天津统计年鉴2019》;2010~2019年《天津市国民经济和社会发展统计公报》。

(二)流动人口的京冀来源特征增强

流动人口来源方面,考察2015年和2017年两次全国流动人口动态监测数据,发现2015年30.69%的天津流动人口来自山东,19.35%来自河北,10.66%来自河南,三省居前三位,仅有0.12%来自北京。2017年河北超过山东成为天津流动人口的首要来源地,占比升至21.28%;山东占比降至21.14%,位居第二;河南升至11.20%,仍居第三;北京升至0.38%。河北和北京占比的升高,充分反映出京津冀协同发展背景下天津流动人口的京冀来源特征正在不断增强。

(三)人口城镇化和人口老龄化双增长

人口分布方面,天津人口城镇化率达到较高水平,2018年天津常住人口城镇化率达到83.48%,远高于全国的60.60%和河北的57.62%,略低于北京的86.60%。天津人口集聚由中心城区向周边扩散,近年来环城四区人口规模不断扩大,人口增速远高于中心六区。人口结构方面,人口老龄化加剧,人口高龄化凸显。2018年天津60岁及以上户籍老年人口为259.07万人,占总人口比重达到23.95%,远高于全国的17.88%,略低于北京的25.60%;80岁及以上户籍老年人口为32.77万人,占总人口比重为3.03%,高于全国的2.12%,低于北京的4.40%。

（四）人口健康素质和教育素质相对领先

人口健康素质方面，2018 年天津人均期望寿命为 81.7 岁，高于全国的 77.0 岁，接近北京的 82.2 岁；2018 年天津婴儿死亡率为 3.04‰，远低于全国的 6.10‰和河北省的 5.19‰，略高于北京的 2.01‰。人口教育素质方面，2018 年全国人口变动情况抽样调查样本数据显示，天津 6 岁及以上常住人口中受大学专科及以上教育人口占比达到 28.29%，虽低于北京的 48.65%，但远高于全国的 14.01% 和河北的 11.20%；天津 6 岁及以上常住人口中中职教育人口占比为 9.13%，远高于全国的 4.51%、河北的 3.78% 和北京的 6.13%，凸显天津职业教育优势。

二 天津在京津冀协同发展战略中的经济产业定位

十九大报告在实现区域协调发展战略中强调"以疏解北京非首都功能为'牛鼻子'推动京津冀协同发展，高起点规划、高标准建设雄安新区"，指明京津冀协同发展的基本出发点在于疏解北京的非首都功能，化解北京"大城市病"；主要载体在于发展河北雄安新区，增强区域发展内生动力。经过多年实践转化，河北雄安新区和北京通州新城初步发展为北京主城区的南北副中心，分别承接经济和政治文化功能，伴随产业、资金、信息和岗位转移，以交通一体化为媒介，带动人口流动，成为疏通北京非首都功能的鸟之两翼、车之两轮，显示出北京和河北的深入协同发展。相较而言，天津处于夹心层位置，在京津冀协同发展中的角色定位更复杂，角色融入难度更大。

（一）市域整体视角下天津经济产业定位转型

根据 2015 年中央政治局会议审议通过的《京津冀协同发展规划纲要》，在实施京津冀协同发展战略之后，天津的总体战略定位由"国际港口城市、北方经济中心、生态城市"转变为"全国先进制造研发基地、北方国际航

运核心区、金融创新运营示范区、改革开放先行区"，从区域协同发展视角充分考量了天津的制造业基础优势和港口配套条件，强调新时代围绕北京"全国政治中心、文化中心、国际交往中心、科技创新中心"核心功能定位下的天津规划，以及协调河北"全国现代商贸物流重要基地、产业转型升级试验区、新型城镇化与城乡统筹示范区、京津冀生态环境支撑区"的协同定位。2019 年习近平总书记考察天津，在调研天津港时强调做大做强实体经济的重要性，为天津全面提升天津港服务辐射能力，更好地服务京津冀协同发展指明方向。

（二）内部分工视角下天津各区的经济产业定位

根据 2017 年京津冀三省市共同制定的《关于加强京津冀产业转移承接重点平台建设的意见》，京津冀依托"2 + 4 + 46"个平台开展产业转移，天津参与"4 + 46"中的任务分工，一方面，滨海新区在四大战略合作功能区中发挥重要作用，承担北京金融服务平台、数据中心机构以及科技企业、优秀杰出人才等相关创新资源向滨海中关村科技园集聚的任务分工，发挥港口和制造业优势，与河北雄安新区作为疏解北京非首都功能集中承载地的功能定位错位发展；另一方面，46 个专业承接平台细分为 15 个协同创新平台、20 个现代制造业平台、8 个服务业平台和 3 个现代农业合作平台，天津承担武清京津产业新城、未来科技城京津合作示范区、武清国家大学创新园区、宝坻京津中关村科技城等 4 个协同创新平台，天津经济技术开发区、天津滨海新区临空产业区、天津华明东丽湖片区、天津北辰高端装备制造园、天津津南海河教育园高教园、天津西青南站科技商务区、京津州河科技产业园 7 个现代制造业平台，以及静海团泊健康产业园 1 个服务业平台，这些平台分布于天津滨海新区、环城四区和远郊五区，将促进天津内部均衡发展的目标融入推进京津冀协同发展的大局之中，助益增强内生发展动力。

（三）新定位下天津积极融入京津冀协同发展战略

北京疏解非首都功能，主要转出"三高一低"的制造型企业、区域性集贸产业、非生产型事业单位、区域性总部企业、非核心行政事业单位等。2014 年京津冀协同发展战略实施以来，天津充分发挥制造业、金融创新和港口优势，不断推进交通一体化建设，积极承接北京非首都功能，主动向河北延伸产业链。2015 年签订生物医药、先进装备制造、新能源汽车等重点合作项目，引进京冀项目到位资金 1739.29 亿元；2016 年签约中船重工融资租赁、中国能建电力工程技术创新产业园等产业合作项目，引进京冀投资额 1994.09 亿元；2017 年承接北京市科学技术研究院等 13 家科研院所落户，签约中煤科工金融租赁等投资合作项目，京冀企业来津投资到位资金 1089.14 亿元；2018 年签约中交建京津冀区域总部、中国核工业大学等项目，推进京津冀大数据协同处理中心、西青电子城数据中心等项目，京冀企业来津投资到位资金 1233.88 亿元；2019 年引进中国电信京津冀数据中心、中车金融租赁、中科院北京国家技术转移中心天津中心等项目落地，通过设立天津港雄安服务中心、天津一中雄安校区等主动服务雄安新区建设，京冀企业来津投资到位资金 1470.67 亿元；2020 年采用"云上"办会模式举办第四届世界智能大会，瞄准新基建、新一代信息技术、高技术服务、新能源新材料、高端装备制造等行业，签约 148 个项目，吸引超过 900 亿元的投资资金，加快天津智慧城市建设步伐。

三 京津冀协同发展格局中的天津人口发展政策

自京津冀协同发展战略实施以来，天津始终围绕城市经济产业定位，出台与之充分结合的人口发展政策，从交通和人口互动、人口和城市空间分布、人才招引和培育、职业教育人才培养、人口老龄化应对等方面积极策应，同时政策之间相互搭配、彼此促进、协同发力，有效推动协同目标实现。

（一）交通一体化先行，助推京津冀产业和人口集聚

便捷的交通是实现物流、信息流、人口流等要素市场一体化的基础支

北京人口蓝皮书

撑，是确保京津冀区域内产业转移和有效承接的关键前提。2015 年国家发改委和交通运输部联合发布《京津冀协同发展交通一体化规划》，指出在 2020 年建成多节点和网格状的区域交通网络，形成京津石中心城区与新城、卫星城之间的"1 小时通勤圈"，京津保唐"1 小时交通圈"，实现相邻城市间 1.5 小时通达。5 年来，天津加快推进京津冀交通一体化建设，目前正在形成京津间 4 条高铁、津雄间 1 条高铁、津冀主要城市间 3 条高铁的网络化布局，加快实现京津冀核心区 0.5~1 小时通达的一体化格局，为疏解北京非首都功能和配合雄安新区千年大计肩负天津担当。一方面，京津之间的同城效应不断加强，在京津城际和京沪高铁的基础上，京滨城际和天津至北京大兴国际机场高铁的建设将为天津承接北京产业转移提供便捷通道，以京津交界的武清为先导，充分吸纳人随产业转移的流动人口，不断推进居住一体化建设；另一方面，滨海新区对雄安新区的配合度逐渐增强，滨海新区立足和巩固自身实体经济、金融创新和港口基础优势，未来依托津雄高铁加强与雄安新区的联系，实现错位有序发展的前景可观。

（二）完善人口和空间布局，促进城市内部均衡发展

天津各区人口分布失衡，中心城区人口密度大，人口与资源和环境关系趋紧，潜藏交通拥挤等"大城市病"症状；但滨海新区、环城区和郊区的人口空间较大，由北京和天津中心城区转移而来的产业仍待规模化，轨道交通网络等公共基础设施建设不足，职住严重分离，产城融合和一体化进程缓慢。天津紧抓京津冀协同发展战略，立足本地人口和城市空间布局现状，以调代控、重调轻控，优化与城市转型发展相适应的人口结构，实现人口与产业发展联动效应，激发经济社会发展活力。一方面，天津以"有序疏解中心城区人口，大幅提升新区、新城、小城镇等区域的人口吸纳能力"为目标，提高人口和就业分布契合度，治理职住分离问题，优化人口布局，例如天津积分入户政策为鼓励人口向滨海新区和郊区转移，规定在滨海新区、郊区、环城区和中心城区购房居住每年分别积 15 分、12 分、11 分和 10 分，以差异化政策引导人口疏解，力争实现 2020 年"全市常住人口控制在 1800

万人以内"的目标。另一方面，天津严格划分各区空间功能定位，一是做优中心城区的现代服务业功能，做强滨海新区的先进制造、国际航运、国际贸易、金融创新和滨海旅游等区域功能，打造"双城"发展格局；二是以生态宜居城区、高端产业聚集区、京津城市功能拓展区为建设要点，推进环城四区"辅城"建设；三是将郊区打造为京津冀城镇体系重要节点，做好生态、产业、科技、文旅等功能配套，服务京津冀协同发展战略大局，达到"中等城市"标准；四是选取特色城镇和乡村，加强"特色小城镇"、"经济强镇"和"新乡村"建设。

（三）聚焦产业定位，大力推进人才引育工作

2018 年天津实施"海河英才"行动计划，聚焦人工智能、新一代信息技术、高端装备制造、新能源新材料、生物医药、数字创意、航空航天、节能环保等产业定位，着力招引和培育各类人才。"海河英才"行动计划又称人才新政八条，第一，分类引育高层次创新人才，采用"一人一策"招引诺奖和国内外院士等顶尖人才，奖励院士培养单位；资助杰出人才培养计划入选者等领军人才；资助市杰出青年科学基金项目入选者、高层次人才特殊支持计划入选者、"131"创新型人才培养工程第一层次入选者和入选团队等高端人才；资助市青年人才托举工程入选者、博士、出站博士后、博士后国际化培养计划入选者等青年人才。第二，扶持高层次产业人才，涵盖创业领军人才、高端创业人才、创新型企业家等类别，围绕产业发展，全面激发创新创业活力主体。第三，建设高技能人才队伍，涵盖世界技能大赛获奖者、专家教练组长、国家级技能竞赛一等奖获得者、中华技能大奖获得者、全国技术能手等高技能人才，以及国家级技能大师、技能竞赛获奖者、省级技能大师、技术能手、技能竞赛一等奖获得者等引进类别，配套研修等培养方案和"海河工匠"等特色激励机制，增强天津制造业，尤其是高端制造业的人才动力。第四，聚集医学人才、高教人才、会计金融法律精算等资格型人才、宣传文化人才等急需紧缺专业人才。第五，加强创新创业平台建设，涉及创新平台、孵化平台、技能培训平台、服务平台等不同功能领域。

第六，通过离岗创业人事保障、成果应用转化奖励补贴、人才评价多样化平等化、国际交流资助等方式激发人才创新创业活力。第七，改革人才落户制度，分学历型、资格型、技能型、创业型和急需型等类别，放宽落户条件，自主选择落户地点，简化落户手续。第八，通过人才公寓等改善居住条件，建设"绿卡"制度提供一站式服务，并强化服务保障，奖励各层次的人才举荐行动，落实政府职能部门的职责分工，同时加强法律保证。截至 2019 年末，"海河英才"行动计划累计引进各类人才 24.8 万人，平均年龄为 32 岁，其中资格型、技能型人才分别为 4.8 万人和 6.4 万人。

（四）发挥职教优势，确保协同发展战略的职教人才支撑

天津是全国首个"国家现代职业教育改革创新示范区"，市属高职和中职院校生均财政拨款制度和发展模式较为健全。基于培养职教人才的良好先天条件，天津职业教育呈现领先发展态势，2015 年天津中德职业技术学院升格为中德应用技术大学，成为教育部批准成立的国内第一所应用技术大学，致力于培养高端应用型和技术技能型人才，2016 年在京津冀协同发展战略下对口帮扶河北，在承德技师学院设立分校，利用京津师资，吸纳河北生源，激发职业教育办学活力，供给制造业人才，为三地职业教育优势互补提供示范；天津职业技术师范大学是全国首个培养职业教育师资的高校，聚焦精益工匠培养工作，确保创新想法顺利转化为高质量产品，充分策应京津冀协同发展背景下天津"研发转化"的分工，有效衔接北京"原始创新"和河北"推广应用"的分工，助力错位有序的区域协作格局构建。天津大力发展职业教育，尤其是京津冀职业教育产教对接平台的搭建，成立了京津冀技术转移协同创新联盟，形成了区域教育发展生态共同体，通过联合办学提升人力资本水平，借助订单模式调配人力资源，以职业教育延展产业链，迈出产教融合助推协同发展的重要步伐，有效推动京津冀工业发展和产业转型。

（五）强化民生政策衔接，协同应对人口老龄化

京津冀协同发展战略实施以来，天津积极参与区域医疗卫生和养老等民

生事业，协同京冀两地共同出台《老年护理常见风险防控要求》的地方标准，签订《京津冀民政事业协同发展合作框架协议》《京津冀养老工作协同发展合作协议（2016—2020 年）》《京津冀医疗保障协同发展合作协议》等，为统筹完善社会保障、养老保险、卫生健康等重要民生内容奠定了基础。目前，京津冀基本实现异地住院费用直接结算，试点推行异地门诊医疗费用直接结算，区域内部分医院实现检查结果互认，有效推进三地医疗卫生协同发展；天津按照京津冀协同发展养老试点服务机构的标准将全市养老机构纳入异地养老服务范围，尤其是武清区充分发挥区域节点优势，多家养老机构入选为京津冀养老产业协同发展试点单位，北京和河北籍入住老人均可享受天津养老补贴政策，已然成为京津冀区域异地养老的先进示范和典型样板区。随着医疗卫生资源和养老资源区域藩篱的不断破除，京津冀医养结合事业和产业也随之快速发展，如天津武清区人民医院和养老中心基于政策支持建立合作关系，开辟出异地养老急诊和住院的绿色通道，为京津冀积极应对人口老龄化发起区域医养结合的切实行动。

参考文献

辜胜阻等：《京津冀协同发展中的人口问题研究》，《经济与管理》2017 年第 1 期。

卢卫：《京津冀协同发展视角下的天津城市定位研究》，《城市》2019 年第 6 期。

国家卫生和计划生育委员会流动人口司：《中国流动人口发展报告 2015》，中国人口出版社，2015。

国家卫生和计划生育委员会流动人口司：《中国流动人口发展报告 2017》，中国人口出版社，2017。

B.8
河北省人口对北京人口
及城市发展影响研究

王金营　黄　卓　吴润贤*

摘　要： 在京津冀协同发展的背景下，为进一步厘清各区域发展方向和目标，本报告从人口结构调整、产业发展、城镇化建设方面，着重探讨了河北流动人口对北京市人口及城市发展的影响。研究发现，北京市常住外来人口中，河北籍流动人口占比最大，且多是青壮年人口，在平衡北京人口结构、保证劳动供给，保障北京产业及产业结构稳定，承接北京非首都功能的疏解转移上发挥着重要作用。

关键词： 人口流动　京津冀协同发展　非首都功能

京津冀分属于三个不同的省级行政区域，资源禀赋、发展阶段各不相同，但不论是地理位置、历史文化，还是经济社会发展，北京、天津、河北密不可分。1958年，大兴县、顺义县、房山县、通县、平谷县、怀柔县、密云县、延庆县等原隶属于河北的县被划分给了北京市，现已成为北京市的各个重要功能区。譬如怀柔、密云，不仅是首都生态屏障和重要资源保证地，同时也是北京市城乡一体化发展、产业结构优化的重点地区，足可见两地地

---

* 王金营，河北大学人口研究所教授，博士生导师，主要研究方向为人口统计学、人口与经济、区域人口与发展、京津冀协同发展等；黄卓，河北大学人口研究所硕士研究生，主要研究方向为人口经济学；吴润贤，河北大学人口研究所硕士研究生，研究方向为人口经济学。

缘之相接，历史渊源之深厚。在经济互动方面，京津冀经济圈以首都为中心，辐射天津市、河北省，其处于环渤海心脏地带的重要经济地带，是中国北方经济规模最大、最具有活力的地区，从"环渤海经济区"构想提出，到"京津冀协同发展"成为国家战略，京津冀三个地区人口流动日益频繁，经济往来日益密切，从人口空间关系来看，河北人口与京津人口实则为一个整体。

党的十八大召开以来，党中央高度重视并强力推进京津冀协同发展，实现京津冀协同发展的首要任务是实现城镇化和城市群发展的协同，流动人口则是城镇化的核心主体和城市规模增长的主要贡献者。非首都功能疏解将快速提升河北城镇化水平，首都部分产业转移和部分医疗、教育和行政事业性服务功能转移，将疏解北京部分人口向河北地域转移，不仅为河北省带来了人口流入，同时也促进了河北省经济社会发展。新华社报道，到 2020 年 2 月底，河北省 27 个环京津贫困县全部脱贫摘帽，数百万贫困人口脱贫，环京津地区历史上第一次摆脱了区域性绝对贫困，这是京津冀协同发展战略的一次成果展现。人口意味着生产力和消费力，是经济发展所需生产要素的直接来源。长期以来，北京市常住外来人口中河北籍流动人口占比最大，且多是青壮年人口，丰富的劳动力资源结合其他生产要素，对北京市人口结构调整、产业发展、城镇化建设起了重要作用。

一　平衡人口结构、保证劳动力供给

人口的过度老化和劳动力供给的减少不利于经济可持续发展，并将加重社会的负担。2000 年、2010 年全国人口普查及相关研究发现，我国所有地区都已经进入低生育率时期。北京市常住人口出生率由 2016 年的 9.32‰下降至 2017 年的 9.06‰以及 2018 年的 8.24‰，持续低生育率内在决定了北京市未来人口终将出现负增长，而人口负增长首先是少年儿童和劳动力的减少。

（一）外来人口平衡北京人口结构，减轻北京抚养负担

通过比较 2015 年北京户籍和常住人口性别年龄金字塔，可以发现户籍人

口金字塔的上部宽于常住人口金字塔，中间部分则比常住人口金字塔窄，尤其是 20～39 岁的各个年龄组，常住人口比例高于户籍人口比例（见图 1）。将各年龄组常住人口与户籍人口比例进行比较，如图 2 所示，2011 年、2015 年、

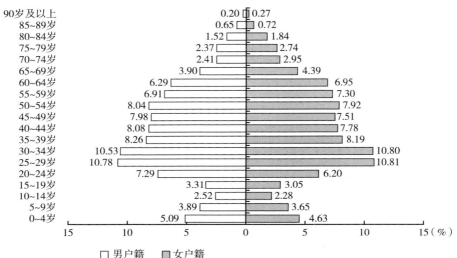

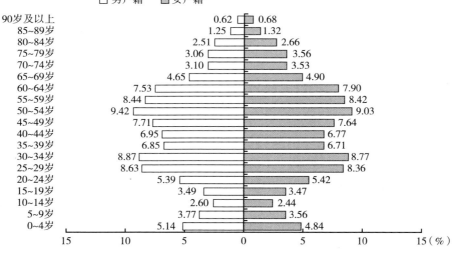

图 1 2015 年北京市常住、户籍人口性别年龄结构占比

资料来源：《2015 年北京市 1% 人口抽样调查资料》《北京统计年鉴 2016》。

2018 年，常住人口比例高于户籍人口比例的年龄组主要分布在 15～49
岁，其中 2011 年 20～24 岁年龄组常住人口比例高于户籍人口比例 3.9 个
百分点，2015 年为 4.2 个百分点，2018 年为 2.1 个百分点；25～29 岁年
龄组 2011 年、2015 年、2018 年常住人口比例分别高于户籍人口比例 2.6
个百分点、3.2 个百分点、5.4 个百分点；30～34 岁年龄组 2011 年、2015
年、2018 年常住人口比例高于户籍人口比例 1.9 个百分点、1.9 个百分点、

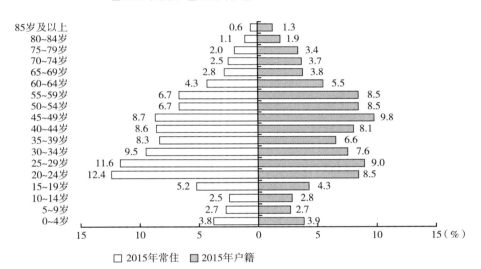

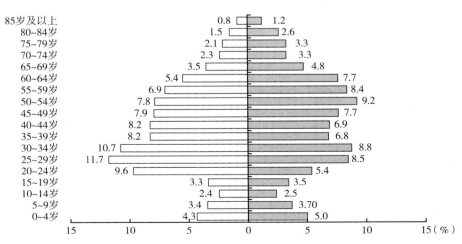

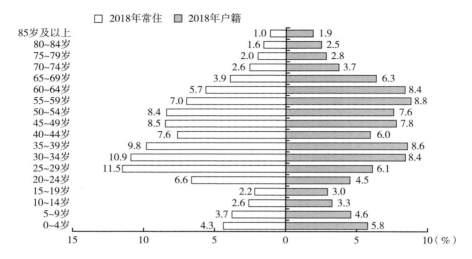

图2　2011年、2015年、2018年北京市常住、户籍人口年龄结构占比

资料来源：历年《北京统计年鉴》。

2.5个百分点。可见，北京市外来人口的年龄主要集中于15～49岁，尤其是20～29岁的青壮年劳动力，外来人口很大程度上平衡了北京老化的人口结构。

北京人口蓝皮书显示，2013～2018年，北京市60岁及以上老年人口增加了71.9万人，平均每年增加14.4万人，平均增长率为4.49%。2018年北京市少儿人口比重相比2010年提高了1.92个百分点，平均每年提高0.24个百分点。通过计算2011～2018年抚养比可知，北京市户籍人口少儿抚养比、老年抚养比在逐年提高（见表1）。相较于其他省区市，北京生育率低，其少儿抚养比自然也低于全国平均水平，但老年抚养比高于全国老年抚养比6～7个百分点，且2015年其北京户籍总抚养比超过了全国总抚养比。而在计算了北京市常住人口抚养比后，发现北京市常住人口的老年抚养比每年都低于全国平均水平2～3个百分点，总抚养比则低于全国平均水平11～13个百分点。由此可见，外来人口流入大大缓解了北京的养老压力，且在一定程度上增加了北京市的出生人口。

表1　2011～2018 年全国、北京户籍/常住抚养比

单位：%

年份	少儿抚养比			老年抚养比			总抚养比		
	全国	北京户籍	北京常住	全国	北京户籍	北京常住	全国	北京户籍	北京常住
2011	22.1	12.37	11.11	12.3	18.46	10.99	34.4	30.83	22.10
2012	22.2	13.00	11.55	12.7	19.13	11.30	34.9	32.14	22.85
2013	22.2	13.70	11.64	13.1	19.85	11.31	35.3	33.55	22.95
2014	22.5	14.78	12.34	13.7	20.77	12.30	36.1	35.55	24.64
2015	22.6	15.34	12.67	14.3	21.85	12.89	37.0	37.19	25.56
2016	22.9	16.92	13.02	15.0	23.06	13.41	37.9	39.98	26.43
2017	23.4	18.38	13.27	15.9	23.23	13.92	39.2	41.60	27.19
2018	23.7	19.77	13.44	16.8	24.82	14.32	40.4	44.59	27.75

资料来源：历年《北京统计年鉴》、全国抚养比根据 2011～2018 年《国民经济和社会发展统计公报》获得。

（二）河北流入北京的劳动力占比最大

面临着如此严峻的人口发展形势，北京难以靠自身满足劳动力的供给，但其总抚养比、少儿抚养比、老年抚养比却远低于全国平均水平。主要原因在于近年来北京市人口增长更多依赖于人口流入，且外来人口对北京人口结构产生了至关重要的影响。京津冀蓝皮书显示，2005～2010 年，河北省向北京输送的劳动力平均每年在 100 万人左右，2010 年第六次人口普查数据显示，河北省来京人口为 155.9 万人，占北京常住外来人口的22.1%。

从 2010～2017 年流动人口动态监测数据可知，来京外来人口中，相较其他省区市，河北省占比一直最高，其中 2017 年、2015 年、2010 年分别为 26.32%、20.91%、20.45%，远高于排名第二的河南省，如表2所示。

表2 2010年、2015年、2017年流入北京市外来人口来源地区分布

单位：%

排名	流出地	2017年占比	流出地	2015年占比	流出地	2010年占比
1	河北	26.32	河北	20.91	河北	20.45
2	河南	13.50	河南	14.85	河南	16.20
3	山东	10.02	山东	11.96	山东	10.61
4	安徽	5.92	安徽	7.21	安徽	8.49
5	黑龙江	5.66	黑龙江	5.46	四川	5.03
6	山西	5.03	湖北	4.43	黑龙江	4.92
7	湖北	3.71	山西	4.23	湖北	4.58
8	四川	3.54	四川	3.94	山西	4.53
9	辽宁	3.50	辽宁	2.85	江西	3.07
10	内蒙古	2.86	吉林	2.80	辽宁	2.68
11	吉林	2.57	内蒙古	2.64	江苏	2.40
12	江苏	2.36	陕西	2.18	内蒙古	2.40
13	天津	2.21	甘肃	2.06	吉林	2.18
14	陕西	1.96	江西	2.03	福建	1.79
15	江西	1.87	湖南	2.00	浙江	1.79

资料来源：2010~2017年流动人口动态监测数据。

　　河北省流向省外的人口主要集中在北京、天津以及山西三地，流入这三省的总河北人口在2010年、2015年和2017年占全部河北省际流出人口的49.63%、69.74%和70.50%（见表3）。可见，河北省流出人口的流向地选择更加集中。随着人口新增数量的减少，近年来，国内各大城市纷纷上演"抢人大战"，放宽政策、给予补贴、购房优惠可谓是吸引人才的"标配"。2010年、2015年、2017年河北流入北京的人口分别占河北省际总流动人口规模的22.32%、38.41%、40.32%，该比例呈现不断增大的趋势，可见，北京始终是河北人口外流地的第一选择，河北可谓是北京的劳动力蓄水池。

表3 2010年、2015年、2017年河北省际流出人口流向分布情况

单位：%

起点	终点	2010年省际流出占比	2010排名	2015年省际流出占比	2015排名	2017年省际流出占比	2017排名
河北	北京	22.32	1	38.41	1	40.32	1
河北	天津	18.41	2	24.24	2	23.29	2
河北	山西	8.90	3	7.09	3	6.89	3
河北	河南	5.67	4	1.01	13	1.31	12
河北	辽宁	5.18	5	2.18	6	2.08	6
河北	宁夏	4.82	6	0.87	15	1.38	10
河北	山东	4.15	7	0.96	14	2.47	5
河北	内蒙古	3.11	8	3.99	4	3.55	4
河北	江苏	3.05	9	1.97	8	1.42	9
河北	青海	2.99	10	2.39	5	1.55	8
河北	陕西	2.99	10	2.00	7	1.25	14
河北	黑龙江	2.13	12	0.57	24	0.55	21
河北	甘肃	2.07	13	1.95	9	1.38	10
河北	新疆	1.59	14	1.40	11	1.73	7
河北	广东	1.59	14	0.64	19	0.53	23

资料来源：2010～2017年中国流动人口动态监测。

（三）河北流入北京的人口以青壮年劳动力为主

从2010年、2015年、2017年年龄金字塔可以看出，2010年占比最大的年龄组为25～29岁（见图3），20～24岁与35～39岁占比接近。2015年、2017年占比最大的为30～34岁年龄组，其次为25～49岁（见图4）。可见河北来京人口主要是劳动适龄人口，且呈年轻化趋势，这能有效调节北京的人口年龄结构，补充北京市劳动力，缓解抚养负担和老龄化可能导致的社会活力下降。

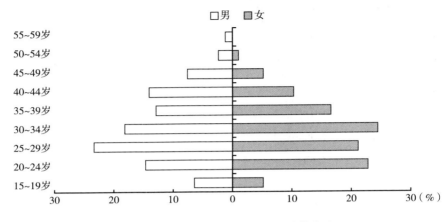

图3　2010年河北来京人口年龄结构占比

资料来源：2010年流动人口动态监测数据。

　　大城市成长的关键是人口增长，在低生育的新人口发展背景下，人口增长主要依靠人口的流入和聚集。河北省流入北京的劳动力在一定程度上补给了北京产业的劳动力需求，改善了北京的人口结构，并且跨区域的人口流动有利于缩小北京和河北人均收入水平、经济发展差距，为京津冀协同发展做好铺垫。当然，充足的劳动力供给是北京产业发展、产业结构稳定的前提。

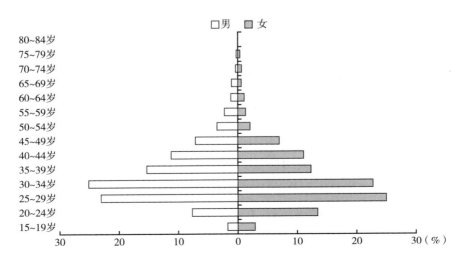

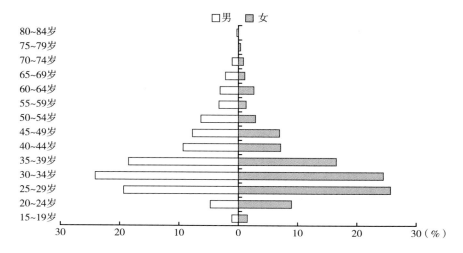

图4　2015年（上）、2017年（下）河北来京人口性别年龄结构占比

资料来源：2015年、2017年流动人口动态监测数据。

二　保障北京产业发展及产业结构稳定

北京市第三产业自1995年起便已成为支柱性产业，产业结构类型为"三二一"模式。第三产业在近十年里仍保持逐年上升的趋势，由2011年的占比74%升至2018年的占比81.6%，第二产业由2011年的20.5%降至2018年的14.7%，北京市从业人员数由2010年的1031.6万人逐年上升至2018年的1237.8万人（见图5）。

（一）河北来京人口教育水平提高

研究表明，人口聚集和产业发展具有相互作用，城市二、三产业发展尤其是第三产业发展，将吸引大量的外来人口。同样地，第三产业更依赖于大量的外来人口，相比资本存量要素，人口聚集和流动人口比重提高更能促进大城市二、三产业发展且作用力度日益增强。河北每年有大量劳动力输入北京，从事各行各业，其中以初中、高中/中专学历的劳动者为主，如图5所

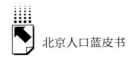
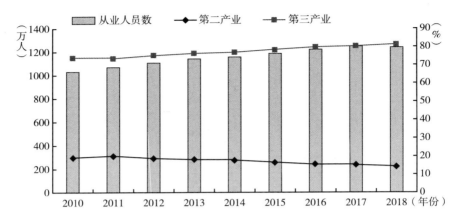

图5　北京市 2010～2018 年从业人员数及二、三产业构成比

资料来源:《北京统计年鉴 2019》。

示。但近年来，河北来京人口中，专科、本科及以上学历有明显增加的趋势，本科及以上学历由 2010 年的 7.65% 上升到了 2017 年的 20.09%。人力资本水平的提升和人口素质结构的优化有利于二、三产业产值增加，加速北京市产业结构转型和升级，形成北京持续、稳定发展的强大动力。

（二）河北来京的低技能劳动力基本实现就业

2017 年河北来京人口中 83.60% 实现就业，其中就业比例最高的是本科及以上，为 88.92%，如图 6 所示。受教育水平一定程度上代表劳动者的人力资本，在北京这座竞争激烈的城市中，低技能劳动者更有可能面临失业的风险，但小学及以下的河北来京人口的就业比例也达到了 74.48%，各个学历就业比例在 80% 左右（见图 7），足可见北京各个产业对不同技能劳动者的需求。这也符合经济规律，即越发展高技术产业，低端服务业的劳动需求量便越多。高技能劳动者和低技能劳动者在一个城市中是互补的，在技术发展和产业升级的过程中，一些重复性劳动可以被代替，但保姆、服务员等低技能劳动者无法被代替，北京的发展同样需要不同技能劳动者的互相补充。

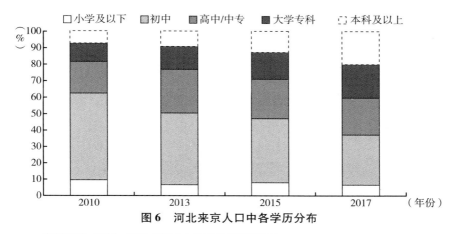

图6 河北来京人口中各学历分布

资料来源：2010～2017年流动人口可动态监测数据。

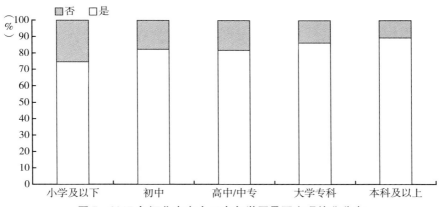

图7 2017年河北来京人口中各学历是否实现就业分布

资料来源：2017年流动人口可动态监测数据。

（三）河北为北京各行业带来了丰富的劳动力资源

从行业角度看，2017年河北来京人口从事的行业依次为居民服务（15.45%）、批发零售（14.29%）、建筑（8.18%）、住宿餐饮（7.34%）、信息传输（6.04%），这五类行业占比共计51.30%；2015年①排名前五的行业依

---

① 2015年的行业划分同2017年较为接近。

次为批发零售（20.61%）、居民服务（15.97%）、制造业（11.76%）、住宿餐饮（10.81%）、信息传输（8.27%），占比共计67.42%。与2015年相比，2017年从事各行业的人口分布更为均匀，其中批发零售、制造业变动较大，分别降低了6.32个百分点、8.12个百分点，变动幅度较小的是居民服务、建筑行业（见图8）。

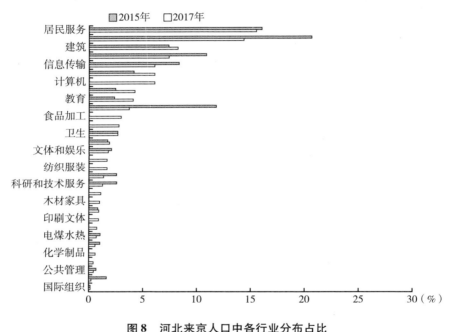

图 8　河北来京人口中各行业分布占比

资料来源：2015 年、2017 年流动人口可动态监测数据。

从职业角度看，2017 年河北来京人口从事的职业依次为专业技术人员（23.96%）、其他商业服务业人员（23.77%）、经商（11.43%）、餐饮（7.08%）、建筑（4.48%）、保洁（3.44%）。这六类行业占比共计74.16%，此外还有从事公务员、办事人员和有关人员，保安，装修，生产等各行各业的劳动者；2012 年排名主要职业依次为其他商业服务业人员（26.00%）、专业技术人员（14.11%）、经商（12.53%）、餐饮（12.26%）、生产（4.92%）、建筑（4.18%），占比共计74.00%。与2012年相比，五年间职业变化较大的是专业技术人员，增加了9.85个百分点，餐饮降低了5.18个百分点，变动幅度较小的职业是家政、装修、建筑、运输。

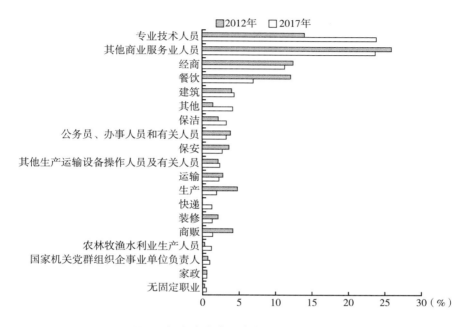

图9　河北来京人口中各职业分布占比

资料来源：2012年、2017年流动人口可动态监测数据。

通过对行业、职业的分析，可以发现河北为北京各个行业带来了丰富的人力资源和较为廉价的劳动力。首先，这有利于北京企业充分发挥劳动力资源的比较优势，降低生产成本，提高盈利，维持产业稳定发展，实现产业的合理配置和升级。其次，北京聚集了较为庞大的高技能劳动者，高技能劳动者对低技能服务业有更高的消费需求，流入北京的河北人口大多从事家政、餐饮等低技能行业，物美价廉的生活服务一来满足了高技能劳动者的消费需求，保证其劳动生产率和生活质量，这是人才公寓等硬件设施难以代替的；二来可以减少人力资本的浪费，提高人力资本匹配者的质量和收益，避免出现"低层次就业"的现象，充分发挥行业、技能互补的效用。此外，在北京生活的河北人口，也会为当地带来一定的消费资源，激发北京的消费活力。

三 承接非首都功能的疏解转移

（一）承接人口集聚作用强大的产业

京津冀协同发展将会促进人口向河北承接北京功能转移的地区聚集。非首都功能疏解将带来京津人口向河北地域转移，主要包括首都部分产业转移，其中有一般性制造业、区域性物流基地批发市场等对人口聚集作用强大的产业，和部分医疗、教育和行政事业性服务功能转移在环首都地区，三河、大厂、香河三县（市）将发展成为北京高端要素转移的新空间和高端人才的创业地；固安、涿州、涞水等县（市）将主要承接北京科研机构转移和科技成果转化，形成高新技术产业带；涿鹿、怀来、赤城、丰宁、滦平、兴隆等县将重点发展特色旅游、健康养老、现代农业等绿色产业支撑的卫星城。

由此会带来两类人口流动，一是产业转移带来的产业工人和商贸服务业等从业者的流动；二是首都的部分医疗、教育、行政事业性服务功能转移，带来直接人口和作为服务对象的间接人口流动。首都转移疏解的产业。河北将按照京津冀区域产业功能布局和河北定位，加快建设一批大型航空、港口、陆路物流枢纽。依托中心城市、交通枢纽、特色产业聚群、大型产业基地等，重点推进 32 个省级现代物流产业聚集区建设。尤其是随着北京部分产业、医疗、教育和行政事业性服务功能向河北疏解落地，也会吸引省内人口向这些园区、物流基地、微中心等聚集。生产要素的聚集流动产生的就业增加效应，必然带动周边地区人口的大量汇聚，加速人口流动频率。

（二）雄安新区建设疏解北京非首都功能

2017 年 4 月 1 日，中央决定设立河北雄安新区，这是以习近平同志为核心的党中央做出的一项重大决策，是继深圳经济特区、上海浦东新区之后又一具有全国意义的新区，是千年大计、国家大事，也是京津冀协同发展的历史性战略选择。雄安新区指的是河北省的雄县、容城、安新加上其周边的部分区域，其功能定位是有效地承接北京非首都功能的疏解转移。

从人口规模来看，雄安新区总人口约100万人，面积为1577平方千米，人口密度较低，具有较大的承载空间，能缓解京津冀三地的人口压力。当前京津冀三地的产业结构发展差距较大，使该地区内部产业对接较为困难，再加上京津两地较强的"虹吸效应"，"大城市病"较为严重。长期以来，京津冀地区有三个人口集聚区和两个人口低洼区，三个人口集聚区即以京津唐为中心的中北部人口集聚区、以石家庄市区和邯郸市区为中心的两个南部人口集聚区；两个人口低洼中心即以张家口及承德两市为中心的北部人口低洼区和以雄安新区为中心的人口低洼区。张家口和承德两市是京津冀的生态涵养区，人口规模小与区域发展功能相一致。处于京津冀中部核心功能区的雄安新区，成为人口集聚中心。

从地理条件来看，雄安新区地理位置优越、交通便利、资源丰富，整体承载力强。新区地处华北平原，位于京津冀中部，地势平坦，距离北京、天津都在100公里左右，三地构成一个等边三角形；距石家庄150公里，距保定30公里，与这些城市来往方便；新区环绕白洋淀，萍河、漕河、南拒马河等多条河流在区域内汇流，水资源比较丰富；新区还拥有丰富的地热资源、油气资源、天然气资源等，可为未来新区发展提供能源。

从辐射带动作用来看，建立雄安新区可以更好地促进京津冀区域协同发展。雄安新区在承接北京人口疏解的基础上，更重要的是带动周边地区的创新发展，实现"京津冀一体化"的全面腾飞。优越的区位条件和薄弱的经济基础使雄安新区成为补齐河北短板、促进京津冀协同发展的占优选择。京津冀的城市之间发展实力相差悬殊，尤其是京津冀中部城市发展实力明显偏弱，缺乏带动发展的增长极，这必然影响京津冀一体化协同发展的速度，北京非首都功能疏解也受到制约。因此，地处京津冀中部的雄县、新安及容城三县共建新区，形成新的增长极，必将对京津冀一体化发展起到促进作用。

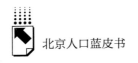
参考文献

高虹：《城市人口规模与劳动力收入》，《世界经济》2014 年第 10 期。

高健、吴佩林：《城市人口规模对城市经济增长的影响》，《城市问题》2016 年第 6 期。

高健：《人口规模、空间溢出与城市效率关系的实证分析》，《统计与决策》2018 年第 2 期。

柯善咨、赵曜：《产业结构、城市规模与中国城市生产率》，《经济研究》2014 年第 4 期。

梁文泉、陆铭：《城市人力资本的分化：探索不同技能劳动者的互补和空间集聚》，《经济社会体制比较》2015 年第 3 期。

梁文泉、陆铭：《后工业化时代的城市：城市规模影响服务业人力资本外部性的微观证据》，《经济研究》2016 年第 12 期。

陆杰华、郭冉：《京津冀协同发展下河北省人口流出的主要特征、问题及其对策》，《河北大学学报》（哲学社会科学版）2018 年第 3 期。

陆铭、高虹、佐藤宏：《城市规模与包容性就业》，《中国社会科学》2012 年第 10 期。

王春蕊：《京津冀协同发展战略下人口流动的影响及对策研究》，《经济研究参考》2016 年第 64 期。

王金营、李佳黛：《京津冀各市新型城镇化发展评价——基于京津冀协同发展的考察》，《人口与经济》2017 年第 6 期。

王金营、唐天思：《京津冀劳动力供给及经济发展方式转变下的需求研究》，《人口与经济》2018 年第 6 期。

王金营、王琳：《中国大城市人口聚集对产业发展的影响——基于 2000 年以来副省级及以上城市产业生产函数的实证》，《河北大学学报》（哲学社会科学版）2016 年第 6 期。

张国强、温军、汤向俊：《中国人力资本、人力资本结构与产业结构升级》，《中国人口·资源与环境》2011 年第 10 期。

专题报告

Features

B.9

北京城乡接合部地区流动人口居住
和就业特点及其影响*

王雪梅　王凤祥**

摘　要：　居住和就业是流动人口城市融入的主要方面，聚居区流动人口
居住—就业关系特点对其生存、发展，以及对首都城市治理具
有重要影响。本报告着重探究聚居村流动人口居住—就业基本
特征、社会空间关系特点、职—住平衡视角下聚居村形态类型
划分及其形成机制、城市影响等。研究发现城乡接合部地区流
动人口大多数是务工或经商的就业者，家庭化、长期化聚居，

---

* 本报告为北京市社会科学基金研究基地项目"疏解非首都功能背景下城乡接合部流动人口聚
居区治理研究"（项目编号：17JDSHB002）的阶段性成果。

** 王雪梅，博士，中共北京市委党校（北京行政学院）社会学教研部副教授，主要研究方向为
社区治理、流动人口；王凤祥，中共北京市委党校（北京行政学院）社会学教研部硕士研究
生，主要研究方向为城乡社会学。

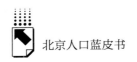

多租赁房屋、与当地村（社区）人口混合居住。在居住—就业空间关系方面，大多数就业者职—住均衡，就业居住自足性较好。从社区层面分析，可以将聚居村划分为职—住一体型、职—住接近型、职—住分离型和混合型四类，数据表明，相当数量的就业人口居住在职—住分离型聚居村中。基于典型类型村的个案研究，本报告提出职—住分离型聚居村形成的推拉机制，并进一步研究了职—住分离影响下，流动人口聚居村存在独特的若干治理难题。为此，报告最后建议，针对职—住分离型聚居村，重新审视城乡接合部地区聚居村治理和流动人口服务管理问题，积极打造适应流动人口作息的服务管理方法，实施合作式治理模式、构建包容性社区交往体系，使城乡接合部地区的社区建设与治理转型充分面向未来发展。

关键词： 城乡接合部　居住—就业关系　职—住分离型聚居村

　　在中国快速城镇化与人口迁移的背景下，北京等超大型城市接纳了规模庞大的流动人口，一个普遍现象是，相当一部分人口集中在城乡接合部地区并形成众多的流动人口聚居区。近年来，北京市在新城市总体规划的引导下，实施"疏解整治促提升"行动，着力疏解非首都功能，科学调控人口规模，受此影响，2015 年以后，流动人口增量和总量均逐年下降（2016 年相比 2015 年总量下降15.1 万人，2017 年、2018 年又分别下降13.2 万人和29.7 万人，三年累计下降 60 万人），但不可忽视的事实是，流动人口存量依然庞大，他们聚居在城乡接合部地区的基本特征依然存在。居住和就业是流动人口城市融入的主要方面，聚居区流动人口居住—就业关系特点对其生存、发展，以及对城市治理具有重要影响，有待深入研究。

　　本报告力图描述聚居区流动人口居住—就业基本特征，从职—住平衡视角厘清流动人口居住—就业空间关系的性质和状况，区分聚居区居住—就业形态和类型，辨识职—住分离型聚居村并分析其形成机制、城市社会影响。从而为推进聚居区治理、流动人口城市融入提供有针对性的政策参考和路径措施。本报告使用的数据和资料来自北京市人口所 2016 年 7～9 月实施的"北京市城乡接合部重点地区外来人口情况调查分析"和"疏解非首都功能背景下城乡接合部流动人口聚居区治理研究"课题组 2018 年进行的典型聚居村个案调查。调查内容包括百村普查、典型五村深度调查、2000 多名典型村流动人口随机抽样问卷调查、典型村之一东辛店村田野调查。此外，结合空间信息技术，利用 ArcGIS 等地图软件分析流动人口的就业分布及通勤特征。

一 流动人口居住—就业基本特征

（一）形成大量聚居村（社区），与当地人混合居住并规模倒挂

流动人口普遍在城乡接合部地区集中居住，形成大量聚居村（社区）。此次调研的 100 个村（社区）中，集中居住着 100 万流动人口，以及 21.6 万当地户籍人口。聚居村内流动人口多与当地人混合居住，在人口规模上"倒挂"现象比较严重。在 100 个村（社区）中，88 个村（社区）存在户籍人口与流动人口数量倒挂现象，人口倒挂 2 倍以上的村（社区）75 个，人口倒挂 5 倍以上的村（社区）35 个，人口倒挂 10 倍以上的村（社区）12 个。典型的倒挂村如昌平区北七家镇东三旗村，户籍人口 2190 人，流动人口 58000 人，流动人口是户籍人口的 26.48 倍。

（二）以劳动年龄人口为主，大多与家庭成员共同居住在村内

从年龄构成看，聚居村（社区）流动人口八成以上为劳动年龄人口。百村调查结果显示，共有学龄前儿童（6 周岁及以下）2.3 万人，占 2.3%；少年人口（7～15 周岁）3.7 万人，占 3.7%；劳动年龄人口（16～59 周岁）87.6 万人，占 87.6%；老年人口（60 周岁及以上）6.4 万人，占 6.4%。

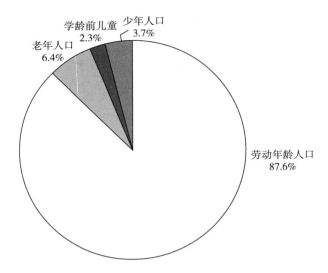

图1 百村（社区）流动人口的年龄构成情况

五村抽样调查同样显示青壮年是流动人口的主体。在年龄分布上，"80后"、"90后"约占六成（比例分别为24.2%、33.6%），"70前"、"70后"占四成多（比例分别为17.0%、25.3%）。数据显示，100万聚居流动人口中家庭迁移人口约42万人，流动人口家庭化聚居特征明显，典型村流动人口中共有613户是夫妻共同居住，占31.1%；夫妻或者夫妻一方带子女的家庭共193户，占7.6%；包括扩大家庭的其他家庭户类型，共有528户，占24.5%。在家庭结构分布上，夫妻家庭、带子女家庭和联合家庭三项合计占63.2%，单人流动仅占36.8%，表明大多数流动人口与家庭成员共同居住。

（三）大多数租住村（社区）内农民(居民)私房，租金便宜

从住房来源来看，租房占九成，是流动人口最主要的住房来源（其次是单位提供免费住房占3.72%和居住在工作场所占3.24%）。农民（居民）的私房出租和在村集体土地上建设的平房大院和公寓为流动人口提供了大量的廉价住房。调查数据显示，100个重点村（社区）共出租房屋67.4万间。其中农民（居民）出租私房44.3万间，占出租房屋总间数的65.7%；集体

土地上的大院 13.7 万间，占 20.4%；集体土地上的公寓 9.1 万间，占 13.5%；其他 0.3 万间，占 0.4%（见图 2）。据调查，这些出租房屋每间（20 平方米左右的平房）的平均租金从 30 元到 1800 元不等，总体平均租金大约为 600 元，其中 70% 的住房每间房的出租价格在 600 元以下。

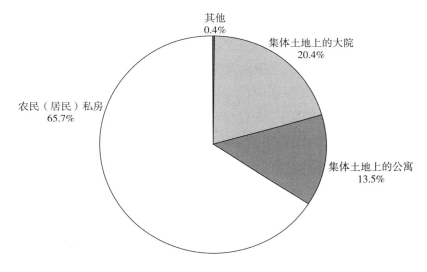

图 2　百村（社区）的出租房屋构成

（四）就业人口占八成以上，务工或经商

百村（社区）共有就业流动人口 83.7 万人，占百村流动人口总数的 83.7%，其中务工人员共计 67.8 万人，经商人员 15.9 万人。非就业人口包括上学人口 5.5 万人，居家 6.9 万人，其他 3.8 万人（见图 3）。

从就业身份来看，大部分流动人口的就业身份为雇员（61.0%），其次为自营劳动者（21.8%）和雇主（12.7%）。从单位性质来看，八成的流动人口在私营企业或个体工商户中就业，在其他单位如国有企业、事业单位、社会组织、外资企业就职的流动人口占比为 20%。从调查数据来看，典型村流动人口从事的职业具有高度的集中性。按照《国家职业分类大典》，城乡接合部典型村流动人口主要从事商业和服务业，占比

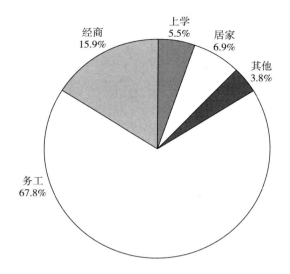

图3　2016年100个重点村（社区）流动人口的在业情况

将近七成。具体来看，从事商业和服务业工作的流动人口主要是社会服务和居民服务人员、购销人员、餐饮服务人员和运输服务人员。例如，从事保洁清洁、快递、理发等工作的社会和居民服务人员占总样本量的27.12%；卖水果、蔬菜和日用品的购销人员占18.84%；厨师、餐厅服务员等餐饮服务人员占14.82%；从事运输工作的运输服务人员占5.08%。

（五）经商者以门店经营为主，非固定场所经营比例不低

这些雇主和自营劳动者多在村内租门店、摊位经营或流动经营，其中租赁门店经营的最多，占比为62.94%，其次为在街边流动摆摊、小作坊生产、集贸市场经营等（约占30.29%）。其他经营类型多为私人家政服务、出租车（滴滴）司机、淘宝店主和部分二房东，共占6.76%。从就业人员在百村分布来看，有31个村的经商人员占比高于平均比例（15.9%），其中，有10个村经商人员占比高于40%，有5个村经商人员占比高于50%（见图4）。

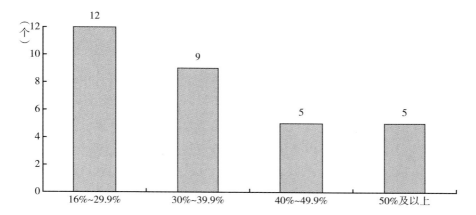

图4 流动人口经商人员比例高于平均比例（15.89%）的村（社区）的数量情况

（六）流动人口在村（社区）内居住时间普遍较长，非固定场所经营者最长

从居住时间来看，在本村（社区）居住半年以上的占83.4%，居住3年及以上的占38.1%，居住5年及以上的占30%以上，总体来说，城乡接合部的流动人口在居住的社区内平均居留时间长。数据显示，务工者平均居住年限为5.96年，低于雇主和自营劳动者。务工者往往因工作变动而变换居住地址，而经商者因具有固定的经营资本，因此居住可能更加稳定。分经营类型来看，流动经营者居住时间最长，为10.89年；街边摆摊者次之，也高达10.21年。另外，从事门店经营、集贸市场经营和小作坊经营的劳动者的居住年限也都超过8年（见图5）。

（七）近六成流动人口打算在本村长期居住，迁居意愿普遍较低

统计显示，有57.57%的流动人口打算在本村（社区）长期居住，其中流动经营者打算在本村长期居住的比例最高、街边摆摊者打算长期居留者比例最低。流动人口定居意愿超过50%的行业大约有12个，其中从事家用电器及电子产品专门零售的流动人口打算长期居住的比例最高（见表1）。

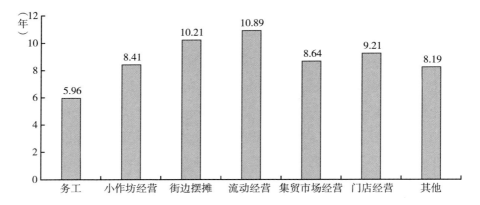

图5 流动人口分就业行为的居住年限

表1 分经营类型、分行业流动人口在本村（社区）长期居住打算

单位：元，%

	长期居住	离开	没想好	样本量
个人收入	4619.89	5267.27	4675.31	2069
经营类型				
集贸市场经营	79.49	2.56	17.95	39
流动经营	66.13	8.06	25.81	62
门店经营	61.78	11.98	26.24	484
小作坊经营	56.67	22.22	21.11	90
务工	55.58	13.95	30.47	1290
街边摆摊	47.37	8.77	43.86	57
其他	53.85	11.54	34.62	52
行业				
家用电器及电子产品专门零售	73.58	15.09	11.32	53
其他居民服务	66.98	10.38	22.64	106
道路运输业	66.07	12.5	21.43	56
修理与维护	65.00	12.50	22.50	40
纺织、服装及日用品专门零售	64.00	12.00	24.00	50

	长期居住	离开	没想好	样本量
其他餐饮服务	62.79	11.63	25.58	43
金融业	61.00	15.00	27.00	41
理发及美容保健服务	58.14	17.44	24.42	86
食品、饮料及烟草制品专门零售	57.95	14.77	27.27	88
正餐服务	57.38	11.81	30.80	237
制造业	53.50	19.51	27.44	164
清洁服务	51.52	13.64	34.85	66

注：仅列出流动人口居留意愿占 50% 以上的行业，且样本量在 30 以上的行业。

从离开本村（社区）的意愿来看，近六成的流动人口在三年以内不愿意搬迁到其他地区。相比于老家更多的就业机会、更多的工作收入和长期稳定的工作成为流动人口不离开北京的主要因素。而有意向离开本村（本社区）的流动人口中，35% 的流动人口将会离开北京，13.3% 的人打算迁居至北京其他地区，有意向迁居到本村（社区）周边的占 4%。

二　流动人口居住—就业空间关系特点

居住—就业关系是观察城乡接合部地区聚居的流动人口生存与生活状态的独特视角。通勤行为、职住平衡、职住分离是考察职住关系的重要指标，反映了职住社会空间关系的不同特征。通勤行为从人的行为视角反映职住关系的空间特点，通勤时间、通勤距离和通勤工具是三个最基本的指标，通勤时间、通勤距离是定量指标，通勤工具是定性指标。通勤时间是指就业者从居住地到工作地所需要的单程时间；通勤距离是就业者从居住地到工作地之间的距离；通勤工具是通勤的载体，是就业者上下班所采用的交通工具，通勤工具制约通勤时间，在一定程度上对通勤基本特征起着决定性的作用。

（一）在居住村（社区）内就业者过半，通勤方向呈居住向心化

典型五村流动人口个人问卷调查表明，57.1%工作地点在居住地村/社区内，其次为工作地点在居住地街道/乡镇外，占比16.3%，工作地点在居住地村（社区）周边的最少，占比15.2%，除此之外，还有11.4%的流动人口因为工作为货物运输、出租车（滴滴）司机等，工作地点是不稳定的。总体上看，五个典型村内的流动人口多在居住地村（社区）内就业。

就业—居住地关系影响通勤方向。在五个典型村中，57.1%的人在居住地就业，跨村（社区）就业的流动人口占比为15.2%，而通勤距离较远，跨街道/乡镇通勤的流动人口仅占16.3%（见表2）。总体上来看，流动人口通勤方向呈现居住地向心化特点。

表2　聚居村（社区）流动人口通勤方向

单位：人，%

指标	居住地就业	跨（村）社区通勤	跨街道/乡镇通勤	无固定通勤
人数	1167	311	298	233
占比	57.1	15.2	16.3	11.4

（二）通勤方式以步行为主，公共交通使用低于北京市总体水平

已就业的流动人口中40.8%的人上班仅需步行，且有约10%的人居住于工作场所中，不需要通勤。因此，聚居村流动人口主要通勤方式依次为：步行、乘公共汽（电）车、骑电动车。根据2017年北京市交通发展研究院公布的2016年北京市交通发展年度报告，北京市总体通勤方式中（不含步行）公共交通几乎占一半的比重，包含轨道交通和乘坐公共汽（电）车等。在不含步行的统计中，流动人口乘地铁、单位班车、小汽车以及出租车通勤的比例均低于北京市的总体水平。相比之下，聚居村流动人口出行的方式更加多样化，选择电动车出行的占28.1%（见表3）。

表3 聚居村（社区）流动人口通勤方式与北京市总体人口比较

单位：%

出行方式(不含步行)	聚居村(社区)流动人口	北京市总体人口
公共汽(电)车	27.5	22.3
自行车	16.5	13.5
地铁	12.9	27.0
小汽车	10.7	32.3
出租车	0.7	2.9
单位班车	0.6	1.8
其他(含电动车)	31.1	0.2
合计	100	100

（三）通勤距离、通勤时间普遍较短，远低于北京市总体情况

通过大致的量化分析，根据北京市各类公共交通运行速度及其他交通工具的速度，流动人口的平均单程通勤距离约为9.5千米。[①] 这个数值可能高于实际情况，但是低于其他研究对于北京市整体通勤时间的分析结果。2016年北京市整体单程通勤距离为13.2千米，人们平均每天上班距离超过26.4千米。与之相比，聚居村流动人口通勤距离普遍较短。

调查表明，有近10%的人居住在工作场所内，基本不需花费通勤时间，近77.7%的人单程通勤时间在30分钟之内，显然，这两部分人已经占就业人口的绝大多数。另有15.5%的人单程通勤时间为30~60分钟，单程通勤时间超过60分钟的仅占6.8%。据统计，2015年北京市的平均单程通勤时间约为55分钟，全国36个大城市平均通勤时间为39.1分钟。[②] 2016年城乡接合部地区的流动人口通勤时间远低于北京市2015年的整体情况。

[①] 由于本报告所使用的数据中缺少对于城乡接合部流动人口工作位置的详细信息，无法通过地图坐标得到被调查者从居住地到工作地点的准确距离，根据被调查者的通勤交通方式及通勤时间可以估计五个典型村中流动人口平均通勤距离。

[②] 公安部道路交通安全研究中心编《中国大城市道路交通发展研究报告之三》，中国建筑工业出版社，2017。报告基于对高德地图公司提供的2015年全国36个大城市的交通运行数据分析。

（四）居住就业自足性较好，职—住总体均衡

就业—居住平衡是就业和居住空间关系的一种理想模型，是西方规划师在应对所谓的"空间不匹配"引发的"城市病"过程中逐步形成的一种规划理念，表达了城市居住与就业功能的协调与匹配，其基本内涵是指在某一给定的地域范围内，居民中劳动者的数量和就业岗位的数量大致相等，大部分居民可以就近工作。通勤交通可采用步行、自行车或者其他的非机动车方式；即使是使用机动车，出行距离和时间也比较短，在一个合理的范围内。这样就有利于减少机动车尤其是小汽车的使用，从而减少交通拥堵和空气污染。居住—就业空间是否平衡，一般有两种度量方法。第一种测量方法是在数量上考察某地域范围内就业岗位数量和居住单元数量是否相等，被称为平衡度的测量，这种测度职住平衡的基础方法是划定空间单元，计算内部职住关系，可称为单元自身平衡法，用得最普遍的指标是单元职住比。[①] 第二种测量方法着重于质的平衡，一般被称为自足性（Self-contained）的测量，是指在给定的研究范围内居住并工作的就业者所占的比重。

职住比（名义职住比）侧重反映特定区域的职住供给数量的平衡，并不能真实反映职住功能匹配的情况。因此，本报告更加关注聚居村流动人口实际职住比或就业自足率（Self-contain Rate）——居住人口能够在聚居地附近就业的比例。自足性的测量，采用研究范围内居民有就业岗位的且在本地区就业的比重。公式如下：

$$R X_n = R_n / X_n$$

R：在 n 区居住并在 n 区工作的就业者数量。X：在 n 区居住且有就业岗位的劳动者数量（其就业地可能不在 n 区）。

自足性的测量通常采用托马的"独立指数"（Independence Index），即

[①] 单元职住比 = 该单元内的工作岗位数/该单元内的从业居民数。该指标简单、直观，也可将全体居住人口或家庭数代替从业居民数，将多个单元指标汇总起来，测算取值变化是否均匀。美国规划学者凭经验提出，就业岗位数与家庭数之比在 0.8~1.2 比较合适。

研究区域内居住并工作的人口总量与到外部工作的人口总量之比。已知自足性的值最好的状态为1，独立指数最小值为1，独立指数所得比值越高，说明该区的自足性越好。在典型村中，根据流动人口的样本情况，在村内居住并且在村内就业的流动人口 $R = 1167$，而在村内居住且已经就业的流动人口 $X = 2077$，因此，独立指数为 $R/(X-R) = 1.28$，自足性为 $R/X = 0.56$。一般来说，自足比实际比值小于或等于1，如果比值接近于1，则说明该区的职住关系越接近均衡。这两个数值表明样本数据的职住关系较为均衡。

职住均衡在通勤上的表现为通勤交通采用步行、自行车或者其他非机动车方式，即使使用机动车，出行距离和时间也比较短。结合以上有关流动人口通勤方式、通勤时间和通勤距离、通勤方向等综合特点，可以认为，流动人口的职住关系总体上较为均衡。[①]

三 聚居村（社区）职—住类型分析

流动人口与所在城市的空间关系可以分为两个方面：就业空间和居住空间。以流动人口就业地点和居住地点的空间关系为切入点，分析流动人口工作生活状况，以及对流动人口聚集的重点村（社区）进行类型分析，将有助于深入认识流动人口的行为选择和流动规律，揭示流动人口与居住村（社区）及周边地区的业态关系。

（一）聚居村（社区）分类

根据重点村（社区）流动人口的就业区域分布比例情况，将100个重点村（社区）区分为四大类型：职—住一体型（流动人口本村或社区内就业比例超过50%，16个）、职—住接近型（流动人口在本乡镇街道内就业比例超过50%，11个）、职—住分离型（流动人口在本乡镇街道外就业比

---

① 需要说明的是，以上方法的测量单位都是某一给定的研究范围，该范围是人为给出的，没有固定的标准，因此，研究范围中尺度不同，所得结果差异也会很大。一般来说，研究范围越大，职住平衡度和自足性就越高；研究范围越小，职住平衡度和自足性就越低。

例超过 50%，56 个）、混合型（上述三类比例均不超过 50%，17 个）。四种类型社区在各行政区分布情况见表 4。

表 4　按流动人口职住关系分类的百村（社区）分布情况

单位：个

城区	职—住一体型	职—住接近型	职—住分离型	混合型	总计
朝阳区	2	1	15	2	20
海淀区	4	0	10	2	16
丰台区	5	1	3	3	12
石景山区	0	0	0	3	3
昌平区	0	1	15	0	16
顺义区	0	2	1	1	4
通州区	2	6	3	1	12
大兴区	2	0	4	4	10
房山区	1	0	2	1	4
门头沟区	0	0	3	0	3
总计	16	11	56	17	100

（二）聚居村（社区）类型比较

职—住一体型村（社区）内流动人口多在村（社区）内就业和生活，而且承担着流动人口工作、居住和生活等全方位的服务职能，因此，职—住一体型村（社区）内的商户数量最多，平均每村（社区）有 550 个商户。房屋租金便宜是吸引流动人口来此居住的最主要原因，而且业缘聚集在这些村（社区）里更为明显。

职—住接近型村（社区）内流动人口的居住生活主要在村（社区）内而就业则在距村（社区）较近的区域，其工作与生活的活动半径多在同一个乡镇内。该类村内的商户明显少于职—住一体型村（社区），平均商户数为 407 个；周边就业机会多和房屋租金便宜是流动人口在此聚集的最主要原因。在该类村（社区）中，地缘聚集与业缘聚集现象都比较明显。

职—住分离型村（社区）内流动人口多在镇外就业，村（社区）在其生活中可能仅承担居住相关的职能。职—住分离型村（社区）内的商户数量仅次于职—住一体型社区，有 458 个；房租租金便宜和交通便利是该类村吸引聚集流动人口的最主要原因。在该类型村（社区）中，业缘聚集的现象也较为明显。

混合型村（社区）的特点比较"中庸"，流动人口在本村、本乡镇街道内和本乡镇街道外就业的比例都没有超过 50%；该类村（社区）的商户是四种类型中最少的，仅为 294 个。和其他类型村（社区）一样，房屋租金便宜是吸引流动人口到此聚集的重要原因，交通便利、就业机会多和生活成本低等三方面原因也有所体现。在该类型村（社区）中，业缘聚集现象较为明显。

（三）典型五村类型划分

依据流动人口分别在村内就业、村周边就业和镇外就业的比例，黄土岗村属于职住一体型社区，福缘门社区、小周易村属于职住接近型社区，东辛店村和兰各庄村属于职住分离型社区（见表5）。

表5　典型五村类型划分

单位：人，%

典型村（社区）类型		本村本社区	本街道乡镇	本乡镇本街道外	总计
兰各庄	职住分离型	317	39	61	417
		76	9	15	100
东辛店	职住分离型	115	63	210	388
		30	16	54	100
福缘门	职住接近型	238	99	93	430
		55	23	22	100
黄土岗	职住一体型	158	78	159	395
		40	20	40	100
小周易	职住接近型	339	32	43	414
		82	8	10	100

四　聚居村职—住分离现象及其影响——以东村为例

东辛店村（以下简称"东村"）是上述五个典型村之一。东村隶属于北

151

京市朝阳区崔各庄乡，位于朝阳区东北部，村域总面积1.47平方公里。在区位上，东村紧邻京密路和五环路，东、南分别隔京顺路、机场高速路、机场辅路与北皋村、草场地相望，西接望京电子城西区（原叶家坟），西北邻索家坟村（原索家坟），北与费家村（原马蜂沟，后改名费家村）接壤。特殊的地理位置使它成为流动人口（特别是从我国东北地区、北京市密云区、顺义区、首都机场等地进京）入京的必经之处。

东村集体收入和村民收入均倚重瓦片经济，村内出租大院、公寓较多，85%以上出租房为楼房。该村聚集的流动人口高峰时达4.5万人（2013年），2016年时已减少到2.26万人，与户籍人口（1071人）倒挂比例为19.7∶1。调查表明，在村内居住的在业流动人口中，29.6%的人在本村工作，16.2%的人在东村所属崔各庄乡乡域内工作，在崔各庄乡以外地区就业的人最多，占54.2%。按照上文对聚居村类型的划分，东村属于职—住分离型村。

（一）东村流动人口职—住分离状况——与典型五村的比较

东村流动人口在居住—就业关系方面表现出以下特点：步行、乘公共交通工具和使用慢行交通工具是聚居村流动人口三种主要的通勤方式。东村约占两成的人步行上班和超过四成的人乘坐公共交通工具（地铁、公交巴士和出租车）上班，这种比例与典型五村情况正好相反。另外，东村使用慢行交通工具的人占约1/3，而典型五村仅有略多于1/5的人使用（见表6）。

表6　东村与典型五村通勤方式比较

单位：%

通勤方式	东村	典型五村平均
步行	20.6	40.8
公共交通工具（地铁、公交巴士、出租车）	40.8	20.2
慢行交通工具（自行车、电动车）	29.3	22.0
其他	3.0	7.0
居住在工作场所	6.3	10.0
总计	100	100

他们采用的主要交通工具影响其通勤时间。无论是东村还是典型五村，都只有很少的人通勤时间超过 60 分钟（分别占 8.1% 和 6.8%），但东村更多的人通勤时间偏长，64.8% 的人单程用时 30 分钟以内，27.1% 的人单程用时 30~60 分钟，典型五村的占比分别是 77.8% 和 15.4%（见表 7）。

表 7　东村与典型五村流动人口通勤时间比较

单位：%

单程通勤时间	东村	典型五村
30 分钟以内	64.8	77.8
30~60 分钟	27.1	15.4
60~90 分钟	4.8	3.9
90~120 分钟	2.3	1.6
120 分钟及以上	1.0	1.3
总计	100	100

根据北京市各类公共交通运行速度及其他交通工具的速度，结合典型五村通勤方式及通勤时间调查，通过粗略的量化分析，大致估计东村流动人口平均单程通勤距离为 14.7 千米，远大于典型五村平均值（9.5 千米），甚至超过北京市民整体单程通勤距离（13.2 千米）。至于通勤方向的特点，东村通勤距离较远，跨街道/乡镇通勤的人占比接近四成，高于跨村通勤和在居住地内通勤的比例，更是明显高于典型五村跨街道/乡镇通勤平均比例（16.3%）（见表8），可见，东村通勤方向呈现更加明显的居住地外向化特点。

表 8　东村与典型五村流动人口通勤方向比较

单位：%

通勤方向	东村	典型五村
居住地就业	29.6	57.1
跨村(社区)通勤	16.2	15.2
跨街道/乡镇通勤	39.9	16.3
无固定通勤	14.2	11.4

以上综合比较分析了东村与典型五村在通勤方式、通勤时间、通勤距离和通勤方向上的特征，显示东村存在一定程度的职—住分离现象。职—住分离更加侧重居住与就业的空间联系，是指在一定范围内，就业需求数量和工作岗位数量之间的不匹配，表现为大部分居民无法就近工作，他们的出行通勤依赖于公共交通及机动车辆，出行距离和时间较长，超出了合理的范围。职—住分离不仅加剧了通勤时间和通勤距离，还造成了交通拥堵、环境污染和能源消耗，同时占据了人们大量的工作和休息时间。因此，有必要进一步探究东村职—住分离现象的形成机制及其影响。

（二）东村流动人口职—住分离形成机制分析

1. 拉力：东村"宜居"条件吸引流动人口来此聚居

出租房源充足、房屋类型多样。东村内共有出租房屋 22500 间左右，包括平房、单元楼、筒子楼和公寓楼等，以公寓楼为主。房屋租金便宜、住房支出少，拉低生活成本。租金价格不一，平房单间房（缺少卫生间或厨房）的月租金一般在 500 元左右，公寓房（有公共洗漱间、使用村内公共厕所）月租一般金在 1300 元左右（占村内 30% 的公寓房）。东村 55.4% 的流动人口的住房支出在 500～1000 元，平均房租支出为 1108 元，约占个人平均月收入的 1/5。相比于城市中心区高房租、高支出，东村相对较少的住房支出整体拉低了他们的生活成本。同时，较低的房租也满足了流动人口储蓄的意愿，给予了流动人口更多的储蓄空间。

租房形式随意、流动迁居简便。东村九成的流动人口租住在私人房屋内，与市区不同的是，东村房客多直接与房东联系签约，很少通过中介公司，且有四成多的人仅与房东口头约定租房协议，在办理租房手续时，通常也不经过正规流程，随着工作地等其他因素的变化，更换住所、约定解约简便快捷。

社区出行便利、通勤出行费用低。东村东、南两侧紧邻京顺路、机场高速路、机场辅路，京包铁路横穿村南，多条公交线路在村边设有站点，交通便利，出行十分方便。2010 年距离村庄 2 千米左右的地铁 15 号线开通，从村中心步行 20 分钟即可到达望京东站。公交线路 538、641、359、915、988 等在村东设有站点。便利的公共交通条件减少了择居东村流动人口的出行费用。东村绝大多数人通勤出行费用较低，月均支出不超过 200 元。

2. 推力：村内就业岗位少，推动流动人口多在周边四大商圈就业

东村村内地图显示，整个村子基本上属于生活区。早在 2000 年左右，村中陆续建立了北京三元饲料厂、北京东兴润滑剂有限公司、东铝工贸公司、新醒狮艺术有限责任公司、加油站等工厂和公司，东村也曾投资 52 万元建成了一个农贸市场，但随着疏解整治的推进，企业难以为继，市场陆续拆除，东村现今没有村办企业。虽然村内由本村村民或流动人口经营的门店商户有 450 余家，但是提供的工作岗位有限，村内就业机会稀缺。显然，在就业方面，东村对流动人口产生了一种推力。

与东村村干部座谈中，他们介绍了村内居住流动人口的就业情况："这些人（流动人口）以就业为主要目的，哪能就业就奔哪去，流动性非常强。年轻人基本上哪哪都有，望京居多，坐车的话不堵车十来分钟，望京到三元桥到丽都，到酒仙桥电子商业园区，就是这么几个商圈。"在五环以内，沿京密路向西南，依次分布望京商圈、丽都商圈、三元桥商圈以及五元桥正南的酒仙桥电子商业园区等，这些商圈提供的就业岗位集中于商业服务业。

整体上看，东村承接了城市中心和周边商圈中就业流动人口的居住。作为居住区，东村低廉的房租、较低的生活成本等"宜居"条件满足了流动人口对居住地的需求和对家庭化迁移的要求。在村内居住、周边商圈就业共同的推拉作用机制下，东村的流动人口职—住分离现象显现了。

3. "疏解整治"加剧流动人口的职—住分离

2016 年，东村所属的崔各庄乡加速疏解低级次产业、拆除违法建设 80 万平方米。① 在治理"拆墙打洞"中，全年清理 679 户，治理清退出的流动人口不得不重新在周边选择居住地。社区访谈中，房东王阿姨为我们描述了周边社区治理对于东村流动人口聚集的影响："'非典'以前外来人开始增

---

① 《朝阳区崔各庄乡疏解 31 万平方米低级次产业》，《北京青年报》2017 年 7 月 13 日。

加一部分，'非典'以后增加一部分，后来，2008 年拆望京村，2010 年拆索家村，这几个正规村一拆完，我们村的流动人口就猛增了。"

由于疏解整治，东村周边五环内已经没有大规模的流动人口聚集区，五环外聚集流动人口的社区亦寥寥无几，由此东村成为周边疏解搬迁流动人口的唯一落脚点。疏解整治进一步加剧了东村内流动人口的职—住分离状况。

（三）职—住分离对聚居村治理的影响

城乡接合部作为流动人口走向城市的重要通道，由于人口严重倒挂、人员流动较强等特征，长期存在社会管理难、规划无序、基础设施不足、生态环境差等问题。职—住分离情境下的东村，既存在这些普遍性问题，又有自身特殊的治理难题。

1. 外向通勤流导致高峰期交通拥堵

东村职—住分离导致大量的外向通勤流，早晚高峰村内出行人数较多，且村内流动人口出行以乘坐公交车、步行和自行车三类为主。早高峰从早上 8 点开始，持续到 11 点左右。晚高峰时村口每次绿灯通过的人数在 300 人左右。在东村内，沿街各类小吃摊私占街道叫卖，门店、租房信息等大小招牌和电线交错，摩托车、电动车鸣笛乱穿，建筑材料和建筑垃圾随意堆放。混乱的车辆和拥挤的人流造成了一系列的交通问题。东村东的京密路口长时间拥堵，公路通行时常被拦腰截断，而距离村东口 100 米左右的公交车站，虽然有较多公交车班次停靠，但仍满足不了流动人口的出行需求。在近两年共享单车大量供应下，早晚高峰村口周围堆积大量各品牌共享单车，对车辆和人员通行造成极大的不利影响。

2. 公共服务设施不足，社区安全隐患多

东村容纳了近 2 万多人口，作为居住区，村内基本公共服务设施不完善，缺少污水和垃圾处理系统，村内保洁人员配备不够，环境卫生问题严重，虽然村委会投入了大量人力物力财力，兴建了停车场、公厕、垃圾中转站和化粪池等，加大了打扫清洁的力度，但现有公共设施与公共服务仍不能满足这一地区人口的基本需求。此外，多数出租房内基础生活设施不全，从必要的厨卫设施来看，44.7%的流动人口住房内缺少自来水，80%多缺少卫生间与厨房。另外，房屋内设施设备老化，存在安全隐患。流动人口使用电器较为频繁，但出租房内多数电路老化，电线私扯乱架，摆放凌乱。在部分公寓的楼道内会摆放灶具，煤气罐或蜂窝煤在一起存放，用煤用气安全隐患较大。而且职—住分离下，村内的流动人口白天几乎全天不在住所内，缺乏安全用电意识。村内餐饮商户较多，非法经营的小摊小贩违规用火用电极易引发火灾。居民出行使用较多的电动车违规充电，安全隐患众多。

3. 社区管理效率偏低

在治安管理和人口管控工作中，由于流动人口对于社区管理工作不够理解和配合，双方经常发生矛盾。在东村，近70%的租房者与房东居住在一起（一栋楼或一套公寓），房东因此在政府与流动人口之间充当了重要的媒介。而不在村内居住的房东割断了流动人口与村委管理人员的重要纽带。由此社区管理效率低下。社区管理力量不足，管理效率低下。截至2016年，东村流动人口专职、兼职管理人员共计20人，与流动人口的服务管理比是1∶1000，管理力量严重不足。在显著的职—住分离情境下，流动人口村内活动时间与管理人员工作时间错峰，增加了管理难度。

4. 社区关系疏离，公共参与不足

职—住分离加剧了流动人口与社区关系的疏离。通过个别访谈，了解到多数流动人口只是把社区当作一个睡觉的地方，他们的需求只是一张床，下班之后睡一觉，早上洗个澡便出村工作，与本地人或其他流动人口的接触都很少。他们在工作之余经常从事的活动多为看电视、上网、做家务或与朋友聊天。在东村内仅有一个小型广场供休闲娱乐，村委会内活动室多为舞蹈队使用，缺少流动人口与村民交流的公共活动空间。村内人口异质性较高，房客仅与房东单线联系，虽然近70%的流动人口与房东居住在同一栋楼或公寓内，但仅收缴房租时才会有所接触，且多数流动人口表示曾和房东发生过纠纷。从村内流动人口对社区的态度来看，满分为五分的情况下，流动人口对于本社区成员的友好程度、与本地人相处的融洽程度、村委会的生活帮助程度的评价均在3.5分左右，评价值不高。

职—住分离情境下，东村流动人口的社区参与度不足。他们主要通过宣传栏、邻居和房东等有限的几个渠道获知与他们有关的通知公告，对村内其他事务大多不了解、不关心。社区（村）选举时，推举流动人口代表难度较大，时常面临无人愿意当选的尴尬。总体来看，东村流动人口社区融合差、社区参与难。

五　总结与思考

居住和就业是流动人口城市融入的主要方面，聚居区流动人口居住—就业关系特点对其生存、发展，以及对首都城市治理具有重要影响。本报告着重探究聚居村流动人口居住—就业基本特征、社会空间关系特点、职—住平衡视角下聚居村形态类型划分及其形成机制、城市影响等。研究发现城乡接合部地区流动人口大多数是务工或经商的就业者，家庭化、长期化聚居，多租赁房屋、与当地村（社区）人口混合居住。在居住—就业空间关系方面，大多数就业者职—住均衡，就业居住自足性较好。从社区层面分析，可以将聚居村划分为职—住一体型、职—住接近型、职—住分离型和混合型四类，数据表明，相当数量的就业人口居住在职—住分离型聚居村中。基于东村深度个案分析，得出结论：来自聚居村（社区）的宜居吸引力、周边就业机会的动力，以及政府政策行为的挤压力，构成了职—住分离型聚居村形成的推拉机制。受职—住分离状态的影响，流动人口聚居村治理存在一系列难题，如交通拥堵问题、社区服务管理难题、社区融合与公共参与困境等。

基层探索实践需要理论指导、观念更新。流动人口参与和创造社区生活的过程，构成了社区转型和变迁，要求社区治理结构不断适应人口结构、数量变动、经济社会生活变迁，适应社区社会组织方式的变化。要求流动人口进入社区以后的基层社会治理，不能简单将流动人口作为管理的对象、作为异己的力量，需要同时将他们作为社区治理的主体力量，将流动人口的参与和自治作为基层社会生活的有机组成部分。

基层探索实践需要管理模式、组织方式创新。要打破传统的流动人口管理所依托的以政府为主导的单一管理模式，创新基于社会融合的社区管理机制，充分发挥流动人口的自我力量。如引导流动人口成立自我管理委员会等社区自组织，挖掘流动人口中的典型代表，根据院落、地域、职业等条件培育"社区能人"，参与社区各项事务，带动流动人口自我服务、自我管理。引入社会力量，更好地发挥社会组织在流动人口管理中的作用。随着国家治理体系的现代化发展，社会力量参与社会治理成为城乡接合部治理的重要环节。发挥好社会力量有利于基层社会的稳定，扩大流动人口的社会参与，弥补基层治理单位资源的不足，帮助社区迅速、灵活回应治理中的问题。

基层实践迫切需要将局部试点创新成果推广、惠及更多的问题社区。2010 年为服务于北京市的青年团体力量，北京市共青团组织在部分社区试点建设了"社区青年汇"项目，立足于青年的生活空间，建设地域性的青年活动平台。其面向的服务对象既包括户籍青年，也包括流动青年。东村内的流动人口以青壮年劳动力为主，青年汇虽然在其他地区取得不错的成效，但是由于东村流动人口数量庞大，组织力量不足，成效并不显著。青年汇虽然服务于流动人口，但是由于职—住分离，其服务并没有真正渗入村内青年流动人口中，缺少针对东村的特殊模式。期待未来社会力量在东村等职—住分离型聚居村治理中发挥更大的作用。

总之，要适应职住分离状态下流动人口服务管理的需要，重新审视城乡接合部地区聚居村的治理和流动人口的管理问题，引入社会力量，积极打造适应流动人口作息的服务管理方法、实施合作式治理模式、构建包容性社区交往体系，使城乡接合部地区的社区建设与治理转型充分面向未来发展。

参考文献

李铁柱、王孟霞：《城市就业居住空间的平衡测度及优化》，《城市时代，协同规划——2013 中国城市规划年会论文集（07－居住区规划与房地产）》，2013。

刘保奎、冯长春：《大城市外来农民工通勤与职住关系研究——基于北京的问卷调查》，《城市规划学刊》2012 年第 4 期。

马光远：《中国已经告别住房短缺时代》，《金融经济》2017年第15期。

马伟霞：《武汉市外来人口就业—居住关系及影响因素研究》，硕士学位论文，华中师范大学，2013。

孟晓晨、吴静、沈凡卜：《职住平衡的研究回顾及观点综述》，《城市发展研究》2009年第6期。

任远：《关于特大城市人口综合调控问题的思考》，《南京社会科学》2015年第1期。

徐卞融、吴晓：《基于"居住－就业"视角的南京市流动人口职住空间分离量化》，《城市规划学刊》2010年第5期。

B.10
大型社区治理实践
——以回天地区治理为例

谈小燕　营立成*

摘　要： 社区多元治理是我国经济社会发展的要求。三年来，回天地区治理初步形成了党建引领多元合作治理格局，社区党的组织力明显增强，教育、文化、交通类公共服务全面优化，社区自我管理能力改善比较明显，社会组织在促进社区治理中作用凸显。但也存在亟须完善的方面，如为老服务、社区参与等。从理论上，实际上是围绕重塑"社区关系"展开的，以党建引领黏合"组织关系"、以治理单元优化"空间关系"、以机制优化耦合"制度关系"、以空间提升重塑"生活空间"。

关键词： 社区治理　公共服务　社会组织　多元合作

一　回天社区治理：打造共建共治共享的大型社区治理样板

改革开放以来，我国社会发生了深刻的现代化转型，无论是经济结构、

---

* 谈小燕，博士，中共北京市委党校（北京行政学院）社会学教研部讲师，主要研究方向为社区治理、基层治理；营立成，博士，中共北京市委党校（北京行政学院）社会学教研部讲师，主要研究方向为空间理论、城市社会学。

社会结构还是社区结构都发生了具有历史意义的变迁。原有的组织结构和治理模式已经不适应现代社会发展，需要通过治理创新来应对社会转型和现实需求。党的十八大以来，我国由"社会管理"向"社会治理"转变，强调"治理重心向基层下移，构建共建共治共享的社会治理格局"，为基层治理指明了方向。

北京市回龙观、天通苑地区（包括回龙观镇、霍营街道、东小口镇、天通苑北街道和天通苑南街道）位于中心城区以北，是从中心城区沿中轴线向北部新城延伸发展的重要拓展区域，是北京市中心城区功能疏解的集中承载区域，是北部绿色廊道和通风廊道的重要节点区域，是连接中关村科学城、未来科学城和怀柔科学城的重要枢纽区域，辖区总面积约 63 平方公里。区域范围常住人口 82 万人，其中回龙观常住人口约 48.9 万人，天通苑常住人口约 33.1 万人，常住外来人口占比约 50%。回龙观、天通苑分别承接中心城区转移人口约 17 万人、12.5 万人。根据统计，回天地区居民总体年轻化、学历高，回龙观、天通苑 18~45 岁人口占地区总人口分别为 70%、65%，大专及以上学历占地区总人口的 65%、57%。但是，回天地区随着人口迅速增长，交通拥堵、职住不平衡、公共服务和基础设施缺乏等大城市病，给基层社会治理带来巨大挑战，居民反映强烈，成为首都治理和发展的短板、痛点和难点。为打造与国际一流的和谐宜居之都相匹配、充满活力的美好幸福新家园，着力补齐发展短板，2018 年，北京市启动了《优化提升回龙观天通苑地区公共服务和基础设施三年行动计划（2018—2020 年)》，致力于打造党建引领、多方参与、居民共治的大型社区治理样本，着力提升社区治理水平和效能。

二 回天社区治理治理成效：形成了 党建引领多元参与格局

通过问卷调查、座谈访谈等形式对部分职能部门和街道主管领导、"回天地区"109 个社区的党组织书记、近 3000 名社区居民进行了调研，调研内容包括教育、文化、交通、养老等公共服务设施以及社区党建、多元主体作用发挥等社区治理情况。总体上形成了党建引领多元参与的治理格局。

一是社区党组织的组织动员能力大幅提升。从治理主体自我评估效果来看，超过80%的社区党组织书记认为社区党委在组织动员各主体参与社区治理的效果方面有所提升。其中，88.99%的社区党组织书记认为，社区党组织书记动员本社区居民参与社区治理的效果有所提升。80.73%的社区党组织书记认为，社区党组织书记动员辖区单位参与社区治理的效果有所提升。85.44%的社区党组织书记认为，社区党组织动员物业公司参与社区治理的效果有所提升。从协商议事方式来看，接近50%的社区最常使用的协商议事方式为党建工作协调委员会。由此可见，回天三年行动计划实施以来，社区党组织书记的组织动员能力显著提升，社区党的组织动员能力明显增强。

在访谈中，某社区居委会表示："以前在职党员基本与社区没关系，自从在职党员双报到后，社区影响力明显增加。在疫情防控、垃圾分类中，在职党员基本都能积极参与，还为社区带来各种资源。"

二是教育、文化、交通类公共服务全面优化。64.22%的社区党组织书记认为回天三年行动计划实施以来，本社区教育资源配置情况得到改善。其中46.79%的社区党组织书记认为本社区的教育资源配置情况"有所改善"，17.43%的社区党组织书记认为本社区的教育资源配置情况有"明显改善"。81.65%的社区党组织书记认为回天三年行动计划实施以来，本社区文化休闲服务设施得到改善。其中，56.88%的社区党组织书记认为本社区文化休闲服务设施"有所改善"，24.77%的社区党组织书记认为本社区文化休闲服务设施有"明显改善"。67.89%的社区党组织书记认为回天三年行动计划实施以来，本社区交通路网配置情况得到改善。其中41.28%的社区党组织书记认为本社区的交通路网配置情况"有所改善"，26.61%的社区党组织书记认为本社区的交通路网配置情况有"明显改善"。一位年轻居民说："确实能感受到政府支持回天的力度还是蛮大的，孩子上学呀、交通呀，比以前好多了。"在学前教育方面，昌平区通过多种途径扩大教育资源，使

"回天地区"的幼儿园和社区办园点达到95个，其中普惠率占比达到83%。在交通服务方面，回天地区建成全市首条自行车专用车道，居民从回龙观通勤可比之前节约18.5%的骑行时间，与此同时，还有如林翠路等多项交通基础设施稳步推进，如北郊农场桥完成改造顺利通车。可见回天地区公共服务设施得到了比较全面的提升，其中提升最突出的是社区文化。

三是社区自我管理能力改善比较明显。回天地区社区党组织书记对本社区自治工作效果的自评分数均值为8.85分（"1分"是最低分，"10分"是最高分）。其中，"组织志愿服务"的自评分数最高，达到9.5分，"调解居民纠纷"的自评分数为9.04分，了解居民诉求、组织居民议事、监督物业履职、改善活动场所等方面的得分分别为8.97分、8.85分、8.52分、8.22分，由此可见，回天三年行动计划实施以来，社区自治能力较好，组织志愿服务、调解居民纠纷、了解居民诉求等方面的治理效果尤为突出。

2018年8月，回天地区19个社区倡议发起"回天有我"社会服务社区，并全面推广"五方共建"工作机制，为社区自治提供了制度支撑。

四是社会组织在促进社区治理中作用凸显。63.3%的社区党组织书记认为本社区社会组织在促进社区治理中发挥积极作用。其中，42.2%的社区党组织书记认为，本社区社会组织在促进社区治理中发挥的作用"较大"。21.1%的社区党组织书记认为，本社区社会组织在促进社区治理中发挥的作用"很大"。某社区党委书记说："两年前都没有听说过社会组织，现在通过上级部门支持，我们购买服务，他们专业开展活动，我们也可以腾出更多精力做别的事。"一名社会组织代表也表示："回天地区社区购买服务的意识明显比以前增强了，我们服务也有底气了。"

2019年6月，北京市委书记蔡奇在回天地区调研时指出，昌平区要积极探索社会组织参与超大型城市社区治理的有效途径，在回天地区打造社会组织创新发展示范区，促进回天地区社会治理水平不断提升。2019年8月3日，出台了《关于回天地区社会组织创新发展示范区建设的试点方案》，按照"定政策、补短板、强基础、求突破"的思路，积极探索、大胆实践，创建示范区以来，昌平区社会组织数量得到了明显提升，社会组织总量为

2992 家（社会组织 573 家，社区社会组织 2419 家），总量在全市 16 区中排名第四，其中回天地区社会组织以及社区社会组织的总量为 1229 家（社会组织 205 家，社区社会组织 1024 家），占昌平区总量的 41%。

拓宽社会组织资金来源，大力开展政府购买社会组织服务。建立政府购买社会组织服务专项资金持续性支持机制，一是区政府三年（2018～2020 年）投入 4000 万元，用于回天地区社会治理创新。二是统筹安排社区公益事业补助资金、党组织服务群众经费，原则上从每项经费中确定不少于 25% 的比例用于政府购买社会组织服务。三是建立"回天有我"政府购买社会组织服务统一管理平台，回天各镇街均建立了常态化购买服务对接机制，有效对接居民需求，示范区创建以来在回天地区共购买 72 个项目（其中镇街项目 36 个，区级项目 24 个，三社联动项目 12 个），共投入约 775 万元，回应回天地区紧迫问题需求的治理类项目占比达 46%。回天地区还专门成立了回天社区基金会，自成立以来筹款金额总额为 5035000.36 元，其中主要用于社区建设发展、社区社会治理创新、社区大病救助、特殊群体帮扶、社区体育健康等领域的服务。捐赠资金主要来源于政府街道、驻区内外企业、其他公益慈善组织、居民捐赠等，其中，政府街道占 11.92%，企业占 20.14%、其他公益慈善组织占 8.14%、居民捐赠占 59.80% 等。

三 需要优化完善的几个方面

一是为老公共服务短板较明显。回天地区老年人口比重较高，但目前为老公共服务未得到显著改善。根据调查结果，超过六成的社区回答本社区的为老服务资源配置基本没有变化，只有 27.52% 的回答有所改善，而回答明显改善的社区只有 7.34%。从自评分数来看，提供养老服务的分数只有 6.58 分（最高分 10 分），远低于平均分 8.27 分。访谈中，不少居民呼吁社区为老服务设施应尽快完善，集中诉求为社区无障碍设施改造、社区老年餐桌、日常看护等。一位刘姓阿姨说："想下楼娱乐一下，但是不仅活动室远且在地下，我这腿不灵，轮椅也去不了，只能在家看电视。"这说明回天地

区为老服务还需要进一步强化和优化。

二是行政事务过多和用于社区治理的资金不足是影响社区治理的主要因素。64.22%的社区党组织书记认为，影响社区治理效果的因素是"行政事务占据过多时间"，62.39%的社区党组织书记认为"社区建设资金不足"也影响着社区治理效果。两者比例都超过了60%，此外，38.53%的认为"社会组织参与不足"、36.7%的认为"政策法规不能落实"、24.77%的认为"社区工作者能力不足"，这都是较为突出的影响因素。

三是党员在治理中的作用需进一步优化。根据调查，党员发挥作用不明显，主要表现在两个方面：一是社区自身的党务工作者配置不足，66.06%的社区负责人认为本社区党务工作者不足，在各类活动中缺乏党员参与的组织者、引导者；二是在职党员参与社区治理的形式单一，66.06%的社区党组织书记表示，在职党员参与本社区治理的主要形式是"打扫卫生"。13.76%的社区党组织书记表示在职党员参与本社区"讲座类活动"，4.59%的社区党组织书记表示在职党员参与本社区的"运动类活动"，还有15.6%的参与"其他类"的社区治理活动。总体来看，在职党员参与社区治理的形式极为单一，有待拓宽在职党员参与社区治理的渠道与内容，发挥在职党员的先锋模范作用。

四是取得社区工作者职业资格证书的人数少，社区工作者缺乏有针对性的培训机制。调研显示，回天地区取得社区工作者职业资格证书平均每个社区仅为2人。67.89%的社区党组织书记认为，针对社区工作者的培训存在"形式单一"的问题。42.2%的社区党组织书记认为，培训存在"没有针对性（不符合社区实际需求）"的问题。另外，28.44%的社区党组织书记认为培训的"内容枯燥乏味"。由此可见，针对社区工作者能力提升的培训，在形式、内容等方面均有待提高。某社区居委会工作人员表示："现在政策变化快，居民要求高，事情特别多，现在对我们的要求是'全能王'。有时候有些事真的不知道怎么处理为好，特别希望走出去好好听听看看别的社区怎么做。"

五是业主委员会作用发挥不够。从调研来看，109个社区中成立业主委员会的有 26 个社区，占 23.9%。当问及业主委员会在社区治理中发挥作用的情况时，有 15 个社区回答发挥积极作用。值得注意的是，回答没有作用的有 10 个社区，还有一个社区表示业主委员会起反作用，业主委员会成立后主要精力是与社区对抗，社区矛盾更多了。调研中课题组成员问及正在筹备业主委员会的一骨干居民什么是业主委员会，该居民回答："业主委员会嘛，目的就是监督物业啊，不作为就换了它。"可见，对于业主委员会成立的初心价值引导和专业培训是至关重要的。业主委员会是社区重要的治理主体，一方面需要积极倡导推进成立业主委员会，另一方面如何提高业主委员会发挥作用的有效性，是亟须解决的问题。

四　进一步优化"回天地区"社区治理的几点建议

一是进一步做实社区党建工作，确保社区党组织有资源有能力发挥引领作用。党建引领是做好社区治理工作的根本保证，进一步做好社区党建工作，第一，配足用好社区党员力量。根据社区规模和实际情况，配足社区专职党务工作者，协助书记抓好党建工作，抓好服务。用好在职党员这支队伍，通过建立"社区党员人才库"和"社区需求清单"，实现"能做什么""可以做什么"精准对接，形成在职党员参与社区治理的长效机制和评估机制，使之成为提升社区组织力、动员力的重要力量。第二，做细社区党建协调委员会。以楼门为单元，通过楼门自治会制度化收集居民诉求，将居民诉求、重点工作、应急处理等共性问题、难题形成问题清单，社区党建协调委员会以提升社区党的组织力为要义，以解决实际问题为重点，市区有关部门加以过程考核，动态管理，跟踪问效。第三，深化党建引领业主委员会制度。发挥社区党组织的主导作用，强化思想引领和专业引领，细化业主委员会任职条件，包括政治素养和专业能力，鼓励优秀党员业主参选，探索业主委员会委员候选人培训制度，严格执行共有部分经营收支定期公开制度，提前规范化业主委员会津贴或补助标准。

二是补足为老服务等基本公共服务短板。第一，要加快推进养老设施配

套和社区养老服务驿站。加快改善社区公共区域无障碍设施。从街道层面整合空间资源、医疗资源等其他资源。从调研来看，社区养老驿站公共空间缺乏和专业性机构介入缺乏是较大的障碍。建议有条件的社区可以借鉴海淀区、回天地区做法，通过疏解整治促提升，将腾退的公共空间转型为社区养老驿站，引进第三方企业优护万家，建立社区养老驿站党支部，推进医养结合，社区互助养老结合，为居家老人提供生活照料、家政服务、文化娱乐和精神慰藉等社会化服务。第二，要加大推进老年餐桌服务，探索制定老年餐桌标准化、规范化。老年餐桌开在哪里，如何引进第三方，如何保证食品安全、价格如何制定等方面是居委会和居民共同关注的内容。

三是建立社区全面体检机制，制定科学的、系统的社区治理规划，统筹利用各类资源，实现系统减负。第一，对社区进行全面体检，构建全覆盖式的调研机制。为避免"头痛医头，脚痛医脚"的做法，让社区工作有据可依，建议借鉴西城区什刹海街道对社区硬件、软件全面体检方法。全面调研是内容的全面，全覆盖调研是家家户户调研。落实现实问题导向、群众需求导向、发展目标导向，落实"民有所呼、我有所应"。深入调查社区究竟有哪些硬件和软件痛点，老百姓究竟有哪些需求热点，社区有哪些单位资源、人力资源、存量空间资源等。第二，实行社区诊断，根据调研结果制定清单。根据调研的情况进行系统梳理和分类，建立"四清单"制，即需求清单、资源清单、能力清单和问题清单。需求清单是老百姓的诉求单，资源清单是辖区和社区可利用的资源单，能力清单主要是社区工作者的能力单，问题清单主要是社区存在的问题。第三，制定社区治理行动计划和发展规划。根据社区体检的清单，将需求清单根据紧迫性、重要性和可行性进行分类排序，根据资源清单整合资源（含人力资源、资金资源），社区党委、社区居委会、社区服务站、物业服务企业、业主委员会、居民代表和街道等治理主体一起协商，制定可行的社区治理三年行动计划和社区建设五年发展规划。

四是进一步抓好抓实抓细社区工作者（含党务工作者）的能力建设。第一，建议制定"北京市社区工作者工作规范"。结合12345诉求和处理结果，总结一批社区工作方法，厘清社区党委、社区居委会、社区服务站各自职能边界和服务内容、服务标准，借鉴浙江《城市社区工作者服务规范》，根据社区的共性实际需求，从政策解读、社区服务、社区参与、社区社会组织孵化、社区资源利用等方面总结优秀社区工作方法，供社区工作参考使用。第二，将社区工作者培训培养纳入市、区两级党校培训培养计划。回天地区基层工作者对培训需求很大，在培训形式方面，54.13%的社区党组织书记希望培训的方式为"案例课"，31.19%的社区党组织书记希望培训的方式为"现场教学"。在培训内容方面，社区党组织书记最希望的培训内容排名中，排在第一位的是"社区治理案例分享类"（79.82%），排在第二位的是"针对社区常见疑难问题（停车、物业、安装电梯等）的经验分享"（60.55%），排在第三位的是"人际沟通方法和技巧"（53.21%）。这些培训内容系统、形式多样，需要进行市、区层级统筹，应以党校为基地平台展开，以社区党组织书记专题班、社区工作者专题班等形式进行。

五是形成多层次的公众参与机制。一些相关职能部门和街道领导认为："现在的主要问题是政府干，群众看。居民对政府的投入不理解，不关心社区公共事务，居民社区参与难，尤其是年轻人不参与。"但根据我们的调查发现，中青年并非没有参与意愿，在50岁以下的被调查者中，表达"很愿意参与"和"比较愿意参与"的比例超过60%，表示"不愿意参与"的比例只有10%。从具体参与事项来看，希望参与"公共事务议事协商"的比例超过30%，希望参与"子女教育"相关活动的将近50%。一位居民说："平时朝九晚五上班，不是我不关心小区的事，只是不知道参与的时间和内容。其实我们可以在下班时间或通过线上交流发表意见。"可见，不是居民不参与，而是居民不知道、不了解、不知情，亟须从系统长远规划出发，为居民搭建多层次、多形式、多渠道的参与机制、参与平台。建议以社区—小区—楼栋为单元，构建多层次、多形式参与机制和参与平台，同时进一步落实社区规划师制度，以社区空间更新为重点，以"城事社计节"为品牌，区级职能部门联动，通过空间场域营造、空间更新培养居民参与意识和习惯。

五　超大型社区治理：由一元到多元的 "治理共同体"构建

从"管理"到"治理"，治理主体上从一元治理到多元合作，治理方式上由自上而下到自上而下与自下而上、横向联动相结合。回天地区构建治理共同体，形成较为稳定较为完备的超大社区治理。中国正在经历着人类历史上最大规模的城镇化，改革开放40多年来，我国又经历了社区治理体制的巨大变迁，在这种双重变迁的背景下，关系割裂、交往孤岛日益凸显。社会学强调路径依赖，即一种行为定式会对后来的行为或关系有极大的影响。具有中国特色的多元合作治理需要"型塑"新型社会关系或街区关系。在滕尼斯那里，"共同体"（Gemeinschaf）指由"本质（自然）意志"（表现为本能、习惯和记忆）推动的，以统一和团结为特征的社会联系和组织方式，它以血缘（家庭）、地缘（村庄）和精神共同体（友谊或信仰团体）为基本形式。不同于滕尼斯的共同体概念，大型社区治理共同体是地区治理主体关系的融合共同体，是共建的过程共同体，是结果的共享共同体。从理论上，实际上是围绕重构"治理共同体"展开，以党建引领重构"组织共同体"、以治理单元优化"空间共同体"、以机制优化耦合"制度共同体"、以空间提升重塑"生活共同体"。

（一）以党建引领黏合"组织共同体"

经典社会学理论指出，一个社会的秩序、整合与团结不会无缘无故地发生。在传统社会，整合可以透过血缘、亲缘、地缘等先赋性因素实现，在现代社会，原子化程度越来越高，要实现社会团结更多的是依赖组织的力量。在回天地区，将治理主体凝聚起来的组织是多样化的。首先是物业服务组织。回天地区有不同类型的物业服务企业，有的物业服务企业服务几个大型社区，将物业服务企业组织起来，形成服务共同体。其次是在职党员和事业单位。通过"回天有我"行动，在职党员回家报到，各单位回天服务。最后是社区组织系统。对于退休或赋闲在家的社会成员来说，社区成为其仅有的动员组织力量。但是在各类组织系统之间，壁垒还是比较坚固的，各组织既没有能力，也没有动力来改变现状，在这种情况下，党组织在组织整合方面的关键性优势作用就凸显了出来。

（二）以治理单元优化"关系共同体"

从主体上看，回天地区通过固根基、扬优势、补短板、强弱项，通过制度化实践，不仅优化党群关系、政社关系、条块关系、街区关系，还优化各主体与空间环境关系，扩大各方参与，构筑地区团结，激发内在活力。从过程来看，回天地区遵循"全生命周期"思维，有计划、分步骤，持续深耕，提高关系网络的有效性。通过建立党建工作协调委员会，建立区、街道、社区、社会组织、企事业单位之间的关系，逐步构成党建网络的基本要素；通过建机制、建平台，不断聚焦各种组织和资源，扩大网络，网络扩张既包含网络内组织数量、服务和合作能力的扩大，也包括网络内各个组织的能力提升与进步、管理能力的提高等质的提升。从结果来看，通过参与式治理，打造熟人社会，促进网络内组织之间的互动，使多主体之间合作共治，使网络逐渐进入一个结构合理、供给与需求平衡、服务稳定、良性互动、合作共赢的阶段，达到有机生态治理共同体的理想状态。

（三）以机制优化耦合"制度共同体"

着力提高基层治理效能和效率，降低治理成本，加强系统治理、依法治理、综合治理、源头治理，着力固根基、扬优势、补短板、强弱项，需要构建系统完备、科学规范、运行有效的制度体系，以机制优化、能力提升，耦合"制度共同体"。在机制优化方面，回天地区坚持党的集中统一领导，统筹协调，以战略思维、历史思维、辩证思维、创新思维、法治思维、底线思维、合作思维、系统思维为准绳，做实做精区域化大党建和党建协调委员制度，以"党建"带"社建"，把方向，谋大局，提升地区党的组织能力，保证始终沿着党的社会主义方向前进；坚持以人民为中心的发展思想，不断保

障和改善地区民生、增进地区居民和企事业单位福祉，走共同富裕道路；创
新"五方共建"协同联动机制，创新"露营管家"楼门院治理，调整治理
单元，形成联动机制、打破系统界限、优化资源整合机制、搭建协商平台、
完善多元参与机制、探索协作模式，健全共建共享机制，形成区域发展共同
体。在能力提升方面，改革调整街道科室设置，提高街道运行能力；优化社
区治理结构，在社区党委领导下，厘清社区居委会、物业服务企业、居民、
辖区单位职责，建立回天社会组织科学化平台和引进专业社会组织，系统培
训社区居委会工作者，提升社区治理专业化能力；聚力更新，以社区参与平
台，以"看得见摸得着"的生动实践为动力和制衡，强化街道组织动员能
力，提升互动博弈能力、预警纠偏能力、平衡整合能力。

（四）以空间更新重塑"生活共同体"

"组织共同体、关系共同体和制度共同体"的构建，归根结底要落实到
人们的生活之中，落实到人民群众对美好生活向往的生活空间和生活场域。
生活空间和生活场域既是客观环境空间，也是主观感受空间，是人际交往空
间和互动空间，是生活品质提升、生活情趣绽放的空间。以城市更新融合生
活空间，让老百姓过上好日子，不断提升老百姓生活品质，是基层治理创新
的出发点和落脚点。一方面，回天地区力求提供更精准的公共服务，满足地
区人民群众多样化高质量需求；另一方面，作为重要的治理主体之一，还要
发挥人民群众和其他治理主体的主观能动性，促进居民和其他相关治理主体
的参与，最大限度激发基层活力。那么如何以空间更新重塑"生活共同
体"？一是以人为本的顶层设计。社区治理是一个复杂的治理单元，城市更
新是空间更新，是社会的更新，更是为人和与人的更新。谁来更新、更新什
么、谁来做决策、谁来执行、效果如何评估、如何真正满足人民群众的实际
需要，背后顶层设计是有治理价值目标的，而治理价值目标最核心最根本的
是人，是人民群众的生活。二是注重调查研究。调查研究是谋事之基、成事
之道。回天地区注重全面调研体检，看看地区究竟有哪些问题，有哪些人力
资源、空间资源甚至资金资源等，以保证城市更新的有效性和针对性。三是

注重居民和其他治理主体全过程参与。习近平总书记强调，"城市是人民的，城市建设要坚持以人民为中心的发展理念，让群众过得更幸福。金杯银杯不如百姓口碑，老百姓说好才是真的好"。回天地区治理体系注重充分调动老百姓的积极性和主动性，通过机制让老百姓有机会全过程参与，表达他们的诉求、倾听他们的声音、发挥他们的才智、惠及更多人。四是注重可持续性。回天地区治理体系注重通过空间优化，构建新型城市形态，既是面向今天的更新，更是明天的更新，是面向这一代的更新，也是面向下一代的更新。

参考文献

习近平：《决胜全面建设小康社会　夺取新时代中国特色社会主义伟大胜利——在中国共产党第十九全国代表大会上的报告》，人民出版社，2017。

《中共中央关于坚持和完善中国特色社会主义制度，推进国家治理体系和治理能力现代化若干重大问题的决定》，人民出版社，2019。

《习近平谈治国理政》（第一卷），外文出版社，2018。

李强、谈小燕：《幸福社区理论、测量与实践探索——基于两个中产社区的实证调查研究》，《学术界》2016年第10期。

〔法〕亨利·列斐伏尔：《空间与政治》，李春译，上海人民出版社，2015。

〔德〕斐迪南·滕尼斯：《共同体与社会》，林荣远译，商务印书馆，1999。

B.11
基于新城市科学的人口聚居区
协调发展实践

茅明睿[*]

摘　要： 城镇化发展转型、新技术发展与新冠肺炎疫情冲击对中国城
　　　　 市发展与治理模式提出了新的要求。在此背景下，北京市朝
　　　　 阳区双井街道通过协同治理模式创新，开展了面向两个角度
　　　　 的可持续协调发展实践。通过技术创新，从城市科学化决策
　　　　 与智能感知体系建设入手，构建了面向科学原则的智能治理
　　　　 模式；通过社会创新，基于"13 社区理念"与三圈层生态，
　　　　 构建了推动面向协商议事原则的共同治理体系。这一协调治
　　　　 理的创新实践为疫情防控、城市空间营造等多项工作提供了
　　　　 有效助力，推动双井街道实现了社区品质、社区活力、社区
　　　　 韧性、社区包容性的显著提升。

关键词： 新城市科学　智能治理　共同治理

　　近年来伴随着城市发展的转型、科学技术的发展，中国的城市发展和治
理模式也在发生着深刻的变化，2020 年初新冠肺炎疫情的暴发对其提出了
新的要求，其中高密度的人口聚居区的治理模式创新是其中最重要的组成部
分之一。作为北京市城市精细化治理示范区和中国首个联合国可持续发展试

---
　　* 茅明睿，北京社区研究中心主任，高级工程师，主要研究方向为城市规划、智慧城市、大数
　　　据、社区治理。

点社区，北京市朝阳区双井街道依托新城市科学，通过智能治理和共同治理的协同治理模式创新，开展了一系列初见成效的城市更新与治理实践，对人口聚集区的协调发展具有一定的示范意义。

一 背景

（一）城镇化发展的转型

改革开放以来，中国的城镇化已经走过了40多年的历程。为了适应经济发展、人口发展，解决快速增加的劳动力的生活、就业问题，中国以惊人的速度建设了大量的城市、城镇，城市规模也迅速扩张。但快速的城镇化也带来了大量问题，人口、资源、环境的矛盾凸显，交通拥堵、公共服务配套不足、职住分离、环境恶化、空间低效等城市病问题频现，在大型人口聚居区上述问题尤为突出。

2014年新型城镇化概念的提出标志着我国的城镇化从量的城镇化走向质的城镇化、从物质空间的城镇化走向人的城镇化、从面向增量发展为主转变成了面向存量提升为主的阶段。2015年召开的中央城市工作会议明确指出在"建设"与"管理"两端着力，转变城市发展方式，完善城市治理体系，提高城市治理能力，解决城市病等突出问题。

（二）新技术发展

近年来，信息通信（ICT）技术革命推动了移动互联网、物联网（IoT）、大数据、人工智能、云计算和边缘计算等为代表的新技术快速发展。这些技术一方面重塑城市的生产和生活组织方式、推动城市空间转型，世界各地如火如荼的智慧城市建设就是其重要体现；另一方面，它们也使城市科学和相关行业具备了海量、高频、高精度城市数据的获取能力以及处理这些数据所需的计算和分析能力，推动着城市科学和规划、建筑等相关行业的发展与变革。2013年英国皇家科学院院士Michael Batty提出了"新城市科学"

的概念，提出了 ICT 技术、新的数据环境对城市研究、城市规划、城市治理的技术框架，为城市科学研究和后续应用奠定了理论基础。

"新城市科学"既包含着技术推动城市空间转型形成的"新城市"的科学的意义，又包含着城市科学研究的发展带来的新的"城市科学"的双重意义。它们构成了城市相关学科和行业近年来方兴未艾的新技术应用潮流的一个重要技术背景。

（三）新冠肺炎疫情的影响

2020 年，新冠肺炎疫情的暴发深刻影响了社会的方方面面，对城市的治理提出了新的要求，尤其是人口密集的聚居区的发展和治理尤为重要。面对疫情，城市和社区的安全、韧性、健康等问题备受关注，如何依托新城市科学，通过治理创新实现有效的疫情防控，提升城市的安全与韧性，促进健康城市、健康社区的发展成了当下城市治理的重要议题。此外，疫情防控也对城市经济活力、文化活力、社会包容性等造成了一定的负面影响，如何在防控的同时保持城市活力、提升包容性等问题也对城市治理提出了挑战。

对这些背景我们从"热点"、"趋势"、"正向作用"和"负向影响"列举它们的关键词，其中"热点"代表该背景下的热门措施、行动和概念；"趋势"代表了该背景未来的变化方向；"正向作用"代表了该背景直接带来的变化和城市治理对其响应起到的正向作用；"负向影响"代表了该背景直接带来的变化和城市治理对其响应起到的负向影响（见表1）。

表 1 　实践背景分析

背景	热点	趋势	正向作用	负向影响
新冠肺炎疫情	控制,隔离,检测	数字化,本地化,社区化,远程化	安全,健康,韧性,社区控制力,公共空间营造,小集体认同	空间资产贬值,活力萎缩,生活不便,社会隔离,社会歧视,数字利维坦

背景	热点	趋势	正向作用	负向影响
城镇化发展转型	城市更新,社区生活圈,服务的最后一公里	老龄化,收缩化,均等化,综合化,人性化	包容性,便利性,人居品质,公共服务,民主参与	低效率,不可持续,表面文章,破坏真实性,破坏多样性
新技术发展	大数据,人工智能,物联网,感知,连接,算力……	自动化,实时化,弹性化,个性化	个性服务,精准决策,资源效率	数字利维坦,数字托拉斯

二 典型人口聚集区:北京市朝阳区双井街道

(一)双井街道简介

双井街道位于北京市朝阳区中西部,辖区面积为 5.08 平方千米。常住人口为 13.09 万人,居住密度超过 25000 人/千米^2,是一个具备典型性和代表性的人口聚集区。双井街道以北为国贸、朝外地区,作为北京市典型的 CBD 区域,用地功能以商业用地为主,是北京市职住比最高的区域。双井街道以南是劲松、潘家园等以居住用地为主、人口密度极高的区域。根据手机信令数据测算,劲松、潘家园街道的居住人口密度位列朝阳区前两名。双井街道以此为区位基础,区域用地功能混合度高,既包含以乐成中心和富力广场为核心的成熟商圈,也包含成片的开发年代较新、商品房比例领先的居住社区,常被称作 CBD 的后花园。这保障了区域的人口活力:根据手机信令数据推算,双井辖区职住人群多,日间和夜间的活力高,年轻人比例较高。此外,双井街道空间形态紧凑,街道尺度、容积率和建筑密度都位居北京各乡镇街道前列,区域里 2000 年后建设的居住小区较多,是个典型的商品房街区(见图 1)。从人地房的角度来看具有良好的发展基础和发展潜力。

根据大数据人居品质体检结果,双井街道在通勤与公共服务品质,商业、人口、产业、文化、夜间经济活力,住区、街区品质及风貌特色等维度

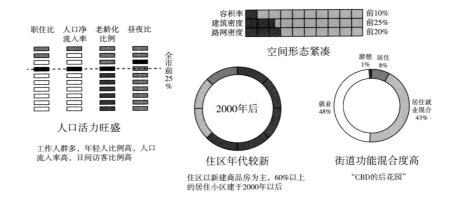

图1　双井街道区域数据分析

资料来源：双井国际可持续发展试点课题组。

均在北京表现突出。根据《城市因何而繁重》中总结的 12 条理想城市的评判标准，双井街道匹配"对年轻人有吸引力""区域用途多样化""对本地居民和工作者提供支持""适宜的步行尺度""界定清晰且支持多样日常活动的核心区"等多项标准。但与此同时，区域功能的混合性和人口的复杂性带来了诸多挑战，包括区域内发展不平衡、空间分异较大，以垂杨柳地区为代表的西部组团普遍住区品质较低；因人口构成复杂导致区域安全性较低，辖区内的 12345 投诉、刑事案件、交通事故数量较多；因三环高架桥、铁路、通惠河等自然因素的阻隔，辖区的路网条件难以支撑本地居民、就业者、来访者的出行需求，街道拥堵指数极高等。

（二）双井试点政策背景

双井街道曾经是许多国字号重工业工厂的聚集地，辖区内有北京内燃机总厂、光华木材厂、北京起重机器厂、酱油厂、啤酒厂、钢琴厂，是著名的老工业基地。随着近年的发展建设，双井已经发展成为 CBD 商务生活服务功能区、文化创意产业延伸区、城市升级改造建设区，同时也是连通首都核心区与城市副中心的重要廊道。在北京城市象限科技有限公司通过大数据对北京市 329 个街乡开展的评估与分析显示，双井街道人居品质排名居全市第二，在城市精细化治理方面具有示范性，具备打造理想社区的良好基础和潜力。

2019年7月16日，在由联合国人居署、中国城市和小城镇改革发展中心共同主办的"第三届国际城市可持续发展高层论坛"上，双井街道成功入围联合国国际可持续发展试点社区，成为国内首个被纳入国际可持续试点的社区级区域。

三　双井可持续协调发展实践

（一）治理模式创新：智能治理和共同治理

面向"北京精细化治理示范区"和"国际可持续发展试点社区"双重目标，城市象限与国家发改委城市与小城镇改革发展中心配合双井街道共同策划了包括10余个具体项目的行动计划（见图2），梳理了每个项目针对的具体目标任务，实现了中国城市治理与联合国可持续发展两类叙事的对接，有助于未来我国智慧城市与智慧社区项目参与国际对话。

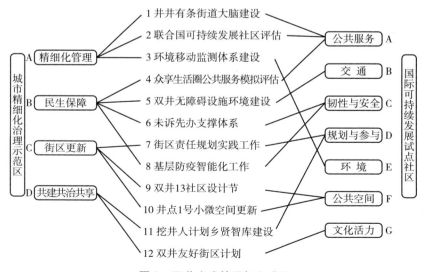

图2　双井实践的目标和成果

资料来源：双井国际可持续发展试点课题组。

基于发展目标和具体行动计划，依托新城市科学，双井在两个方面开展了协同创新：通过技术创新，推动面向科学原则的"智能治理"和通过社会创新，推动面向民主原则的"共同治理"。

（二）基于"井井有条"街道大脑的双井智能治理体系

如何推动"智能治理"以实现城市治理符合城市运行和发展规律？

1. 增进城市运行的可感知性，建立城市物理空间和社会空间的感知体系

城市的感知是形成治理反馈和规律认知的基础，而对基础空间和人口数据的数字化（俗称"人地房数据库"）则是基础的基础。在双井的实践中，除了为街道建立基础的用地、建筑、道路和设施数据库以外，还利用社会大数据对写字楼、居住小区等要素进行了属性关联和补充，并结合防疫管理工作，对人口、企业等微观粒度的数据进行了系统建库和与空间地物的关联。翔实基础数据为物理空间和社会空间的动态感知建立了背景语义基础，使发生于其上的物联和移动互联感知可以被定义和理解。

为了实现实体世界的动态感知，通过物联网传感器（含视觉传感器）和以移动互联网为主的社会感知是主要途径。对双井而言，辖区面积广阔、人口聚集，有效率地实现动态感知需要从政务数据感知、社会感知、物联感知到视频结构化感知的四步策略。

政务数据的感知依托对街道的数据资源开展数据治理，使其结构化、标准化和空间化，成为描绘空间实体和社会个体（群体）运行的感知来源。在社会感知方面，从外部引入了手机信令、话单、导航路况、互联网评论等多种数据，用于对街区运行情况的感知进行补充；在物联感知方面，研发了蝠音环境综合传感器，对温度、湿度、空气质量、噪声、异味等传感器进行了综合集成，然后基于历史的12345和城市管理数据对双井街道的城市问题敏感区域进行了认知分析，判断了其环境敏感点，并结合实际条件，设置了若干个固定的环境监测节点。尝试了移动环境监测的方案，对双井街道10辆城市管理综合执法车进行了改装，使其成为移动环境监测站，利用每辆车固定路线巡逻的特点，实现了对双井从早7点至晚11点街道空间全覆盖的

环境综合感知监测，并通过算法将感知数据合成为 25 米网格监测结果。此外随着双井 13 社区设计节的启动，一系列社区公共空间的微更新也随之展开，在微更新过程中也植入了传感器设备，使这些小微空间成为可感知的空间。在视频感知方面，双井尚未实现全域视频结构化，通过计算机视觉技术，尝试对部分公共空间的视频监测数据进行活化，通过目标检测等算法对公共空间的活力和行为数据进行自动识别，使其在安防管理之外还能成为空间运行规律的认知和效能评估的感知来源。

2. 增进治理决策的科学性，建立数据驱动的科学决策流程

通过数据算法和城市模型实现对城市状态的科学认知、问题的精确诊断、决策的科学论证和治理效果的精细评估，提升城市空间资源和社会服务资源利用效率。

决策科学性的提升首先需要有一个科学的街区认知和评估体系。基于上文所说的"为什么"的分析，建立了以人为本和可持续价值为内核，面向人居环境体检要求、联合国可持续发展评估要求和北京市社会治理"七有五性"评估要求的多套指标体系，并依托海豚象限城市体检引擎，实现了对双井街道进行周期性自动化体检和评估，相关结果以大屏的"体检评估"模块的数据可视化系统，以及"季报"和"年报"的智能报告形式为街道管理者的决策服务。

为了提升决策的科学性，依据三个主要的算法模型支持，双井的治理决策，分别面向双井的城市管理优化、社区生活圈公共服务提升和社区公共空间更新设计，这三个方面也基本覆盖了社区空间治理的主要方面。

（1）城市管理优化——城市事件分析模型谛听象限

在城市的运行过程中会产生大量的城市管理相关事件，比如市民热线的投诉事件、城市管理执法案件、网格巡查发现的问题以及环境传感器感知到的环境异常等。这些事件来自不同的渠道、不同的业务系统，以不同的方式派发给街道——有的是系统内的记录，有的是发来的文本，有的是传感器的提示等。是一个典型的多源异构时空数据，一方面，需要通过数据工程让所有的数据可以被集中管理、统一分析；另一方面，城市的各种事件在一定程

度上是城市规划、城市管理的结果，其发生既有着内在的时空规律又受到各种外部因素的影响，谛听象限就承担起了对各类事件数据的处理任务——比如利用卷积神经网络对市民热线投诉文本进行地址提取、语义分类，并对其进行空间化；利用时间序列模型对各类事件进行时间序列分析和预测；利用多因子回归模型对城市建成环境、公共设施、用地功能、人口特征等各类外界因素与各类事件的关系进行分析，以因外界因素的变化会对城市事件造成的影响进行模拟预测。模型的分析结果以大屏的"运行监测"模块的数据可视化，以及"日报""周报""月报"的智能报告形式为街道管理者的决策服务。

（2）公共服务提升——社区生活圈模型旱獭象限

社区生活圈的公共服务提升是社区更新与提升的重要任务，通过对社区存量空间资源活化，在社区的 5 分钟、10 分钟、15 分钟生活圈补齐民生短板，完善公共服务是其主要路径。所以如何评估社区生活圈的公共服务缺失和如何评估现有社区存量空间资源在公共服务资源配置上的效用成了模型算法的一个真实应用场景。利用"旱獭象限社区生活圈模型"，在双井街道大脑中对其进行了集成，基于它对双井社区众享生活圈规划进行了现状评估、规划方案效用的模拟和方案的优化。

（3）公共空间设计——设计仿真模型智能体象限

社区公共空间的（微）更新是社区空间治理的又一个重要内容，随着城市发展，社区一方面面临着存量空间资源不足，尤其是公共空间紧张的问题；另一方面还存在现有空间资源（如畸零地、衰败的公共空间等）品质不高、未得到有效利用、活力不足的问题。所以公共空间的更新是一个伴随着社区发展的持续过程。要对既有的公共空间进行感知和科学评估，对公共空间的设计方案进行模拟、预测其实施后的效用。通过仿真模型提高管理执行的效率，通过信息技术实现行政管理流程再造，通过感知网络、决策模型、指挥调度和实施管理体系推动政府管理的流程再造，实现常规事件的自动发现和科学调度、快速处置、及时反馈，以及执行过程的监督管理。这部分内容我们未来另行撰文从技术创新与政府管理革新的协同角度详细阐述。

基于上述思路，构建了"井井有条"双井街道大脑，通过感知体系、数据中心、算法模型、治理平台的建设，建立了跨终端的智能治理大脑系统并在双井街道部署。这也是北京第一个街道大脑系统。

（三）基于"13社区"理念的双井共同治理体系

如何推动"共同治理"以实现城市治理的民主、参与和包容？我们需要一个社会创新参与社区共同治理的生态。

从2014年起，双井街道就建立了将双井作为一个社区整体来营造的理念，提出了"13社区"的概念（双井街道下辖12个社区，双井本身作为第13个社区），并对线上社区治理进行了积极的探索，获得了社会各界的认可。

1. 共治生态

基于该理念，我们构建了由三个圈层组成的共治生态。第一个圈层：由双井地区居民中的知识精英、社会活动家和有社会资源的在地机构运营者等构成，希望他们利用自身的知识资源、文化资源、社会资源等，与街道、社区、城市象限团队进行沟通协作，为双井的发展出谋划策和贡献力量。第二个圈层：招募双井居民中热衷参与社区公共活动的积极分子，他们构成了双井共治生态的"社区顾问团"。第三个圈层：招募由高校、设计机构、社会组织、文化机构、科技企业等外部资源构成的"社区共建者"，形成双井的外部资源池。

2. 共治切入点

基于共治生态，通过文化培育、参与式设计和问题共治三个切入点，组织包括儿童友好街区、小微空间更新与社区设计节、无障碍环境提升等一系列项目，通过这些项目培育社区文化，提升社区议事能力，打磨参与式设计方法，以及推动建立真实有效的"社区共建""社会共治"的机制。

面向行动计划，构建基于智能治理方法和共同治理方法的协同支撑体系，并在各个项目中取得了显著的治理成效，下文将选择其中有代表性的项目阐述"智能治理"和"共同治理"如何支持了街道治理实践。

（四）双井智能治理体系在疫情防控中的实践

2020 年以来疫情席卷各地，从居民企业防控管理到疫情问题接诉即办，各类重点防疫需求都对北京市各街道办事处、乡镇政府提出了更高的防疫要求：除了做好对社区人员的防疫宣传教育和健康提示，还需要进行辖区内人员往来情况摸排工作，收集、报送相关信息；配合相关部门为居家观察的人员做好服务保障。

围绕社区防疫的实际需求，结合 12345 数据，双井街道依据智能化疫情防控综合管理系统，覆盖防疫数据中心、防疫事态感知、社区疫情地图三大功能，集成人口防疫管理、社区防疫管理、企业防疫管理、疫情案件管理、防疫力量管理五个维度，并围绕社区、楼宇等微观颗粒度进行了实践。系统通过自然语言处理模型实现了采集信息的自动标准化和空间化，让登记的社区居民、企业员工和卡口执勤人员的各种数据都能够有比较精确的空间位置属性，建立了高质量的疫情管理数据库，支持了后续的时空数据分析应用。

经过一段时间的试运行，该系统降低了社区工作人员、居民、企业员工的接触风险，提升了工作效率；对街道决策者、工作人员提供了大数据指导科学决策支持；同时，该街道疫情防控综合管理系统作为街道大脑的应急模式，为街道防疫管理工作提供了一系列信息化支撑。以防疫工作为基础，双井街道得以更新形成一套新的人口台账，夯实了街道的人口基础，将人口信息细化到了其地理位置、楼栋号和居住单元，并可以在可视化系统中查看、调研，为辖区日常的协调发展工作提供了重要的数据基础。

四　双井可持续协调发展总结

上述仅是双井国际可持续发展社区试点实践的一小部分，在新城市科学的支持下，双井街道通过智能治理和共同治理的协同创新体系实现了社区品质、社区活力、社区韧性、社区包容性的显著提升。在这个过程中，双井街道在全市获得了若干项"第一":通过移动 GIS 系统和雷达传感器,在全市率先完成街道无障碍环境普查任务;基于"旱獭象限"仿真模型的《百子湾南区规划建设方案》是全北京市第一份由街道起草提交市规自委的规划实施方案;双井责任规划师参与的"东城区马圈土地一级开发项目"是北京市第一个跨街区协作的责任规划师项目;"井点一号"小微空间更新项目是朝阳区第一个动工和第一个实施完成的微空间更新项目……基于这一系列实践成果,双井街道有望于 2020 年 11 月获得联合国人居署颁发的国际可持续试点证书,向世界贡献我国的人口聚居区可持续协调发展的经验。

参考文献

龙瀛、罗子昕、茅明睿:《新数据在城市规划与研究中的应用进展》,《城市与区域规划研究》2018 年第 3 期。

韩亚楠、张希煜、段雪晴、赵振宇:《北京朝阳区双井街道:基于儿童生活日志调研和空间观测的社区公共空间儿童友好性评估》,《北京规划建设》2020 年第 3 期。

曲琛、韩西丽:《城市邻里环境在儿童户外体力活动方面的可供性研究——以北京市燕东园社区为例》,《北京大学学报》(自然科学版)2015 年第 3 期。

刘晓艳:《基于儿童友好城市理论的社区公共空间更新策略研究》,硕士学位论文,湖南大学,2018。

B.12
北京市服务业就业结构演变及趋势分析

于 倩*

摘 要: 服务业是吸纳就业最多的产业,本报告利用历年《北京统计年鉴》和经济普查数据,结合结构偏离系数、协调系数、劳动生产率等,分析了北京市服务业就业结构的变化、就业结构与产业结构的协调关系,以及就业结构和就业增长的趋势。结果表明:北京市服务业就业比重较高,但劳动生产率相对较低,未来可适度增加就业,重视劳动生产率的提高。服务业内部技术密集型、资本密集型的服务业行业就业比重逐渐扩大,劳动密集型的服务业行业就业比重逐渐缩小。整体上服务业就业结构和产业结构较为协调,但内部行业差异较大。应及时调整优化服务业内部就业结构,促进就业人口流向劳动生产率高的行业,同时保证劳动密集型就业的有效供给。

关键词: 就业结构 产业结构 结构偏离系数 协调系数 劳动生产率

一 引言

国外发展经验表明,人均 GDP 超过 1 万美元,世界各国开始步入后工

---

* 于倩,博士,中共北京市委党校(北京行政学院)和中国人民大学联合培养在站博士后,主要研究方向为人口与经济。

业化时代，服务业成为一国或地区的主导产业。此时就业结构的演变已经超越配第—克拉克所提出的，按照三次产业顺次转移的阶段，更主要表现为库兹涅茨所提出的，三次产业内部结构的变动。综观全世界，纽约、东京、伦敦等国际大都市高度注重产业结构的服务化和服务业的高级化，服务业在其经济总产值和总就业中的比重大幅上升。2019 年，我国人均 GDP 已经突破 1 万美元，服务业增加值占国内生产总值的比重已经达到53.9％，服务业就业人口比重也接近50％，但这一比重与发达国家相比仍有一定差距。

服务业是典型的劳动密集型产业，吸纳就业的能力优于其他产业。因此，服务业与稳消费、稳就业的关系尤为密切。随着国际生产分工的不断细化和完善，我国依靠劳动力成本优势，迅速加入全球生产网络，承担组装和制造环节，处于全球价值链的低端，成为"世界加工厂"，而发达国家控制着研发、设计、品牌定位、营销等高端环节。而且，我国劳动力总量从2014 年出现自改革开放以来的第一次下降，劳动力工资成本快速上升，我国正逐步丧失劳动力的规模优势和低成本优势，过去以传统制造业为中心的粗放型经济增长模式无法应对新形势的变化，而服务业发展相对滞后，劳动生产率较低则成为制约我国经济发展方式向集约型转变的壁垒。因此，加快推进服务业高质量发展已迫在眉睫。

北京市作为全国首个服务业扩大开放综合试点城市，其服务业高质量发展的思路与实践在全国具有表率性和指向性作用。目前，北京市人均生产总值已超过 2 万美元，经济发展的服务业主导和消费主导特征明显，服务业的"压舱石"作用显著。然而，当前国际政局形势复杂、贸易保护主义抬头，地区和城市间服务业竞争加剧，新一轮科技和产业革命加速演进、新模式新业态不断涌现以及居民消费需求日益多元化、个性化等客观形势对北京市服务业发展提出了更高要求。在这样一个重要关口，厘清传统服务业和现代服务业的内部结构和变化趋势，探寻服务业就业的新增长点，最大限度地扩大就业容量，对于实现北京经济持续健康发展具有重要的理论价值和现实意义。

二 北京市服务业就业结构的变化

改革开放40多年来，我国服务业发展实力日益增强，在经济社会发展过程中发挥着举足轻重的作用。1994年，全国服务业就业人口比重首次超过工业。2011年，全国服务业就业人口比重首次超过农业，开始成为我国吸纳就业人口最多的产业。2018年，我国服务业就业人口在三次产业中比重已经达到46.3%，"三二一"的产业发展格局全面形成。

（一）三次产业就业结构变化

北京的服务业就业比重远高于全国平均水平，从图1中可以看出，北京市第一产业就业人口占总就业人口比重从1978年的28.3%下降到2018年的3.7%，40年间下降约25个百分点。第二产业就业人口占总就业人口比重从1978年的40.1%上升至1986年的45.9%，随后逐年下降至2000年的33.6%，之后略有上升至2002年的34.6%，从2004年开始逐年下降至2018年的14.7%。第三产业也就是服务业就业人口占总就业人口比重呈现持续上升态势，1978年服务业就业比重仅为31.6%，从1992年开始，服务业就业比重超过第二产业，到2018年在三次产业中比重已达81.6%（见图2），高于上海的66.3%，而纽约、伦敦和巴黎等城市的服务业就业比重均在90%以上，北京服务业就业人口比重已经非常接近国外大都市的比重，但仍有一定发展空间。伴随着就业结构的变动，北京市产业结构，从1978年改革开放至20世纪90年代初，第二产业都是北京市产值比重最大的产业，在北京经济发展中占据重要地位。20世纪90年代中后期以来，服务业产值比重快速超越第二产业，成为北京市经济发展的主导产业。到2018年，北京市服务业增加值比重已经达到81%，约是1978年服务业比重的4倍，第一产业和第二产业增加值之和仅占三次产业增加值总和的1/5。

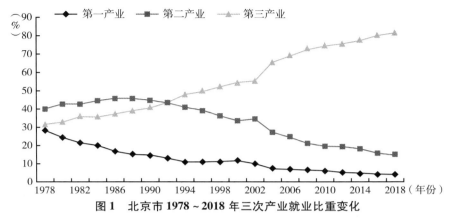

图 1   北京市 1978～2018 年三次产业就业比重变化

资料来源：《北京统计年鉴》（1979～2019 年）。

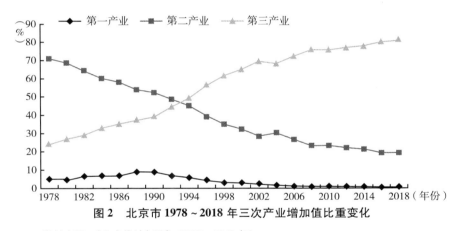

图 2   北京市 1978～2018 年三次产业增加值比重变化

资料来源：《北京统计年鉴》（1979～2019 年）。

北京的就业结构变化体现出了首都经济社会发展战略的演变过程。在新中国成立初期，北京始终坚持"大工业"的发展思想，迅速成长为全国重要的工业基地，随之带来生态环境恶化、资源过度消耗等问题，甚至一度成为全球污染最严重的十大城市之一。在这样严峻的形势下，"首都经济"发展概念应运而生，其实质就是发展"三二一"的产业格局。① 北京对重工业

_____

① 袁海霞：《北京市产业结构与就业结构变动分析》，《北京社会科学》2009 年第 3 期，第 10～16 页。

进行调整，逐渐关闭高能耗、高污染的企业。例如，将首都钢铁厂迁出，关停北京焦化厂，将其迁至唐山；进一步扩大第三产业比重。例如，2009 年出台并实施促进影视动画、网络游戏、出版发行等文化创意产业发展的政策措施。① 至此，北京市第二产业就业从 20 世纪 90 年代开始快速下降，服务业就业快速上升。目前，北京市的服务业就业人口比重领先于国内其他城市，离不开服务业的扩大开放。北京是国内第一个服务业扩大开放的试点城市，2019 年前 10 个月，北京市服务业实际利用外资 127.6 亿美元，占全市利用外资的 94.8%，比 2018 年提高了 9 个百分点，② 服务业已经成为北京市国民经济名副其实的主导产业。

（二）服务业内部就业结构变化

服务业比重的持续扩大在一定程度上反映了经济结构的优化升级，服务业内部结构关系到经济整体的顺利转型和可持续发展。③ 2004～2018 年，北京生产性服务业中信息传输、计算机服务和软件业，金融业，租赁和商务服务业，科学研究、技术服务和地质勘查业就业占服务业就业比重呈现扩大态势（见图 3）。2018 年这四个行业占服务业就业比重分别为 12%、7%、16.2%、12.1%，比 2004 年分别增加了 6 个、3.8 个、2.8 个、3.9 个百分点，其中，信息传输、计算机服务和软件业就业比重增幅最大。近年来北京信息软件行业呈迅速扩张态势，领跑全国，仅中关村软件园从业人员就从 2009 年的 2756 人增长到 2015 年的 50.56 万人，6 年间增长了 182 倍。这主要是由于北京具有良好的创新创业环境，汇聚了大大小小的互联网、软件公司，部分企业从跟跑、伴跑到领跑，为就业人口提供了巨大的发展机会和空间。

2018 年，服务业就业比重在 10% 以上的服务业行业，按照比重由大到

---

① 王广州、王智勇：《人口结构优化的国际大都市经验和对北京的启示》，《北京行政学院学报》2011 年第 3 期，第 68～72 页。
② 《北京服务业扩大开放不停步》，《人民日报》2020 年 1 月 12 日。
③ 张建华、郑冯忆：《服务业结构升级能够推动产业发展吗？——基于有效结构变化指数（ESC）的实证分析》，《改革》2020 年第 1 期，第 59～75 页。

小依次是租赁和商务服务业，批发和零售业，科学研究、技术服务和地质勘查业，信息传输、计算机服务和软件业，这四个行业是北京服务业吸纳就业人口最多的行业。

传统服务业中交通运输、仓储和邮政业，批发和零售业，住宿和餐饮业，公共管理与社会组织占服务业就业比重呈逐年缩小态势（见图3）。2018年占服务业比重分别为6.2%、13.9%、4.9%和4.7%，比2004年分别降低了2.9个、3.6个、3.2个和2.5个百分点。生活性服务业中居民服务和其他服务业，教育业，文化、体育和娱乐业2018年就业比重虽比2004年有所降低，但从2012年开始占服务业就业比重比较稳定，变化不大。房地产业，卫生、社会保障和社会福利业占服务业就业比重从2004年以来一直变化不大，分别基本维持在6.5%和3.5%左右。

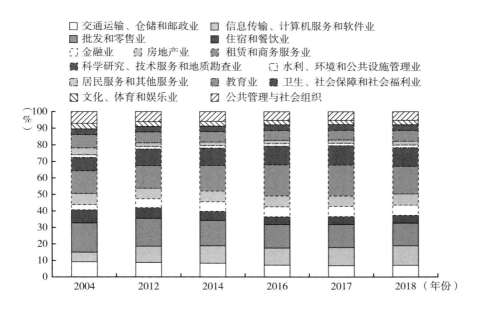

图3　北京市服务业内部就业结构变动

资料来源：《北京统计年鉴》（2005～2019年）。

北京市服务业就业占全社会就业比重持续上升，因此，占服务业就业比重呈上升趋势的服务业内部行业，其占全社会就业的比重一定表现为更显著的上升态势。① 通过比较 2004 年和 2008 年服务业内部行业占服务业就业比重和占全社会就业比重（见表 1），我们发现，信息传输、计算机服务和软件业，金融业，租赁和商务服务业，科学研究、技术服务和地质勘查业就业占全社会就业比重 2018 年比 2004 年分别增加 6.2 个、3.8 个、4.8 个、4.8 个百分点。其中，金融业就业占服务业比重和占全社会就业比重增幅相同，信息传输、计算机服务和软件业占服务业比重和占全社会就业比重增幅相差较小，占全社会就业比重增幅仅比占服务业比重增幅低 1.2 个百分点。说明这两个行业的就业人口增速慢于租赁和商务服务业，科学研究、技术服务和地质勘查业。

交通运输、仓储和邮政业，住宿和餐饮业，居民服务和其他服务业，教育业，公共管理与社会组织占服务业就业比重和占全社会就业比重均呈下降态势，占全社会就业比重下降幅度明显小于占服务业就业比重下降幅度。

值得注意的是，批发和零售业，房地产业，卫生、社会保障和社会福利业，文化、体育和娱乐业就业占服务业就业比重呈下降态势，但占全社会就业比重呈上升态势，说明这几个行业的就业人口增速虽低于服务业整体就业人口增速，却高于全社会就业人口增速。

表 1　北京市服务业内部行业就业占全社会就业和
占服务业就业比重（2004 年、2018 年）

单位：万人，%

行业	2004 年			2018 年		
	从业人数	占全社会比重	占服务业比重	从业人数	占全社会比重	占服务业比重
服务业合计	474.75	67.3	100	1153.4	84.9	100
交通运输、仓储和邮政业	43	6.1	9.1	71.5	5.3	6.2
信息传输、计算机服务和软件业	28.51	4	6.0	138.9	10.2	12.0

---

① 邓于君：《中国服务业内部就业结构演变的特征、趋势与影响因素分析——兼析服务业分支行业部门就业吸纳能力与潜力》，《学术研究》2011 年第 3 期，第 75～82 页。

续表

行业	2004 年			2018 年		
	从业人数	占全社会比重	占服务业比重	从业人数	占全社会比重	占服务业比重
批发和零售业	83.22	11.8	17.5	161.4	11.9	14.0
住宿和餐饮业	38.37	5.5	8.1	56.3	4.1	4.9
金融业	15	2.1	3.2	80.6	5.9	7.0
房地产业	31.86	4.5	6.7	73	5.4	6.3
租赁和商务服务业	63.78	9	13.4	187.2	13.8	16.2
科学研究、技术服务和地质勘查业	38.87	5.5	8.2	140.4	10.3	12.2
水利、环境和公共设施管理业	7.45	1.1	1.6	18.4	1.4	1.6
居民服务和其他服务业	19.57	2.8	4.1	30.6	2.2	2.7
教育业	38.72	5.5	8.2	67.1	4.9	5.8
卫生、社会保障和社会福利业	16.05	2.3	3.4	36.4	2.7	3.2
文化、体育和娱乐业	16.22	2.3	3.4	37.5	2.8	3.3
公共管理与社会组织	34.13	4.8	7.2	54.1	4.0	4.7

资料来源：北京市第一次全国经济普查和第四次全国经济普查。

为了更好地为北京乃至全国就业人口在产业分布调整和变动方面提供有益的国际经验，本报告选取美国、日本和欧洲等发达国家和地区的典型国际大都市，纽约、东京、伦敦和巴黎的服务业就业内部结构，与北京进行对比分析。但由于各国采取的行业分类标准不同，数据可获得性有限，大部分行业很难进行剥离合并，因此文中按照各国际城市的原始行业分类呈现就业水平，对可以直接对应的部分行业[①]进行比较分析。

从图 4 可以看出，近 40 多年，纽约的批发和零售业、信息业、金融和保险业、公共管理业就业人口比重下降，交通运输和仓储业、房地产和租赁业、专业科学技术业、教育业、住宿和餐饮业就业人口比重小幅度上升；东京的批发和零售业、交通运输业、金融和保险业、居民生活和娱乐业就业人口比重下降，房地产业、住宿和餐饮业和其他服务业就业人口比重

① 可以和北京直接对应的行业有四个国际大都市的批发和零售业，交通运输、仓储和邮政业，住宿和餐饮业，金融业，教育业，卫生、社会保障和社会福利业，以及东京、巴黎和伦敦的房地产业。

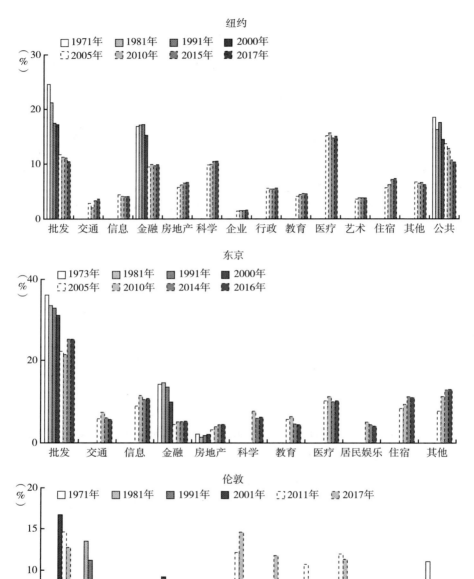

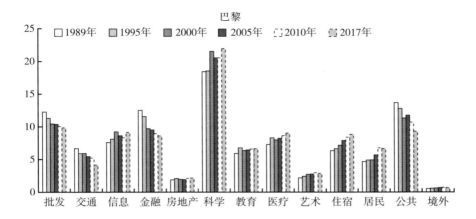

图4 国际大都市服务业内部就业结构变动

资料来源：美国经济分析局、东京统计局、英国统计局、法国统计局网站。

上升；伦敦的批发零售和汽车贸易业、交通运输仓储业、金融和保险业、艺术娱乐业、公共管理业就业人口比重下降，信息和通信业就业人口比重、不动产业就业人口比重、专业科学技术业、商务服务业、健康和社会服务业就业人口比重上升；巴黎的批发零售和机动车修理业、运输和仓储业、金融和保险业、公共管理业就业人口比重下降，信息和通信业、科学技术和行政业、教育业、医疗业、艺术表演和娱乐业、住宿和餐饮业、居民服务和其他服务业就业人口比重上升。

综上，在两个及两个以上国际大都市就业比重呈上升态势的服务业行业有信息和通信业、专业科学技术业、租赁和商务服务业、房地产业、住宿和餐饮业、教育业和医疗业。与国际大都市不同的是，北京的住宿和餐饮业、教育业和医疗业就业占服务业就业比重呈现下降趋势。一方面，近年来围绕北京"四个中心"功能定位，疏解非首都功能，住宿和餐饮业是重点腾退的服务业之一。但这个行业与居民生活紧密相关。在一个城市的发展过程中，不能只重视金融、信息等生产性服务业，简单外剥生活性服务业，还应关注老百姓的刚性需求。在避免"低质同构陷阱""规模速度型"发展的同时，支持餐饮、旅游、家政等生活服务业高质量发展。另一方面，教育和卫生、社会保障和社会福利业都是知识密集型的公共服务业，随着首都居民收入的提高，人们的需求不再局限于解决温饱等满足基本生存需要，而是转变为追求高生活品质，因而更关注医疗健康、教育层次的消费。但从现实情况来看，仅基层医疗卫生目前就受到人员短缺的困扰和阻碍。例如，2017年底北京每万城乡居民拥有2.7名社区全科医生，而国家要求到2030年全国标准为5名（国办发〔2018〕3号），北京就全科医生一项缺口就达1500人左右。可见，为了更好地满足市民社会性直接需求，上述行业都是未来北京就业的增长点。

从表2可以看出，2018年北京市交通运输、仓储和邮政业就业占服务业就业比重的6.2%，高于四个国际大都市的比重；住宿和餐饮业，卫生、社会保障和社会福利业就业比重分别为4.9%和3.1%，低于全部国际大都市就业比重；批发和零售业就业比重为13.9%，除低于东京的25.1%外，高于其他国际大都市就业比重；金融业就业比重为7%，高于东京的5.2%，低于其他国际大都市比重；教育业就业比重为5.8%，高于纽约的4.6%和东京的4.4%，低于伦敦的8.2%和巴黎的6.7%。2019年上半年，北京金融业增加值占比高达19.3%，与纽约、伦敦等国际金融城市基本相当，但就业占比却低于这些国际大都市，因此，未来北京金融业有进一步吸纳就业人口的空间。

表2 2018年北京服务业内部就业结构与国际大都市对比

单位：%

行业/城市	北京	纽约	东京	伦敦	巴黎
交通运输、仓储和邮政业	6.2	3.7	5.6	4.9	4.1
批发和零售业	13.9	10.4	25.1	12.7	9.8
住宿和餐饮业	4.9	7.4	11	7.9	8.9
金融业	7	9.9	5.2	7.6	8.6
教育业	5.8	4.6	4.4	8.2	6.7
卫生、社会保障和社会福利业	3.1	15	10.2	11.4	9

资料来源：北京统计局、美国经济分析局、东京统计局、英国统计局、法国统计局网站。

三 北京市服务业就业结构变化与产业结构变化的比较

在一国或地区的经济发展过程中，就业结构的演变和产业结构的演变具有较强的相关性。一方面，产业间吸纳就业的能力差异较大，产业结构的调整必然引起就业结构的变动，也就是说，就业结构在很大程度上取决于产业结构；另一方面，就业人口的供给数量、质量结构和流动方式，决定了产业就业人口的分布及其变动，从而影响产业结构的变动。[1] 因此，就业结构的合理化对于促进产业结构高级化具有重要的作用。

（一）三次产业就业结构和产业结构的偏差分析

就业结构和产业结构的协调发展是衡量一国或地区经济健康发展的重要标准，两者的协调发展程度会对工业化进程产生重要影响。但就业结构在工业化初期通常滞后于产业结构的变动，[2] 王庆丰和党耀国[3]计算我国 1985 ~ 2007 年就业结构滞后于产业结构的时间是 5 年，然而从长期来看，就业结构和产业结构的变动趋同。[4]

本报告使用结构偏离系数[5]来分析北京市三次产业以及服务业内部就业结构和产业结构的协调关系，该指标是应用较为广泛的一个指标，它认为各产业在劳动生产率相等的条件下，就业结构和产业结构是一致的。但实际上

---

① 周健：《中国第三产业产业结构与就业结构的协调性及其滞后期研究》，《兰州学刊》2020 年第 6 期，第 95 ~ 109 页。

② Syrquin, M., Chenery, H. B., "Three Decades of Industrialization," *The World Bank Economic Review* 2 (1989): 145 – 181.

③ 王庆丰、党耀国：《基于 Moore 值的中国就业结构滞后时间测算》，《管理评论》2010 年第 7 期，第 3 ~ 7 页。

④ 程大中：《中国服务业增长的特点、原因及影响——鲍莫尔—富克斯假说及其经验研究》，《中国社会科学》2004 年第 2 期，第 18 ~ 32 页。

⑤ 尹德挺、袁尚：《新中国 70 年来人口分布变迁研究——基于"胡焕庸线"的空间定量分析》，《中国人口科学》2019 年第 5 期，第 15 ~ 28 页。

两者之间具有较大偏差,结构偏离系数就是反映就业结构和产业结构之间的这种偏差情况。具体公式如下:

$$P_i = \frac{Y_i}{L_i} - 1 \tag{1}$$

其中,Y_i 为第 i 产业的增加值占比,L_i 为第 i 产业的就业占比,P_i 为第 i 产业的结构偏离系数。

当 $P_i = 0$ 时表示该产业增加值所占比重和就业比重数值相等,说明当比较劳动生产率在各产业间相等,劳动力资源达到最优配置,产业结构和就业结构完全匹配,那么,通过改变就业结构也难以促进经济增长。因此,P_i 越接近于 0,产业结构和就业结构匹配越合理,P_i 越远离 0,产业结构和就业结构匹配越不合理,协调性越不好。

如果一个产业 $P_i > 0$,表示该产业的增加值占比大于就业占比,比较劳动生产率较高,具有劳动力流入的潜力。如果一个产业 $P_i < 0$,表示该产业的增加值占比小于就业占比,比较劳动生产率较低,存在劳动力流出的可能。当劳动力可以在市场上流动越来越自由,进入和退出某产业的行政壁垒减小,劳动力资源就会逐渐得到优化配置,各产业的结构偏离度也将逐步趋近于 0。相关经验研究表明,随着经济的发展,大多数国家和地区的产业结构和就业结构偏离度经历了由高到低的过程,最后逐步趋近于 0。[①]

通过计算北京市 1978~2018 年三次产业的结构偏离系数,从图 5 中可以看出,北京市第一产业的结构偏离系数始终为负值,1978~1990 年,逐渐接近 0,从 1992 年逐渐开始远离 0,到 2018 年达到 -0.8919。这说明北京市农村存在大量"隐性失业",也就是大量农村人口选择到城市就业,但是如果失业返回农村,就属于第一产业就业,而实际上却"无业可就"。北京市第二产业结构偏离系数只有在 1998~2002 年为负

---

① 张抗私、高东方:《辽宁省产业结构与就业结构协调关系研究》,《中国人口科学》2013 年第 6 期,第 80~90 页。

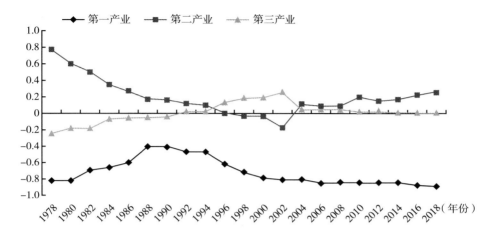

图5 北京市1978~2018年三次产业结构偏离度变化

值，其他年份均为正值。1978~1996年逐渐接近0，之后逐渐远离0，到2018年为0.2653。第三产业结构偏离系数1978~1990年一直为负值，并逐渐接近0，之后一直为正值，1992~2002年，结构偏离系数逐渐远离0，到2002年达到0.2545，之后逐渐降低，从2004年开始几乎接近0，2016年为0.0012，2018年为－0.0074，说明北京市服务业开始出现需要转移的低效率劳动力。此外，从2012年开始，北京市第二产业结构偏离系数逐年正向扩大，第三产业结构偏离系数逐渐负向远离0，说明北京市第三产业新增就业人口多于第二产业，但第三产业劳动生产率低于第二产业。

（二）服务业内部行业就业结构和产业结构的偏差分析

"结构偏离系数"可以衡量北京市三次产业及服务业内部各行业产业结构与就业结构的协调程度，但从整体上更直观地考察北京市服务业就业结构与产业结构的协调程度，需要引入"协调系数"① 这一指标。该指标通常用

---

① 邹璇、黎恢富：《制造业产业结构与就业结构的协调性研究》，《工业技术经济》2016年第8期，第76~84页。

来反映两种结构的相似程度，它源自1989年联合国工业发展组织衡量不同地区产业结构相似程度的产业结构相似系数公式。本报告重新定义公式中的变量，将产业结构相似系数变为协调系数，通过该公式从整体上衡量服务业就业结构与产业结构的协同程度。具体公式如下：

$$C_{xy} = \frac{\sum_{i=1}^{n} X_i Y_i}{\sqrt{\sum_{i=1}^{n} X_i^2 \sum_{i=1}^{n} Y_i^2}} \tag{2}$$

其中，X_i 为第 i 产业增加值占服务业增加值比重，Y_i 为第 i 产业就业占服务业就业比重，C_{xy} 为服务业就业结构和产业结构协调系数，C_{xy} 的取值范围为 $[0, 1]$。C_{xy} 越接近0，说明服务业的就业结构和产业结构越不协调；C_{xy} 越接近1，说明服务业的就业结构和产业结构越协调。

从表3和图6中可以看出，2004~2018年，北京市服务业内部大多数行业的就业结构和产业结构协调性较好，结构偏离系数变化不大。2018年，正向结构偏离系数和负向结构偏离系数最大的行业分别是金融业（13.5720）、租赁和商务服务业（－9.5341）。2004~2018年，结构偏离系数波动较大的服务业行业有信息传输、计算机服务和软件业，科学研究、技术服务与地质勘查业，租赁和商务服务业，批发和零售业，房地产业。由此说明，这几个服务业行业在15年的时间内经历了较大的调整和变化。其中，科学研究、技术服务与地质勘查业结构偏离系数由负值变为正值，房地产业结构偏离系数由正值变为负值，表明前者具有吸纳更多劳动力就业的空间，而后者存在一定需要转移的劳动力。

从整体上看，北京市服务业就业结构和产业结构协调性较好，服务业协调系数一直保持在0.8以上，但2004~2018年，这一指标也呈现波动式变化。2004~2012年，协调系数呈逐年上升态势，到2012年，达到峰值0.8913；2012~2016年，协调系数逐年下降，北京服务业就业结构和产业机构协调性不断恶化，到2016年到达最低值0.8388；但从2016开始，这一情况有所改善，服务业协调系数逐年上升，资源配置得到优化。

表3　2004～2018年北京市服务业内部行业结构偏离系数和服务业整体协调系数

	行业	2004年	2008年	2009年	2010年	2011年	2012年	2013年	2014年	2015年	2016年	2017年	2018年
结构偏离系数	交通运输、仓储和邮政业	-1.4323	-3.9851	-3.8377	-2.7862	-3.6130	-3.7619	-3.9624	-3.7721	-3.6432	-3.0042	-2.5093	-2.5772
	信息传输、计算机服务和软件业	4.1228	2.9700	2.551	1.6643	1.4310	0.9373	0.7995	0.9786	1.1287	2.2857	2.3663	2.8686
	批发和零售业	-4.3928	-0.8686	-0.5314	0.9381	-0.1112	-1.5855	-2.0214	-2.2426	-3.7566	-3.7052	-3.9886	-4.4216
	住宿和餐饮业	-4.9727	-4.8677	-5.1164	-4.3575	-4.6480	-4.7393	-4.6226	-4.3885	-3.9132	-3.7572	-3.9550	-3.9185
	金融业	13.3142	13.3564	12.3548	12.3812	12.0880	12.2016	12.5129	12.9851	13.9259	13.8193	13.5731	13.5720
	房地产业	2.8801	2.6488	4.1811	2.1138	0.9824	1.6466	0.7797	0.2460	0.3260	0.5534	0.4920	-0.6236
	租赁和商务服务业	-7.9759	-8.1799	-8.4620	-8.9232	-5.4727	-4.9034	-5.2364	-6.5686	-8.4407	-10.9434	-11.1723	-9.5341
	科学研究、技术服务与地质勘查业	-2.3618	-1.6397	-1.3593	-1.9493	-1.6375	-1.7429	0.0835	0.5204	0.4155	0.0782	0.1581	1.0410
	水利、环境和公共设施管理业	-1.7626	-1.8564	-1.8191	-1.7946	-1.7774	-1.7100	-1.7119	-1.6689	-1.4935	-1.4367	-1.4236	-1.6409
	居民服务和其他服务业	-3.1714	-2.3432	-2.5443	-2.5163	-2.3644	-2.3147	-2.4245	-2.2445	-2.3181	-2.2601	-2.2624	-2.5148
	教育业	-2.5168	-3.2634	-3.2495	-2.9026	-2.8834	-2.5218	-2.1366	-1.6780	-1.4154	-1.1453	-0.8860	-1.5959
	卫生、社会保障和社会福利业	-1.7107	-1.9766	-2.0634	-1.8949	-1.9377	-1.6355	-1.7370	-1.6145	-1.3178	-1.3217	-1.3138	-1.3832
	文化、体育和娱乐业	-0.8820	-1.0572	-1.2880	-1.1706	-1.1044	-0.9298	-1.1183	-1.0906	-0.9012	-0.8628	-0.8940	-1.0187
	公共管理与社会组织	-3.1379	-2.9374	-2.8158	-2.8024	-2.9517	-2.9408	-3.2045	-3.4617	-2.5966	-2.3000	-2.1846	-2.2529
协调系数	服务业	0.8303	0.8490	0.8528	0.8651	0.8908	0.8913	0.8872	0.8783	0.8562	0.8388	0.8400	0.8505

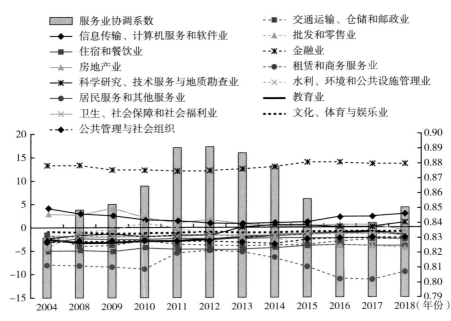

图6　2004~2018年北京市服务业内部行业结构偏离系数和服务业整体协调系数变化

四　北京市服务业就业结构变化的趋势 分析——劳动生产率视角

　　劳动力资源要素从收入较低向收入相对较高的产业转移，产业结构越来越合理化和高级化，同时，劳动力也从劳动生产率较低的产业转向劳动生产率、利润率较高的产业，资源实现合理配置，如此经济得以持续稳定增长。根据《北京城市总体规划（2016年—2035年）》，2020年北京市常住人口规模应控制在2300万人以内，以后将长期稳定在这一水平。[①] 叠加北京人口老龄化程度日益加深，未来北京就业人口的供给将有所限制，因此，首都经济的增长越来越依赖于服务业劳动生产率的提高。虽然北京服务业就业和增加值

---

① 童玉芬、单士甫、宫倩楠：《产业疏解背景下北京市人口保有规模测算》，《人口与经济》 2020年第2期，第1~11页。

在三次产业中的比重都超过八成，居全国首位，但服务业整体的劳动生产率不及上海，2018 年上海市服务业劳动生产率为 25.04 万元/人，北京市服务业劳动生产率为 24.31 万元/人，因此，迫切需要提高北京市服务业劳动生产率。

国内外相关研究表明，服务业内部行业之间的劳动生产率差异较大，有的行业劳动生产率增长高于第二产业。如 Triplett、Bosworth[1] 和 Wolfl[2] 等人研究发现，劳动密集型服务行业的劳动生产率水平较低，技术密集型服务行业劳动生产率水平较高。Fernandes[3] 发现使用信息通信技术频率较高和雇用高技能劳动者人数较多的服务行业，如通信、交通、一些商业和专业服务、金融等行业劳动生产率较高，且对总劳动生产率增长的贡献较大。

本报告计算了 2018 年北京市三次产业以及服务业内部各行业的劳动生产率[4]，发现北京市服务业内部各行业劳动生产率的差异较大（见图 7）。就业人口从劳动生产率低的行业转向劳动生产率高的行业，将有助于服务业整体劳动生产率的提高，以及北京市全社会劳动生产率的提高。并且根据经典劳动经济学理论，各行业间的工资差异也是促使劳动力在行业间流动转移的原因之一。2018 年北京市各行业平均工资为 12.7 万元，其中，服务业的平均工资为 12.9 万元，略高于全产业平均水平。北京市全社会劳动生产率为 24.4 万元/人，服务业劳动生产率为 24.3 万元/人，略低于全社会劳动生产率。第一产业劳动生产率最低，第二产业劳动生产率高于第三产业，但平均工资比第三产业低约 0.9 万元。

---

[1] Triplett, J. E., Bosworth, B. P., "Productivity Measurement Issues in Services Industries: 'Baumol's Disease' has been Cured," *Economic Policy Review* 9 (2003): 23–33.

[2] Wolfl, A., *Enhancing the Performance of the Services Sector* (OECD Publishing: The Service Economy in OECD Countries, 2005) pp. 565–579.

[3] Fernandes, A. M., "Structure and Performance of the Service Sector in Transition Economics," *Economics of Transition* 17 (2009): 16–50.

[4] 本报告劳动生产率计算公式为：劳动生产率 = 行业增加值/该行业从业人员。第一，由于具体到国民经济行业层面的就业数据，可获得的只有 2018 年北京市各行业"法人单位从业人员数"，比"从业人员"统计口径小，计算的劳动生产率偏大，但不影响各行业间的横向对比。第二，全社会劳动生产率，第一产业、第二产业和第三产业劳动生产率计算使用可获得的"从业人员"数据。

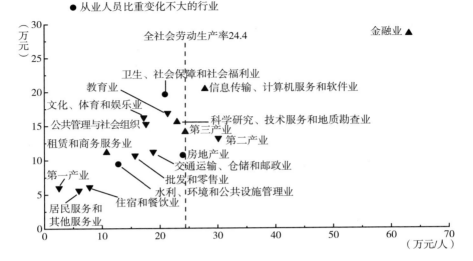

图7　2018年北京市各行业劳动生产率和平均工资散点

资料来源：《北京统计年鉴2019》、北京市第四次全国经济普查。

以北京市服务业平均工资和服务业劳动生产率为参照，北京市服务业内部行业呈现以下特点。第一，劳动生产率和平均工资均高于服务业平均水平的行业有金融业，信息传输、计算机服务和软件业。其中，金融业劳动生产率和平均工资遥遥领先于其他服务业行业，北京作为国家金融管理中心，是我国金融中枢城市，北京的金融资产规模占全国的45%以上。未来首都金融业将成为国家金融全面开放的前沿，形成世界高端金融人才聚集区。北京市信息传输、计算机服务和软件业拥有领先的产业集群、引领发展的龙头企业、释放潜力的新兴企业，2018年，产业规模首破万亿元。该产业以全市1/8的GDP总量贡献了1/3的增量，已成为首都产业结构调整、发展高精尖产业的关键领域。这两个行业是北京未来吸纳就业人口最具潜力的行业。第二，劳动生产率低于服务业整体劳动生产率，平均工资高于服务业水平的行业有卫生、社会保障和社会福利业，教育业，文化、体育和娱乐业，科学研究、技术服务和地质勘查业，公共管理与社会组织，这些行业多为知识、技术密集型产业，公共服务业中大部分行业，如教育业，卫生、社会保障和社会福利业，公共管理与社会组织都属于此类行业，且只有科学研究、技术服务和地质勘查业在服务业就业比重呈上升趋势。这5个行业也是未来北京提高劳动生产率的重点服务业行业。第三，劳动生产率和平均工资均低于服务业水平的行业有交通运输、仓储和邮政业，租赁和商务服务业，批发和零售业，住宿和餐饮业，房地产业，居民服务和其他服务业，水利、环境和公共设施管理业。这7个行业基本为传统的劳动密集型产业，在北京市人口规模限制下，最容易出现就业人口流出。但交通运输、仓储和邮政业，批发和零售业，住宿和餐饮业，居民服务和其他服务业等都是保障城市发展运行的基础性行业，如果随着就业人口的大量转移出现供需不平衡的"用工荒"，势必会造成平均工资上涨，增加居民生活成本，降低居民生活质量，长期来看，会影响城市对人才的吸引力，进而影响城市的发展活力。另外，租赁和商务服务业2018年吸纳就业人口最多，但劳动生产率并不高的主要原因是该行业兼具劳动密集型和知识密集型两种特征，在细分行业中法律、咨询、会计、广告、企业管理等行业以提供专业服务为主，而安全保护服务、后勤管理服务、设备租赁等都属于典型的劳动密集型产业。

五　结论与讨论

本报告利用1978~2018年北京市服务业就业人口数据，对北京市服务业在三次产业中比重变化及内部结构变化进行了刻画，并结合结构偏离系数、协调系数等指标对服务业就业结构和产业结构的协调程度进行测算，最后从劳动生产率和平均工资的角度分析了服务业内部各行业的差异和就业增长趋势，得出以下结论。

第一，从整体上来看，北京市服务业就业水平领先全国，就业比重远远高于全国平均水平，现已经非常接近国际大都市的比重，但仍有一定增长空间。北京应顺应服务业在第三产业比重持续升高的趋势，兼顾避免"去工业化风险"和服务业强势扩张，适度增长服务业就业。北京市服务业就业结构和产业结构协调性良好，但劳动生产率相对较低，未来提高服务业劳动

生产率应给予足够重视。要以服务业供给侧结构性改革为主线,加强服务业改革、开放和制度创新,积极引导服务业集聚、集群、集约发展,不断激发制度红利,促进服务业劳动生产率提升。

第二,从内部结构来看,租赁和商务服务业,批发和零售业,科学研究、技术服务和地质勘查业,信息传输、计算机服务和软件业,是北京服务业吸纳就业人口最多的行业,在服务业占比均在10%以上。

从就业结构变化趋势来看,北京市技术密集型、资本密集型的服务业行业就业比重呈扩大态势,劳动密集型的服务业行业就业比重呈缩小态势。具体来说,2004~2018年,信息传输、计算机服务和软件业,金融业,租赁和商务服务业,科学研究、技术服务和地质勘查业就业占服务业就业比重逐年扩大;交通运输、仓储和邮政业,批发和零售业,住宿和餐饮业,公共管理与社会组织占服务业就业比重逐年缩小。

与国际大都市服务业就业比重变化趋势相比,北京的不同之处是,住宿和餐饮业,教育业,卫生、社会保障和社会福利业就业占服务业就业比重并没有逐年上升。并且其中住宿和餐饮业,卫生、社会保障和社会福利业2018年就业比重低于全部国际大都市就业比重。未来,北京一些劳动密集型的行业发展和就业人口的供给应避免受到过度限制,否则将影响城市吸引力,降低人口净流入,扼杀首都城市发展活力。卫生、社会保障和社会福利业就业人口是北京未来需要显著增长的服务业行业。

金融业和信息传输、计算机服务和软件业是北京未来吸纳就业人口最具潜力的行业。但这两个行业就业人口增速慢于租赁和商务服务业,科学研究、技术服务和地质勘查业就业增速。并且,金融业的增加值比重与国际大都市基本相当,就业比重却低于国际大都市,就业增长空间较大。批发和零售业,房地产业,卫生、社会保障和社会福利业,文化、体育和娱乐业就业人口增速虽低于服务业整体就业人口增速,但高于全社会就业人口增速。

第三,就业结构和产业结构最不协调的行业是金融业、租赁和商务服务业。信息传输、计算机服务和软件业,科学研究、技术服务与地质勘查业,租赁和商务服务业，批发和零售业，房地产业在15年的时间内经历了较大的结构调整和变化。其中，科学研究、技术服务与地质勘查业具有吸纳更多劳动力就业的空间，而租赁和商务服务业、房地产业存在一定转移的劳动力的空间。

第四，北京市服务业内部各行业劳动生产率的差异较大。金融业的劳动生产率和平均工资遥遥领先于其他行业。卫生、社会保障和社会福利业，教育，文化、体育和娱乐业，科学研究、技术服务和地质勘查业，公共管理与社会组织，未来需要进一步提高劳动生产率。传统的劳动密集型产业，交通运输、仓储和邮政业，租赁和商务服务业，批发和零售业，住宿和餐饮业，房地产业，居民服务和其他服务业，水利、环境和公共设施管理业，劳动生产率和工资水平都不高，就业人口流动性较大。

参考文献

蔡昉、Richard Freeman、Adrian Wood：《中国就业政策的国际视角》，《劳动经济研究》2014年第5期。

都阳、屈小博：《城市产业发展、就业需求与人口流动：中国与国际经验》，《现代城市研究》2013年第3期。

方远平、阎小培：《1990年代以来我国沿海中心城市服务业特征与趋势比较研究——以北京、上海与广州为例》，《经济地理》2004年第5期。

姜长云：《中国服务业发展的新方位：2021—2030年》，《改革》2020年第7期。

李善同、李华香：《城市服务行业分布格局特征及演变趋势研究》，《产业经济研究》2014年第5期。

牟宇峰：《产业转型背景下就业人口与产业发展关系研究综述》，《人口与经济》2016年第3期。

夏杰长：《新中国服务经济研究70年：演进、借鉴与创新发展》，《财贸经济》2019年第10期。

尹德挺、卢镱逢：《世界大城市人口发展的主要特点与借鉴——以对北京的借鉴为例》，《治理现代化研究》2018年第2期。

尹德挺、史毅、卢镱逢：《经济发展、城市化与人口空间分布——基于北京、东京和多伦多的比较分析》，《北京行政学院学报》2015年第6期。

尹德挺：《超大城市人口调控困境的再思考》，《中国人口科学》2016 年第 4 期。

张耀军、柴多多：《京津冀人口与产业空间演变及相互关系——兼论产业疏解可否调控北京人口》，《经济理论与经济管理》2017 年第 12 期。

张耀军、王若丞、岑俏：《人口调控要与城市管理水平改善并行推进》，《中国人口报》2017 年 8 月 21 日。

B.13
人口变动背景下北京市义务
教育资源布局调整

胡玉萍　刘　钰*

摘　要： 随着北京市产业结构优化和非首都功能疏解重要战略的实施，北京市人口发展呈现新的变化和新的特征，本报告基于2010～2019年北京市和各区数据，分析首都义务教育阶段学龄人口变化态势与教育资源供给之间的互动关系。数据显示，北京市近10年学龄人口的增长带来义务教育在校生规模的快速增长，人口空间布局的转变也带来了义务教育在校生区域间的调整。整体来看，北京市教育资源配置与人口变动基本适应，但也存在义务教育资源还不能完全达到区域之间均衡发展，人口分布与教育资源布局尚不能完全匹配等问题。未来仍需围绕城市发展战略目标，把握学龄人口的现状和发展趋势，促进首都教育资源布局与人口协调发展。

关键词： 义务教育阶段　学龄人口　在校生规模

一般来说，影响教育资源布局的因素有很多，它不仅受到教育系统自身发展规律的制约，也受到社会经济发展等外部环境的影响。但人口因素无疑

---

* 胡玉萍，博士，中共北京市委党校（北京行政学院）社会学教研部、北京市人口与社会发展研究中心教授，主要研究方向为教育社会学、人口社会学；刘钰，中共北京市委党校（北京行政学院）社会学教研部硕士研究生，主要研究方向为社会学。

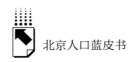

是影响教育资源布局最关键因素之一。随着北京市社会公共服务水平的进一步提高，教育等社会公共服务与人口发展之间的互动关系日益紧密和复杂。而相对于高等教育，基础教育资源配置与学龄人口的关系更为密切。一方面，人口规模尤其是学龄人口规模和分布是教育资源布局的基础性因素，决定着一个地区教育资源的需求。另一方面，教育资源规模和布局对人口规模和分布也产生反作用。北京市拥有丰富的教育资源，为首都经济社会发展提供和培养了大量合格人才和劳动者，为人口素质提高做出了重要贡献。与此同时，面对首都人口快速、复杂和多变的发展态势，特别是 2014 年以来随着"疏解非首都功能"重要战略的实施，北京市人口发展呈现新的变化和新的特征，本报告基于 2010～2019 年北京市和各区数据，探讨首都义务教育阶段学龄人口变化态势与教育资源供给之间的互动关系。以期立足城市发展的阶段性特征，围绕城市发展战略目标，准确把握学龄人口的现状和发展趋势，促进首都教育资源布局与人口协调发展。

一 北京市小学阶段学校和在校生变化情况

（一）小学学校数量及分布变化

1. 学校规模先稳后降，10 年间共减少 163 所小学

2010～2019 年，北京市小学学校规模总体减少明显，由 2010 年的 1104 所减少至 2019 年的 941 所，降低了 14.76%。分阶段看，2010～2012 年稳中有降，2013 年小幅上升至 1093 所（见图 1）。2014 年和 2015 年，小学规模下降速度最快，2015 年减至 996 所。2016～2019 年持续下降但趋势放缓。

2. 城市发展新区小学规模相对稳定，其他区域减少明显

2010～2019 年，随着小学数量的总体下降，北京市各功能区除城市发展新区小学数量维持在 414～418 所，规模相对稳定外，首都功能核心区、城市功能拓展区、生态涵养发展区学校数量均有明显下降，其中，城市功能拓展区减少最为明显，减少了 27.09%；其次是生态涵养发展和首都功能

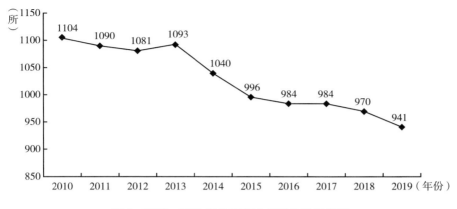

图1 2010～2019年北京市小学学校数量变化

资料来源：历年《北京市教育事业统计资料》；北京市教育委员会官方网站（http：//jw. beijing. gov. cn/）。

核心区，分别减少22.22%和19.4%。

分区来看，2010～2019年各区间小学数量变化各异。仅顺义区、昌平区小学数量有所增加，两区各增加了8所小学，增加比例分别为19.05%、9.41%。其他区县小学数量均有不同程度的减少，其中朝阳区小学数量减少幅度最大，由133所减少至73所，减少比例达到45.11%；其次是门头沟区、延庆区、怀柔区小学数量减少幅度均超过30%；西城区、东城区和海淀区小学数量减少也较多，减少比例均接近20%。

表1 2010年和2019年各区小学学校数及变化

	2010年（所）	2019年（所）	增减数量（所）	增减比例（%）
全市	1104	941	-163	-14.76
首都功能核心区	134	108	-26	-19.40
东城区	63	51	-12	-19.05
西城区	71	57	-14	-19.72
城市功能拓展区	358	261	-97	-27.09
朝阳区	133	73	-60	-45.11
丰台区	88	75	-13	-14.77

	2010 年（所）	2019 年（所）	增减数量（所）	增减比例（％）
石景山区	32	28	−4	−12.50
海淀区	105	85	−20	−19.05
城市发展新区	414	418	4	0.97
房山区	110	108	−2	−1.82
通州区	85	84	−1	−1.18
顺义区	42	50	8	19.05
昌平区	85	93	8	9.41
大兴区	92	83	−9	−9.78
生态涵养发展区	198	154	−44	−22.22
门头沟区	38	23	−15	−39.47
怀柔区	27	18	−9	−33.33
平谷区	49	46	−3	−6.12
密云区	40	39	−1	−2.50
延庆区	44	28	−16	−36.36

注：表中密云区、延庆区数据按 2010 年行政区划为密云县和延庆县数据，下同。

资料来源：历年《北京市教育事业统计资料》；北京市教育委员会官方网站（http：//jw. beijing. gov. cn/）。

3. 小学学校数量逐渐向城市发展新区集中

从学校数量上看，城市发展新区和城市功能拓展区始终是北京市小学数量最多的区域，两个区域小学数量合计约占北京市小学数量的七成。但不同的是，2010～2019 年，城市发展新区小学数量占北京市小学数量比重由 37.50％上升至 44.42％，与此同时，城市功能拓展区小学数量占北京市小学数量的比重从 32.43％下降至 27.74％。相比而言，首都功能核心区和生态涵养发展区小学数量占比虽有所减少，但相对稳定。可见，北京市小学数量近年来逐渐减少，且不断向城市发展新区集中。

分区来看，2010 年，朝阳区、房山区、海淀区小学数量最多，占全市比重均在 10％左右，其中朝阳区小学数量最多，占全市的比重超过 12％，但几年间下降 4.24 个百分点，降幅也最大；到 2019 年，房山区、昌平区和海淀区小学数量最多，占全市比重也在 10％左右，其中房山区成为小学数量最多的区，占全市的比重由 2010 年的 9.96% 上升至 2019 年的 11.48%。小学数量最少的区是怀柔区、石景山区、门头沟区和延庆区，2019 年占全市比重均在 3% 以下（见表 2）。

表 2　2010 年和 2019 年北京市各地区小学学校数占全市比重及变化

单位：%，个

	2010 年	2019 年	增减百分点
全市	100.00	100.00	0.00
首都功能核心区	12.14	11.48	−0.66
东城区	5.71	5.42	−0.29
西城区	6.43	6.06	−0.37
城市功能拓展区	32.43	27.74	−4.69
朝阳区	12.05	7.76	−4.29
丰台区	7.97	7.97	0.00
石景山区	2.90	2.98	0.08
海淀区	9.51	9.03	−0.48
城市发展新区	37.50	44.42	6.92
房山区	9.96	11.48	1.51
通州区	7.70	8.93	1.23
顺义区	3.80	5.31	1.51
昌平区	7.70	9.88	2.18
大兴区	8.33	8.82	0.49
生态涵养发展区	17.93	16.37	−1.57
门头沟区	3.44	2.44	−1.00
怀柔区	2.45	1.91	−0.53
平谷区	4.44	4.89	0.45
密云区	3.62	4.14	0.52
延庆区	3.99	2.98	−1.01

资料来源：历年《北京市教育事业统计资料》；北京市教育委员会官方网站（http://jw.beijing.gov.cn/）。

（二）小学在校生规模及分布

1. 小学在校生规模逐年上升，其中非京籍在校生规模自2014年开始下降

2010～2019 年，北京市小学在校生规模总体呈逐年上升趋势，2010

年小学在校生数量为65.3万人，2019年上升至94.1万人，增加44%。其中，2010~2013年，小学在校生规模增幅显著，2014年后增速有所放缓。

21世纪以来，越来越多的流动人口子女选择在京接受义务教育，从数据上看，2010~2013年非京籍小学在校生规模上升明显，2013年顶峰时期，非京籍小学在校生达到36.9万人，非京籍比重达47%，近一半的北京市小学在校生为非京籍。2014年有较小幅度减少，但并不明显，数量上仅减少1000余人。自2015年开始，非京籍小学在校生数量下降明显，至2018年减少至27.6万人，与2013年相比共减少9.3万人，减少约25%，比重下降至30%。

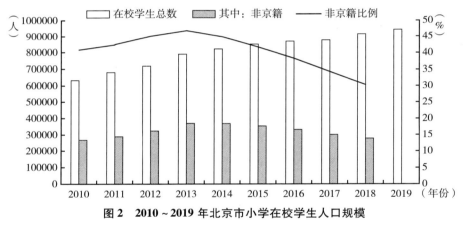

图2　2010~2019年北京市小学在校学生人口规模

注：2020年《北京统计年鉴》尚未公布，故表中暂无2019年北京市非京籍小学在校生人口数。

资料来源：历年《北京市教育事业统计资料》；北京市教育委员会官方网站（http://jw.beijing.gov.cn/）；《北京统计年鉴》（2011~2019年）。

2. 首都功能核心区和城市发展新区增幅较大，西城区增长幅度最大

2010~2019年，北京市四个功能区小学在校生数量均呈现不同程度的增长。首都功能核心区和城市发展新区增幅超过全市平均增幅，其中首都功能核心区增长幅度最大，增加比例接近60%，城市发展新区增长了54.38%。其次是城市功能拓展区小学在校生规模增长了40.82%，生态涵

养发展区小学在校生规模相对增长幅度较小，仅增长 8903 人，增长比例为 11.79%（见表 3）。

分区看，小学在校生规模增长最快的依次是西城区、朝阳区、大兴区和昌平区，其中西城区小学在校生规模增长幅度最大，由 2010 年的近 5 万人增加至 2019 年的 9 万余人，增长比例高达 81.56%。朝阳区、大兴区、昌平区也呈现较快增长趋势，增长幅度远超全市平均增长幅度，分别达到 74.69%、64.01% 和 61.78%。增长幅度较小的区主要集中在城市功能拓展区的丰台区、石景山区和生态涵养发展区的门头沟区、密云区等，增幅均在 15% 以下。此外，2010~2019 年，延庆区是全市唯一一个小学在校生规模负增长的区，减少了 540 人，减少了约 4%。

表3 2010 年和 2019 年各区小学在校学生人口规模及变化

	2010 年（人）	2019 年（人）	增减数量（人）	增减比例（%）
全市	653255	941614	288359	44.14
首都功能核心区	95614	152209	56595	59.19
东城区	45693	61571	15878	34.75
西城区	49921	90638	40717	81.56
城市功能拓展区	289905	408242	118337	40.82
朝阳区	84137	146979	62842	74.69
丰台区	64348	64663	315	0.49
石景山区	20667	23459	2792	13.51
海淀区	120753	173141	52388	43.38
城市发展新区	192202	296726	104524	54.38
房山区	37140	54304	17164	46.21
通州区	47912	69657	21745	45.39
顺义区	32071	50409	18338	57.18
昌平区	34992	56609	21617	61.78
大兴区	40087	65747	25660	64.01

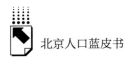
续表

	2010 年（人）	2019 年（人）	增减数量（人）	增减比例（%）
生态涵养发展区	75534	84437	8903	11.79
门头沟区	11891	13157	1266	10.65
怀柔区	14842	17346	2504	16.87
平谷区	15909	19002	3093	19.44
密云区	19652	22232	2580	13.13
延庆区	13240	12700	-540	-4.08

资料来源：历年《北京市教育事业统计资料》；北京市教育委员会官方网站（http://jw.beijing.gov.cn/）。

3. 城市功能拓展区及城市发展新区最多，西城区及朝阳区有集中趋势

小学在校生主要集中于城市功能拓展区及城市发展新区，2010～2019 年，城市功能拓展区及城市发展新区集中了 3/4 的北京市小学在校生。其中，2010～2019 年，城市功能拓展区小学在校生占全市比重略有下降，从 44.38%减少至 43.36%，减少了 1.02 个百分点。而城市发展新区小学在校生占全市比重则有所上升，占比从 29.42% 上升到 31.51%，增长了 2.09 个百分点。

从规模上来看，各区中海淀区小学生在校生规模最大，集中了全市近 1/5 的小学在校生，其次是朝阳区、丰台区、西城区、通州区和东城区。2010～2019 年，朝阳区、西城区、大兴区、昌平区、顺义区小学在校学生规模占全市比重均有不同程度的增长，其中朝阳区和西城区增长相对较多。其余各区在校生规模占全市比重均有不同程度的下降，其中丰台区占比下降最为明显，其小学在校生占全市比重从 2010 年的 9.85% 下降至 2019 年的 6.87%（见表 4）。

表 4   2010 年和 2019 年北京市小学在校学生人口分布及变化

单位：%，个

	2010 年	2019 年	增减百分点
全市	100.00	100.00	0.00
首都功能核心区	14.64	16.16	1.52
东城区	6.99	6.54	-0.45
西城区	7.64	9.63	1.99

	2010 年	2019 年	增减百分点
城市功能拓展区	44.38	43.36	-1.02
朝阳区	12.88	15.61	2.73
丰台区	9.85	6.87	-2.98
石景山区	3.16	2.49	-0.67
海淀区	18.48	18.39	-0.09
城市发展新区	29.42	31.51	2.09
房山区	5.69	5.77	0.08
通州区	7.33	7.40	0.07
顺义区	4.91	5.35	0.44
昌平区	5.36	6.01	0.65
大兴区	6.14	6.98	0.84
生态涵养发展区	11.56	8.97	-2.59
门头沟区	1.82	1.40	-0.42
怀柔区	2.27	1.84	-0.43
平谷区	2.44	2.02	-0.42
密云区	3.01	2.36	-0.65
延庆区	2.03	1.35	-0.68

资料来源：历年《北京市教育事业统计资料》；北京市教育委员会官方网站（http：//jw.beijing.gov.cn/）。

二　北京市初中阶段学校和在校生变化

（一）初中学校数量及分布变化

1. 初中学校总数有小幅波动，总体呈减少趋势

2010～2019 年，北京市初中学校数量由 2010 年的 345 所减少至 2019 年的 336 所，减少了 9 所。其间经历了两次小幅波动，2013 年峰值年时北京市初中学校有 347 所。2018 年最低时学校数量减至 335 所，2019 年为 336 所（见图 3）。

2. 初中学校城市功能拓展区独增，西城区和顺义区减少比重最大

2010～2019 年，虽然全市初中学校数稳中有降，但各功能区增减并不相同，首都功能核心区、生态涵养发展区和城市发展新区初中学校数量均有不同程度的减少。但城市功能拓展区初中学校数量不降反增，由 2010 年的

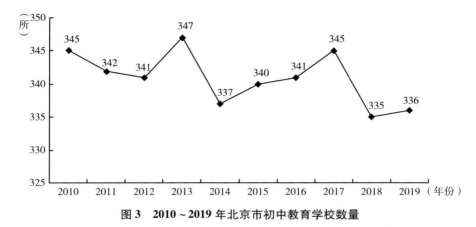

图3 2010~2019 年北京市初中教育学校数量

资料来源：历年《北京市教育事业统计资料》；北京市教育委员会官方网站（http://jw. beijing. gov. cn/）。

97 所增加至 2019 年 103 所，增加了 6 所初中，增加比例为 6.19%。

分区来看，西城区和顺义区初中学校数量减少比重最高。西城区由 2010 年的 8 所减少至 2019 年的 5 所，顺义区由 2010 年的 32 所减少至 2019 年的 20 所，两区域初中学校数量均减少近 40%。怀柔区、石景山区、门头沟区、平谷区、通州区初中学校数量也有不同程度的减少。而密云区、朝阳区、东城区、房山区、丰台区、大兴区、昌平区、海淀区的初中学校数量有所增加。

表5 2010 年和 2019 年各区初中学校数及变化

单位：所，%

	2010 年	2019 年	增减数量	增减比例
全市	345	336	-9	-2.61
首都功能核心区	17	15	-2	-11.76
东城区	9	10	1	11.11
西城区	8	5	-3	-37.50
城市功能拓展区	97	103	6	6.19
朝阳区	41	48	7	17.07
丰台区	24	26	2	8.33
石景山区	17	13	-4	-23.53
海淀区	15	16	1	6.67

	2010 年	2019 年	增减数量	增减比例
城市发展新区	148	142	−6	−4.05
房山区	33	37	4	12.12
通州区	29	27	−2	−6.90
顺义区	32	20	−12	−37.50
昌平区	28	30	2	7.14
大兴区	26	28	2	7.69
生态涵养发展区	83	76	−7	−8.43
门头沟区	14	11	−3	−21.43
怀柔区	19	14	−5	−26.32
平谷区	16	14	−2	−12.50
密云区	17	20	3	17.65
延庆区	17	17	0	0.00

资料来源：历年《北京市教育事业统计资料》；北京市教育委员会官方网站（http：//jw.beijing.gov.cn/）。

3. 初中学校城市发展新区占比超四成，朝阳区比重超一成

2010 年，从学校数量上看，城市发展新区是北京市初中学校数量最多的区域，初中学校数量占北京市小学数量的四成。其次是城市功能拓展区和生态涵养区，分别占北京市初中学校的 28.12% 和 24.07%。从学校数量占全市比重的变化来看，城市功能拓展区有所增加，其占比由 2010 年的 28.12% 上升至 2019 年的 30.66%。其余三个功能区占比均有所下降，其中生态涵养发展区初中学校占比相比下降较多。

分区来看，朝阳区、房山区、昌平区、通州区、大兴区、丰台区初中学校数量占全市比例较高，占比均超过 7%。从增减幅度来看，朝阳区增加较多，顺义区减少较多。

表 6 2010 年和 2019 年北京市初中学校数空间分布及变化

单位：%，个

	2010 年	2019 年	增减百分点
全市	100.00	100.00	0.00
首都功能核心区	4.93	4.47	−0.46
东城区	2.61	2.98	0.37

	2010 年	2019 年	增减百分点
西城区	2.32	1.49	-0.83
城市功能拓展区	28.12	30.66	2.54
朝阳区	11.88	14.29	2.41
丰台区	6.96	7.74	0.78
石景山区	4.93	3.87	-1.06
海淀区	4.35	4.76	0.41
城市发展新区	42.92	42.26	-0.64
房山区	9.57	11.01	1.44
通州区	8.41	8.04	-0.37
顺义区	9.28	5.95	-3.33
昌平区	8.12	8.93	0.81
大兴区	7.54	8.33	0.79
生态涵养发展区	24.07	22.62	-1.45
门头沟区	4.06	3.27	-0.79
怀柔区	5.51	4.17	-1.34
平谷区	4.64	4.17	-0.47
密云区	4.93	5.95	1.02
延庆区	4.93	5.06	0.13

资料来源：历年《北京市教育事业统计资料》；北京市教育委员会官方网站（http：//jw. beijing. gov. cn/）。

（二）初中在校生规模及分布

1. 初中在校生规模先减后增，其中非京籍在校生规模2014年后开始下降

2010～2019 年，北京市初中在校生规模经历了先稳后降再增的变化过程。2010～2014 年初中在校生规模基本稳定在 3 万人左右，2014 年开始，在校生规模明显下降，从 30.6 万人下降至 2017 年的 26.6 万人，减少了13%。2018 年开始逐步增加，至 2019 年北京市初中在校学生达 30.8 万人，与 2010 年的 30.9 万人相比基本持平（见图 4）。

2010～2019 年，北京市非京籍初中在校生规模与非京籍小学在校生规模变化趋势一致。2010～2013 年非京籍初中在校生规模上升明显，从

7.3 万人上升至 10.3 万人，增加了 3 万人，2013 年顶峰时期，非京籍初中在校生比重达 33%，1/3 的北京市初中在校生为非京籍。2014 年开始有较小幅度降低，但并不明显。自 2015 年开始，非京籍初中在校生数量下降明显，至 2018 年减少至 6.6 万人，与 2013 年相比共减少 4.85 万人，减少约 36%，非京籍初中在校生比重也下降至 24%。

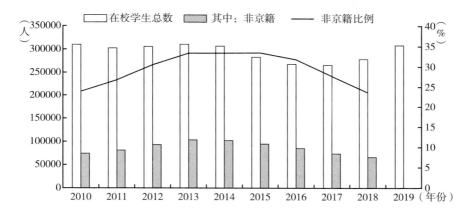

图 4　2010～2019 年北京市初中在校学生人口规模

注：2020 年《北京统计年鉴》尚未公布，故表中暂无 2019 年北京市非京籍初中在校生人口数。

资料来源：历年《北京市教育事业统计资料》；北京市教育委员会官方网站（http://jw. beijing. gov. cn/）；《北京统计年鉴》（2011～2019 年）。

2. 初中在校生规模生态涵养区下降明显，朝阳区、昌平区、海淀区和西城区增长明显

2010～2019 年，生态涵养区初中在校生规模下降明显，九年间减少了 1 万余人，下降了 26%。与此同时，城市功能拓展区初中在校生数量呈现增长态势，九年间增长了近 10%。而首都功能核心区和城市发展新区初中在校生规模相对稳定。

九年间初中在校生规模各区增减各异，其中增长明显的区依次是朝阳区、昌平区、海淀区和西城区，初中在校学生规模增长比例分别为 22.76%、20.43%、17.20% 和 9.62%。而减少幅度较大的区主要集中在生

态涵养区的各区及城市功能拓展区的丰台区和石景山区，除门头沟区之外，上述区初中在校生规模减小比例分别都在20%以上（见表7）。

表7 2010年和2019年各区初中在校学生人口规模及变化

单位：人，%

	2010年	2019年	增减数量	增减比例
全市	309912	308722	−1190	−0.38
首都功能核心区	53880	54153	273	0.51
东城区	25056	22556	−2500	−9.98
西城区	28824	31597	2773	9.62
城市功能拓展区	121458	132486	11028	9.08
朝阳区	33753	41436	7683	22.76
丰台区	20967	16635	−4332	−20.66
石景山区	9805	7689	−2116	−21.58
海淀区	56933	66726	9793	17.20
城市发展新区	89542	88914	−628	−0.70
房山区	21527	18139	−3388	−15.74
通州区	18283	19299	1016	5.56
顺义区	16952	17230	278	1.64
昌平区	13909	16750	2841	20.43
大兴区	18871	17496	−1375	−7.29
生态涵养发展区	45032	33169	−11863	−26.34
门头沟区	5563	4534	−1029	−18.50
怀柔区	8404	6238	−2166	−25.77
平谷区	10327	7019	−3308	−32.03
密云区	12528	9939	−2589	−20.67
延庆区	8210	5439	−2771	−33.75

资料来源：历年《北京市教育事业统计资料》；北京市教育委员会官方网站（http：//jw. beijing. gov. cn/）。

3. 城市功能拓展区呈继续集中趋势，朝阳区和海淀区集中趋势最显著

北京市初中在校学生主要集中于城市功能拓展区及城市发展新区，

两个功能区集中了北京市约七成的初中在校生。2010～2019年，初中在校学生呈继续向城市功能拓展区集中的趋势，其初中在校生在全市的占比由2010年的39.19%上升至2019年的42.91%，增加了3.72个百分点。与此同时，生态涵养发展区初中在校生在全市占比下降了3.79个百分点。相比而言，首都功能核心区和城市发展新区初中在校学生全市占比相对稳定。

分区看，初中在校生规模全市占比最多的是海淀区，集中了全市约1/5的初中在校生，其次是朝阳区和西城区，各约占全市初中在校生的一成。从变化情况来看，2010～2019年初中在校生全市占比增幅较大的区是海淀区和朝阳区，朝阳区初中在校学生占比由10.89%上升至13.42%，海淀区初中在校学生占比由18.37%上升至21.61%，集中趋势最为明显。此外，西城区、昌平区、通州区、顺义区初中在校生全市占比也有所增加（见表8）。

表8　2010年和2019年北京市初中在校学生人口分布及变化

单位：%，个

类别	2010年	2019年	增减百分点
全市	100.00	100.00	0.00
首都功能核心区	17.38	17.54	0.16
东城区	8.08	7.31	−0.78
西城区	9.30	10.23	0.93
城市功能拓展区	39.19	42.91	3.72
朝阳区	10.89	13.42	2.53
丰台区	6.77	5.39	−1.38
石景山区	3.16	2.49	−0.67
海淀区	18.37	21.61	3.24
城市发展新区	28.90	28.81	−0.09
房山区	6.95	5.88	−1.07
通州区	5.90	6.25	0.35
顺义区	5.47	5.58	0.11
昌平区	4.49	5.43	0.94
大兴区	6.09	5.67	−0.42

续表

类别	2010 年	2019 年	增减百分点
生态涵养发展区	14.53	10.74	-3.79
门头沟区	1.80	1.47	-0.33
怀柔区	2.71	2.02	-0.69
平谷区	3.33	2.27	-1.06
密云区	4.04	3.22	-0.82
延庆区	2.65	1.76	-0.89

资料来源：历年《北京市教育事业统计资料》；北京市教育委员会官方网站（http：//jw. beijing. gov. cn/）。

三 分析与讨论

近十年来，特别是 2014 年以后，北京市坚持"创新、协调、绿色、开放、共享"的理念，把握首都城市发展战略，大力推进以有序疏解非首都功能为核心的京津冀协调发展战略。北京市人口规模和分布状况发生了新的变化，教育资源布局调整加大力度，带来了北京市义务教育阶段学校数量和在校生规模的相应变化。

首先，义务教育阶段适龄儿童规模的持续增长是 2010～2019 年义务教育阶段在校生规模持续增长的根本原因。2010 年北京市义务教育在校生为 94.3 万人，2018 年增长至 119.2 万人。同期北京市无论是常住人口还是户籍人口中 5～14 岁适龄儿童人口数也在持续增长，5～14 岁常住人口从 100.1 万人增至 134.9 万人（见表9），同龄户籍人口从 2011 年的约 71 万人增至 2018 年的约 108 万人。尽管 5～14 岁人口数据比义务教育阶段对应适龄人口多了一个 5 岁组年龄人口，但仍可以提供一个适龄人口增长情况的参考，而北京市常住人口少年儿童人口数量的增长主要源于近年来北京市生育率的回升，但是 2015 年"全面二孩"政策出台后北京市人口出生率进一步增长带来的儿童人口的增长目前尚未进入6～14岁义务教育学龄儿童的队列，可以预见，生育政策调整带来的儿童数量的增长在未来一个时期仍然会体现为义务教育阶段适龄人口和在校生规模的持续增加。

表9 2010～2019年义务教育适龄人口规模

单位：万人

常住人口										
类别	2010年	2011年	2012年	2013年	2014年	2015年	2016年	2017年	2018年	2019年
5～9（岁）	50.0	55.3	59.3	66.7	71.4	74.0	75.5	78.1	79.0	—
10～14（岁）	50.1	51.1	53.7	48.2	51.0	51.3	51.9	53.0	55.9	—
合计:5～14（岁）	100.1	106.4	113.0	114.9	122.4	125.3	127.4	131.1	134.9	—

户籍人口										
类别	2010年	2011年	2012年	2013年	2014年	2015年	2016年	2017年	2018年	2019年
5～9（岁）	—	34.5	37.9	43.7	46.8	49.3	54.3	59.4	63.0	—
10～14（岁）	—	36.4	35.7	33.5	34.2	34.0	35.7	39.1	45.1	—
合计:5～14（岁）	—	70.9	73.6	77.2	81.0	83.3	90.0	98.5	108.1	—

注：义务教育阶段适龄儿童对应年龄段为6～14岁，但因统计数据中没有完全对应年龄段数据，故本报告采用5～14岁年龄段数据做参考。2011年《北京统计年鉴》中户籍人口年龄组数据缺失。2020年《北京统计年鉴》尚未公布，故表中暂无2019年义务教育适龄人口数。

资料来源：《北京统计年鉴》（2011～2019年）。

其次，义务教育在校生规模的变化在小学阶段和初中阶段表现分化明显，小学在校生持续增加，初中在校生先稳后降再升。究其原因，除了受生育率波动引起的小学和初中适龄人口变化影响外，也受这一时期非京籍适龄人口变化的影响，2011年，北京市5～14岁常住人口106.4万人中，户籍人口73.6万，非京籍人口约35.5万人，到2018年该年龄段常住人口134.9万人中，户籍人口108.1万，非京籍人口下降至26.8万人。义务教育阶段非京籍在校生规模达到峰值是在2013年，小学非京籍在校生36.9万人，占小学在校生的47%，初中非京籍在校生10.3万人，占初中在校生的33%。2014年以后非首都功能疏解战略的大力实施，带来了北京市常住外来人口的下降，也随之带来义务教育阶段非京籍学龄儿童人口的下降，而非京籍学

龄儿童人口的下降和非京籍义务教育政策的变化对小学和初中阶段在校生总规模的变化产生了不同影响，在小学阶段，主要体现为小学非京籍新入学学生的逐年减少，小学学制六年又平摊了非京籍学生下降的影响，加之户籍学龄儿童的增长，总体上小学在校生规模仍保持持续增长。而在初中阶段，2013～2017年非京籍初中在校生减少了3万人，并体现为初中在校生总规模的下降，至2018年虽然仍有7000多名非京籍学生的减幅，但同期户籍初中在校生增加了2万人，总规模体现为止降反增。

再次，北京市义务教育在校生近十年来分布上的变化既受人口分布变化的影响，也受优质教育资源吸引的影响。一方面，与2010年相比，石景山区和丰台区人口密度分别下降4.23%和0.33%，而位于"一副多点"的顺义区、通州区、大兴区、昌平区和房山区人口平均密度增长明显，分别增长了33.26%、33.21%、31.59%、26.94%和25.68%，朝阳区和海淀区人口密度与2010年相比略有上升。[①] 与此同时，相比2010年，在北京市小学在校生规模平均增长近50%的背景下，丰台区和石景山区增幅很小，大兴区、昌平区、朝阳区的小学在校生规模增长幅度远超平均水平。石景山区和丰台区初中在校生规模在各区中减幅也比较大，而昌平区和朝阳区初中在校生规模增长在各区中增长幅度最大。在这些区，义务教育阶段在校生规模变化基本与人口变化趋势一致。但另一方面，尽管中心城区人口密度近年来有明显下降，如相比2010年，2018年西城区人口密度下降5.17%，朝阳区和海淀区人口密度虽略有上升，海淀区人口密度在2015年后连续下降，但西城区和海淀区义务教育在校生规模在2010～2018年增长明显，其中西城区小学在校生人数由2010年的约5万人增加至2019年的9万余人，增长比例高达81.56%，增幅远超其他区；海淀区和西城区初中在校生规模的增长也位居各区前列，西城区和海淀区拥有丰富的优质教育资源，其示范学校数量居于全国首列，这一数据反映了优质教育资源对于家长及受教育学生的吸引力。

---

① 马小红、尹德挺、洪小良：《北京人口发展研究报告（2019）》，社会科学文献出版社。

最后，近十年来北京市义务教育阶段在校生总体规模虽然持续增长，但学校数量却在持续减少，小学学校数量从 2010 年的 1104 所减至 2019 年的 941 所，初中学校数也呈减少趋势，且一些在校生规模增长幅度较大的地区反而学校数量减少幅度更大，如西城区、朝阳区、海淀区的小学学校数量减幅明显。这是由于为促进义务教育均衡发展，解决中小学生"择校热"问题，北京市加大了教育资源整合力度，进一步整合教育资源，优化义务教育优质资源布局。另外，城市发展新区是北京疏散城市中心区产业与人口的重要区域，也是未来北京城市发展的重心所在。随着区域发展、人口转移及教育资源的重点倾斜，在全市小学数量减少明显的同时，相比 2010 年，城市发展新区 2019 年小学学校数量不减反增，城市发展新区集中了全市超过四成的小学和初中学校，城市发展新区通过教育资源布局在引导人口布局方面取得了一定进展。

通过对近十年以来北京市教育资源与人口状况的数据分析可以看出，北京市为适应人口规模和分布出现的新变化和新特征，积极开展教育资源布局调整工作，并对非首都功能疏解战略任务产生了积极的促进作用。但同时也必须看到，未来一段时间是推进首都新时代教育事业高质量均衡发展的关键时期，优化教育资源布局的任务仍然繁重，这主要体现为义务教育资源还不能完全做到区域之间均衡发展，择校问题仍然存在；人口分布与教育资源布局尚不能完全匹配。必须准确把握学龄人口的现状和发展趋势，不断探索优化教育资源布局的政策措施，促进教育资源布局与人口协调发展。

B.14
北京市人口与水资源承载力分析

胡玉萍　石天骄*

摘　要： 水资源在城市发展中占有极其重要的地位，本报告利用《北京统计年鉴》和《北京市水务统计年鉴》相关数据，分析了2010～2018年，特别是2014年南水北调中线进京以来北京市水资源的变化情况。数据显示，随着南水北调中线工程供水的不断增加，以及节水技术和节水能力的提升，北京市水资源总量不断增加，供水结构不断改善，城市污水治理能力和水环境的治理能力逐年提高，北京市水域生态治理也不断增强；此外，随着北京"疏解非首都功能"战略的实施，常住人口规模不再快速扩张，一定程度上缓解了水资源的人口压力。但是另一方面，虽然北京市常住人口增速放缓并出现下降，但人口基数巨大，且随着生活水平的提高，生活用水及其占比持续增加，加之北京市节水空间越来越小，再生水安全问题仍然存在，北京市水资源短缺问题仍将长期存在。

关键词： 水资源　供水量　用水结构　人口承载力

近年来，北京市贯彻落实中央提出的"节水优先、空间均衡、系统治理、两手发力"的新时期治水方针和城市发展要坚持"以水定域、以水定地、以水

---

* 胡玉萍，博士，中共北京市委党校（北京行政学院）社会学教研部、北京市人口与社会发展研究中心教授，主要研究方向为教育社会学、人口社会学；石天骄，中共北京市委党校（北京行政学院）社会学教研部硕士研究生，主要研究方向为社会学。

定人、以水定产"的原则要求,把保障水资源安全和用水安全作为城市运行的头等大事来抓,多措并举进行水资源的开发和管理并取得了一定成效,此外加上疏解北京"非首都功能"战略的实施,相较于2010年前后水资源极端紧缺的状况,近年来北京市水资源人口压力有所缓解,有利于经济社会持续健康发展。

一 近年来北京市水资源的形势

北京地处华北平原北端,受温带大陆性气候的影响,属温带半干旱、半湿润季风气候区,年降水量较少,降雨时空分布不均,年际丰枯交替,年内降水主要集中在汛期三个月。笔者收集了2010~2018年北京市水资源开发利用情况,如表1所示。

表1　2010~2018年北京市水资源开发利用情况

指标名称	2010年	2011年	2012年	2013年	2014年	2015年	2016年	2017年	2018年
全年降水量(毫米)	524	552	708	501	439	583	660	592	590
水资源总量(亿立方米)	23.08	26.81	39.5	24.81	20.25	26.76	35.06	29.77	35.46
其中:地表水资源量(亿立方米)	7.22	9.17	17.95	9.43	6.45	9.32	14.01	12.03	14.32
地下水资源量(亿立方米)	15.86	17.64	21.55	15.38	13.8	17.44	21.05	17.74	21.14
南水北调调入水量(亿立方米)	2.55	2.75	2.8	3.68	0.84	8.81	10.63	10.77	11.92
年末大中型水库蓄水量(亿立方米)	14.31	14.77	15.06	18.07	13.93	16.23	24.3	27.75	34.18
其中:密云水库(亿立方米)	10.66	11.01	10.86	12.41	8.39	10.33	16.45	20.29	25.71
官厅水库(亿立方米)	1.7	1.44	1.37	2.59	2.69	3.31	4.69	4.43	5.33

续表

指标名称	2010 年	2011 年	2012 年	2013 年	2014 年	2015 年	2016 年	2017 年	2018 年
年末平原区地下水埋深(米)	24.92	24.94	24.27	24.52	25.66	25.75	25.23	24.97	23.03
全年供水(用水)总量(亿立方米)	35.16	35.96	35.88	36.38	37.49	38.2	38.81	39.5	39.3
按来源分:地表水(亿立方米)	4.65	5.39	5.19	4.8	8.45	2.98	2.91	3.57	3.03
地下水(亿立方米)	21.16	20.92	20.38	20.04	19.56	18.19	17.48	16.61	16.26
再生水(亿立方米)	6.8	7.03	7.53	8.03	8.64	9.48	10.04	10.51	10.76
南水北调(亿立方米)	2.55	2.62	2.78	3.51	0.84	7.55	8.38	8.82	9.25
万元 GDP 水耗(亿立方米)	24.94	22.13	20.07	18.37	17.58	16.6	15.12	14.1	12.96
万元 GDP 水耗下降率(%)	10.14	5.49	7.38	5.87	3.93	4.65	4.87	4.65	6.68

注:①全年供水总量 = 全年用水总量 = 生产用水 + 生活用水 + 生态环境用水 + 输水损失量;
②全市大中型水库可利用来水量、年末大中型水库蓄水量的统计范围是有监测的 18 座大中型水库。
资料来源:《北京市水务统计年鉴》(2011～2019 年)。

(一)降水量及水资源总量波动明显

如图 1 所示,2010～2018 年北京市水资源总量年均 29.06 亿立方米。但水资源总量年际波动较为明显,而这种波动与北京市降水量年际波动趋势一致。北京市多年平均降水 572.11 毫米,降水量的年度波动对水资源总量产生直接影响,如 2012 年高于常年的降水量直接带来地表水以及地下水资源总量的增加。

(二)供水总量近年来有所增加,供水结构不断改善

2010～2018 年北京市供水总量有所起伏,但近年来有所增加,年均供

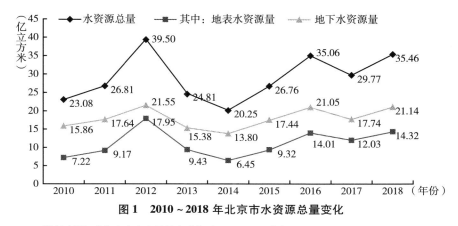

图 1　2010～2018 年北京市水资源总量变化

资料来源：《北京市水务统计年鉴》（2011～2019 年）。

水总量约为 37.41 亿立方米。而在"十五"期间，全市累计供水 178.4 亿立方米（年均供水 35.7 亿立方米），供水总量有了明显的提高。

北京市供水按来源可分为地下水、地表水、再生水和南水北调。地表水和地下水一直是北京市两个重要的供水来源，其中地下水的供水量高于地表水。首先，地表水受降水量影响明显，时空分布不均，年度波动较大。但从地表水占北京市总供水量的比重看，2015 年后随着南水北调供水量的增加，比重下降明显。

其次，地下水在总供水量中仍然占据重要位置。2010～2018 年北京市地下水占供水总量的平均比重为 50.94%，近年来，在南水北调供水量逐年增加的影响下，北京市地下水资源量虽呈现波动上升趋势，但其在总供水来量中的比重在逐年下降，相比 2001～2005 年地下水占总用水量的年平均比重下降了 20.33%。数据显示，北京市地下水位埋深下降速率放缓，但是为保证北京市的供水能力，在一段时间范围内，北京市地下水仍然处于超采状态，但超采状态有所缓解。① 目前平原地区地下水埋深在 23～25 米，随着地下水在总供水量中比重的下降，北京市供水对地下水的依赖会有所改善。

---

① 高飞、王会肖、刘昌明：《2001～2015 年北京市地下水资源承载力变化特征分析》，《中国生态农业学报》2009 年第 7 期。

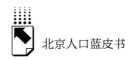
最后，南水北调供水能力持续增加。2019年是南水北调中线工程通水五周年，自2014年12月12日南水北调中线工程全面通水以来，南水北调中线工程供水量连年上升，改变了黄淮海平原受水区供水格局，极大缓解了水资源供需矛盾。自2015年，北京市南水北调供水量大幅提升，在总供水总量中的比重也明显提高，从之前的不到10%提高至20%以上（见图2）。其中，北京城区供水中"南水"占比超过七成，受益人口达1100万人，全市人均水资源量由原来的100平方米提升至160平方米以上，供水范围基本覆盖城六区及大兴、门头沟、通州等地区。此外，北京利用南水北调水等水源相继实施了潮白河、永定河等河道生态补水工作，有效促进重点水源地、永定河平原段等地下水严重超采区的地下水资源涵养修复。[①]

随着北京市开始加快建设节水型社会，《北京市进一步加快推进污水治理和再生水利用工作三年行动方案（2016年7月—2019年6月）》等规划陆续得到执行。再生水无论从供水量看，还是从其在北京市供水总量中的比重来看都呈现逐年上升趋势。

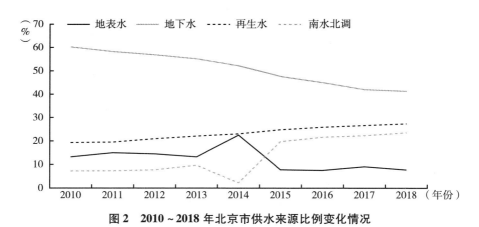

图2 2010～2018年北京市供水来源比例变化情况

资料来源：《北京市水务统计年鉴》（2011～2019年）。

---

① 王慧、韦凤年：《南水北调是优化我国水资源配置格局的重大战略工程——访中国工程院院士王浩》，《中国水利》2019年第23期。

（三）水库蓄水量稳中有升

如图 3 所示，总体来看，2010～2014 年北京市水库蓄水量相对平稳，2014 年之后上升趋势明显，这主要得益于南水北调中线工程水资源的引进。其中，密云水库的蓄水量在 2014 年之后逐年增加明显，并在 2018 年首次突破了 25 亿立方米。官厅水库蓄水量也呈现稳步增长趋势。有学者分析了外调水对北京市水资源承载力的影响，显示南水北调使北京市的水资源承载力提高了 5%。[1]

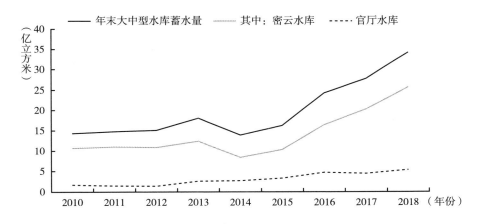

图 3　2010～2018 年北京市水库蓄水量变化

资料来源：《北京市水务统计年鉴》（2011～2019 年）。

二　北京市人口与水资源使用状况

（一）北京市近年来人口规模变动情况

2018 年北京市常住人口为 2154.2 万人。比 2010 年第六次全国人口

---

① 韩燕、张士峰、吕爱锋：《外调水对京津冀水资源承载力影响研究》，《资源科学》2018 年第 11 期。

普查时增加了 192.3 万人，年平均增加 24.04 万人，年平均增长率为 1.18‰。其中，2010～2016 年，北京市常住人口规模增速逐年放缓。2015 年以来，随着北京市大力推进以"有序疏解非首都功能"为核心的京津冀协同发展战略，北京市常住外来人口规模不断下降，已由 2015 年最高峰的 822.6 万人不断下降到 2018 年的 764.6 万人。常住外来人口的下降也带动了常住人口规模的下降，自 2017 年起常住人口规模出现了缓慢下降的趋势。

北京市常住人口出生率在 2015 年"全面二孩"政策影响下有所回升，但始终没有超过 10‰的超低生育水平。由于人口老龄化的影响，北京市常住人口死亡率自 2010 年以来有所上升（见表 2）。

表 2　2010～2018 年北京市常住人口统计

年份	常住人口（万人）	常住外来人口（万人）	常住人口出生率(‰)	常住人口死亡率(‰)	常住人口自然增长率(‰)
2010	1961.9	704.7	7.27	4.29	2.98
2011	2018.6	742.2	8.29	4.27	4.02
2012	2069.3	773.8	9.05	4.31	4.74
2013	2114.8	802.7	8.93	4.52	4.41
2014	2151.6	818.7	9.75	4.92	4.83
2015	2170.5	822.6	7.96	4.95	3.01
2016	2172.9	807.5	9.32	5.20	4.12
2017	2170.7	794.3	9.06	5.30	3.76
2018	2154.2	764.6	8.24	5.58	2.66

资料来源：《北京区域统计年鉴》（2011～2019 年）。

（二）北京市用水状况

1. 人均可利用水资源增加，但形势依然严峻

2010～2018 年北京市人均水资源年均 138.7 立方米，自新中国成立以来，北京市人均水资源量便不断减少，人均水资源量已经由 20 世纪 90 年代

初的 300~400 立方米下降到 2010 年的 120 多立方米，自 2015 年南水北调供水逐年增加，水资源总量也随之增加，加之北京市人口自 2017 年开始减少，2016 年以后北京市人均水资源量有所改善，2018 年人均水资源达到 160 多立方米，但仍然大大低于联合国提出的人均 1000 立方米的警戒线，人均可利用的水资源量形势依然严峻。

2010~2018 年北京市全年用水总量呈上升趋势，人均综合用水量在 2010~2014 年呈下降趋势，受全年用水量的增多和常住人口减少的影响，2014 年之后，人均用水量呈上升趋势（见表3）。

表3　2010~2018 年北京市人均水资源利用情况

项目	2010年	2011年	2012年	2013年	2014年	2015年	2016年	2017年	2018年
人均水资源（米³/人）	120.8	134.7	193.3	118.6	94.9	123.8	161.4	137.1	164.0
人均综合用水量（米³/人）	179.4	178.3	173.5	172.1	174.3	176.0	178.6	182.0	182.4
全年用水总量（亿立方米）	35.2	36.0	35.9	36.4	37.5	38.2	38.8	39.5	39.3
按用途分:农业用水	11.4	10.9	9.3	9.1	8.2	6.5	6.1	5.1	4.2
工业用水	5.1	5.0	4.9	5.1	5.1	3.8	3.8	3.5	3.3
生活用水	14.7	15.6	16.0	16.3	17.0	17.5	17.8	18.3	18.4
生态环境用水	4.0	4.5	5.7	5.9	7.2	10.4	11.1	12.6	13.4
万元地区生产总值水耗（立方米）	24.94	22.13	20.07	18.37	17.58	16.6	15.59	14.1	12.96

注：人均综合用水量 = 全年用水量/常住人口数。
资料来源：《北京区域统计年鉴》（2011~2019 年）。

2. 生活用水和生态环境用水在北京市用水总量中的比重持续上升

近年来，北京市生活用水比重不断上升，2010 年，北京市用水结构中生活用水占41.7%，2018 年北京市用水结构中，生活用水上升至47%，在北京市全年用水量中占最大比重。此外，随着对城市和环境保护的日益重视，城市绿地面积不断增加，与之相应的生态环境用水增长明显，从 2010 年的 4 亿立方米增至 2018 年的 13.4 亿立方米，在北京市用水结构中的比重

从 11.4% 升至 34%，八年间增长了 22.6 个百分点。两者占北京市全年用水量的绝大部分。

与此同时，随着北京市产业结构的不断调整和升级，北京市农业用水和工业用水量近年来下降明显，2010～2018 年，农业用水比重从 32.4% 下降至 11%，工业用水比重从 14.5% 下降至 8%（见图 4）。

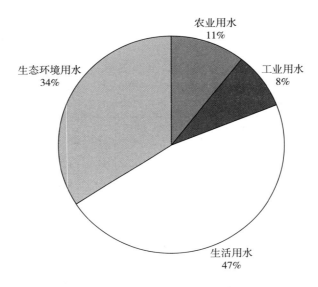

图 4　2018 年北京市用水结构

资料来源：《北京市水务统计年鉴 2019》。

近年来，特别是 2015 年南水北调的外调水进京后，不但促使上述北京市用水结构发生了显著变化，而且北京市不同用水量在各类水源供水量中的占比也发生了很大变化，各类水源的功能发生了显著变化。外调水进京后，地下水使用量显著减少，从提供生活用水转向提供环境用水；地表水使用量减少最为明显，农业用水在再生水中占比显著增加。根据学者的测算，引入外调水后，北京市地下水提供生活用水的比例下降了 32%，提供生态环境用水的比例上升了 18%；地表水方面，农业用水占比减少了 23%，生活用水占比因外调水的引入上升了 21%；再生水方面，优化方案的再生水资源中的工业用水、生态环境用水变化都超过了 10%，农业用水占比增加最为明显，上升了 26%，这表明外调水的引入增加了对农业推进节水技术和水资源循环利用的要求，① 改善了北京市的用水结构和水资源利用效率。

3. 节水和水资源再生效率不断提高，但未来提升空间有限

在应对水资源短缺方面，多年来北京市政府积极采取了水污染治理、推行再生水回用、计划用水、节约用水和调整产业结构等多种措施，克服水资源紧缺带来的重重困难，2014～2018 年北京市污水处理能力、污水年处理量和污水处理率不断提高，污水排放总量、万元地区生产总值水耗在逐年下降，再生水利用量持续提高，在一定程度上缓解了水资源的供需矛盾。

以节水为例。在生活节水方面，北京市已创建节水型单位（企业）和小区 1.8 万多个，城镇居民家庭节水器具普及率达到 99.3%，年均节水超过 1 亿立方米。② 在农业节水方面，2011 年至今，北京市一直致力于都市型农业综合节水，近年来加强了低压管灌、喷灌和微灌等节水灌溉模式运用。加强了农业综合节水技术的应用，与此相关的技术有很多种，主要有网络通信和智能控制技术、工程节水技术、水肥一体化技术，这些技术在提高农业技术水平方面发挥了重要作用。③ 此外，北京市加快推进高耗水产业转型升级，通过调结构、转方式、严管理、提效率，基本实现了"农业用新水负增长、工业用新水零增长、生活用水控制性增长、生态用水适度增长"。北京市节水体系已经发展得较为成熟，节水能力在世界也名列前茅。但近年来北京市节水措施不断增加，节水量却不见减少，也表明北京市节水发展日趋成熟，通过节水节省水资源的空间已经很小了。

此外，在北京市供水来源中，再生水所占比例在逐年增加，已经成为北

① 门宝辉、吴智健、田巍：《南水北调中线水进京后对当地供水格局的影响》，《水电能源科学》2018 年第 12 期。
② 张世清：《深入践行新时代治水方针，努力开创北京水资源管理工作新局面》，《中国水利》2019 年第 17 期。
③ 孙凤华：《加强农业节水，推动北京市生态文明建设》，《水利发展研究》2018 年第 11 期。

京市第二稳定供水来源。再生水多用于工农业生产，地表水补给等，利用再生水减少了对常规水资源供给的负荷，减少了环境污染负荷，产生了资源效益以及其他生态环境效益。有学者设计的优化清水与再生水协同利用规划方案基准情景结果表明，2020 年北京市中心城区的用水总量为25.24 亿立方米，再生水占比为 32%。再生水分别占农业、工业、环境用水量的 60%、30% 和 42%，是农业用水的主要来源。[①] 但是也要警惕再生水的一些负面影响，例如，再生水用于对地表水的补给时，由于水质的差异，利用再生水大量补充河湖水体必然会引起河湖水体水质和水量的显著变化，从而产生一系列负面生态环境效应。[②] 此外，再生水用于农田种植，会改变土壤元素构成，进而影响作物的生长，再生水通过几级处理再灌溉植物是十分重要的。再生水对人体健康的影响表现为再生水中致病物质通过直接或间接途径引起人体急/慢性疾病。[③] 因此，加强对再生水安全应用，应是当下水资源应用过程中必须考虑的一个重要议题。

表 4　2014～2018 年北京市排水及节水情况

项目	2014 年	2015 年	2016 年	2017 年	2018 年
排水					
污水处理能力（万米^3/日）	425	439.5	612	665.6	670.6
污水年处理量（万立方米）	139107	144453	152807	173113	190358
污水处理率（%）	86.1	87.9	90	92.4	93.4
污水排放总量（万立方米）	161548	164217	169748	187267	203703
再生水利用量（万立方米）	86620	94826	100398	105085	107633
COD 设计消减能力（万吨/年）	56.7	64	92.1	100.9	101.9
COD 全年削减量（万吨）	45.5	56.9	65.5	78.6	81.7

[①] 张田媛、谭倩、王淑萍：《北京市清水与再生水协同利用优化模型》，《环境科学》2019 年第 7 期。
[②] 张瑞、刘操等：《北京地区再生水补给型河湖水质改善工程案例分析与问题诊断》，《环境科学研究》2016 年第 12 期。
[③] 范育鹏、陈卫平：《北京市再生水利用生态环境效益评估》，《环境科学》2014 年第 10 期。

续表

项目	2014 年	2015 年	2016 年	2017 年	2018 年
排水					
氨氮设计消减能力(万吨)	3.6	5.2	7.6	8.3	8.7
氨氮全年削减量(万吨)	5.7	6.8	6.3	7.4	6.7
节水					
节水量(万立方米)	12252	9878	12033	10262	8315
完成节水技术改造措施(项)	127	137	134	133	163

资料来源：《北京市水务统计年鉴》（2015~2019 年）。

三 讨论：人口和水资源承载力

根据联合国教科文组织在 20 世纪 70 年代对人口承载力的定义，可以得到水资源人口承载力的定义：在一个可以预见的时期内，一个国家或者地区在保证符合社会文化准则的用水条件下，其水资源条件所能持续供养的人口数量。其公式为：水资源人口承载力＝某地区某一时期的水量/人均用水量。根据此公式可以算得 2018 年北京市水资源人口承载力＝2018 年北京市水资源总量（35.46 亿立方米）/2018 年北京市人均用水量（182.4 立方米），约为 1944 万人，与根据 2005 年相关数据测算的人口承载量 1159 万人相比多了 785 万人，北京市水资源人口承载力有所提高，但实际上 2018 年北京市常住人口为 2154 万人，仍然超载 210 万人。虽然多年来北京市人口一直处于超载状态，但是人们在生产和生活中却没有明显感到水资源超载后的压力。因此会有人觉得人口承载力是一个伪命题，北京市人口远远超过承载力却仍然活得很好，认为城市是个开放系统，能源资源可以从系统外获得，而且还取决于技术条件。[①] 就北京市而言，仅统计 2000 年以后的研究成果，对北京水资源可承载的人口规模依然有很大分歧，计算结果从最小的 130 万人到最大的 1800 万人。而 2019 年北京常住人口已达到 2153 万人，《北京城

---

① 童玉芬：《北京市水资源人口承载力再辨析》，《北京社会科学》2011 年第 10 期。

市总体规划（2016 年—2035 年）》确定北京市人口目标是控制在 2300 万人以内。这背后实际上是南水北调中线一期工程通水、高达 80% 的第三产业占比、超过 60% 的再生水回用率、国际领先的节水效率等条件共同支撑的。仅单方面以水论水是难以科学回答"能承载多少人"这样的问题的，这也不是水资源承载力研究的核心要义。

最新研究认为水资源承载力研究的着眼点要从计算"能承载多少人"转到"如何实现空间均衡"上来。水资源承载力研究的最大实践意义，在于回答水资源开发规模控制在合理阈值的前提下，要承载预期规模的人口和 GDP，究竟选择什么样的路径和采取什么样的措施，才能实现水资源的空间均衡，包括城市布局要如何优化，产业结构要如何调整，用水效率要如何提升，供水设施要如何完善等一系列问题。水资源承载力的研究不是为了约束区域发展，而是要为区域实现高质量发展科学谋划空间均衡的路径与策略。因此，我们应该以水资源系统为出发点，从量、质、域、流、温等维度去衡量"水资源的最大可开发规模"，并以此作为水资源承载力的表征。[①] 此外还制作了一张图来分析北京市水资源承载力（见图 5）。

也有学者认为水资源承载力评价对象通常包括主体系统（提供水资源的自然水循环系统）的支撑能力、客体系统（开发利用水资源的经济社会系统）施加的水压力，以及二者的均衡状态等三个方面，即支撑力、压力和承载状态。随着经济社会的发展，水的资源属性已从取用和消耗水资源量（量），拓展到用于污染物排放和受纳（质）、水域空间占用（域）、水能资源开发（流），以及水热容量利用（温）等多个维度。水的资源属性容量是有限的，因此水资源在"量—质—域—流—温"任何一个物理维度上的过度消耗，都会造成水资源的超载问题。借鉴这一分析框架，我们可以从"量—质—域"这三个维度综合分析北京市 2010～2018 年水资源支撑力、压力和承载状态，对北京市人口水资源压力做一个简要的探讨。

---

① 王建华、何凡、何国华：《关于水资源承载力需要厘清的几点认识》，《中国水利》2020 年第 12 期。

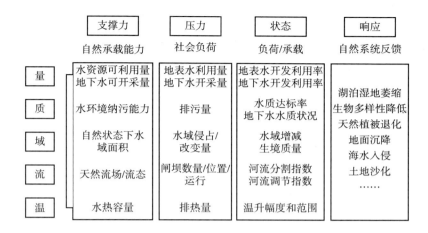

图5 水资源承载力评价内涵

资料来源：王建华、何凡、何国华《关于水资源承载力需要厘清的几点认识》，《中国水利》2020年第6期。

首先，从"量"的角度看，2010~2018年北京市水资源总量呈现一个缓慢波动上升的趋势，地下水虽然在总供水中仍然占据最大比重，但是其比重在逐年下降，地下水开采速度放缓；再生水和南水北调水在总供水中占据越来越大的比重；地表水的供水量要低于地下水的供给量，且地表水的开采量也呈现一个波动下降的趋势，万元GDP水耗逐年下降，水资源利用效率提高。再加上北京市常住人口规模增速放缓并从2017年起开始下降，北京市水资源的人口压力有所缓解，但并没有根本改善。

其次，从"质"的角度看，2014~2018年北京市的污水排放量在逐年增加，同时污水处理率也在逐年提高，从2014年的86.1%提高到了2018年的93.4%，排放的污水中COD（化学需氧量）全年削减量在逐年增加，氨氮全年削减量波动增加，重要江河湖泊水功能区水质达标率也呈波动上升趋势，从38.5%提高到了78.3%，五年内足足翻了一番。这说明北京市污水处理也越发成熟，水质有所改善，有利于北京市水资源实现可持续发展。

最后，从"域"的角度看，北京市2014~2018年生态清洁小流域数量逐年增多，面积逐年增加，生态清洁小流域达标率也逐年提高，但是已达标的生态清洁小流域占比仍然较低（见表5）。水域面积增加，水土流失治理累计面积由 2014 年的 670.80 千公顷增加到了 2018 年的 804.53 千公顷，水环境逐渐改善，水土资源得到有效保护，提高了生态系统的承载能力。

表5 2014～2018 年北京市生态清洁小流域情况

指标	2014 年	2015 年	2016 年	2017 年	2018 年
数量(条)	285	316	350	381	409
面积(千公顷)	363.2	391.2	425.9	460.8	496.9
达标率(%)	26.3	29.1	32.3	35.1	37.7

注：①小流域指面积不超过 50 平方公里、以地表分水岭为界线的闭合集水单元；②生态清洁小流域指流域内水土资源得到有效保护、合理配置和高效利用，沟道基本保持自然生态状态，行洪安全，人类活动对自然的扰动在生态系统承载能力之内，生态系统良好、人与自然和谐，人口、资源、环境协调发展的小流域；③生态清洁小流域达标率指已达标的生态清洁小流域条数占小流域总条数的百分比。

资料来源：《北京市水务统计年鉴》（2015～2019）。

上述三个维度的分析表明，一方面，随着南水北调中线工程供水的不断增加，节水措施的成熟，再生水利用率的提高，近年来北京市的水资源总量不断增加。供水结构不断改善，城市污水治理能力和水环境的治理能力逐年提高，经过生态清洁的水域数量也逐年增加，北京市的水域生态治理不断变强，一定程度上保障了北京市水资源的可持续发展。北京市水资源在"量—质—域"这三个维度上都得到了相应的改善。与此同时，随着疏解北京"非首都功能"战略的实施，北京市常住人口规模不再快速扩张，人均水资源拥有量增多，北京市水资源人口承载能力有所提高，水资源的人口压力有所缓解。但是另一方面，虽然北京市常住人口增速放缓并出现下降，但人口基数巨大，且随着生活水平的提高，生活用水量及其占比持续增加，加之北京市节水空间越来越小，再生水安全问题仍然存在，北京市水资源短缺问题仍将长期存在。

B.15
创新创意人才城市群集聚研究

吴军　郑昊*

摘　要： 在新的发展时期，知识经济和区域发展战略成为时代的主旋律。创新创意人才集聚与城市群发展战略紧密结合，创新创意人才集聚成为区域经济社会发展的新动能。创新创意人才集聚不仅依靠单个城市的经济发展水平，还依靠整个城市群的文化社会环境。本报告基于舒适物视角，运用因子分析构建我国城市群舒适物体系，从"科教文卫"和对外开放包容环境等多方面研究其对创新创意人才集聚的驱动作用。并重点关注京津冀城市群的创新创意人才集聚和相应的舒适物发展状况。实证结果显示，京津冀城市群是我国创新创意人才高地，这为京津冀城市群创新创意高水平发展奠定了基础；然而，京津冀城市群内部创新创意人才发展不平衡，需要统筹协调区域内舒适物水平均衡发展，引导创新创意人才合理流动和集聚，进一步激发因人才合理集聚带来的创新创意动能，提升城市群整体而非单一城市的创新创意水平，加快推动世界级创新创意高地建设。

关键词： 创新创意人才　城市群　人才集聚　舒适物

---

* 吴军，博士，中共北京市委党校（北京行政学院）社会学教研部副主任，副教授，北京人口与社会发展研究中心研究人员，主要研究方向为社会与城市问题等；郑昊，中共北京市委党校（北京行政学院）社会学教研部硕士研究生，主要研究方向为城市社会学、经济社会学。

一　引言

在新的发展时期，我国区域发展以城市群为主轴。2020 年政府工作报告指出，我国常住人口城镇化率首次超过 60%，重大区域战略深入实施。在新的发展时期，城市发展是我国经济社会发展的重要驱动力。中央城市工作会议提出，城市发展带动了整个经济社会发展，城市建设成为现代化建设的重要引擎。中央城市工作会议指出，城市是我国经济、政治、文化、社会等方面活动的中心，在党和国家工作全局中具有举足轻重的地位。发展城市，不是单打独斗，而是需要系统性考量城市，需要统筹空间、规模、产业，从全局考虑建设城市，因此我国的区域发展、城市发展需要以城市群为主轴。2020 年政府工作报告指出，加快落实区域发展战略，深入推进京津冀协同发展、粤港澳大湾区建设、长三角一体化发展，推动成渝地区双城经济圈建设。只有这样才能更好地综合各个城市资源禀赋和区位优势，形成良性分工；城市群内的中心城市具有较强资源优势，只有加快落实区域发展战略，在城市群内加强协同，才能发挥区域中心城市的带动作用，并在区域内协同大中小城市发展；只有发挥中心城市和城市群综合带动作用，才能培育产业、增加就业，最终让人民都能享受到发展成果。

区域发展应从"区域创新"向"区域创新创意"发展。《中华人民共和国 2019 年国民经济和社会发展统计公报》显示，2019 年第三产业增加值占国内生产总值的比重为 53.9%；城市群的中心城市第三产业占比更高，由各个城市国民经济和社会发展统计公报可知，2019 年北京市第三产业占地区生产总值的比重高达 83.5%，上海市第三产业增加值占地区生产总值的比重为 72.7%，广州市第三产业占地区生产总值的比重为 71.62%，成都市第三产业占地区生产总值的比重为 65.6%。2020 年政府工作报告中指出，我国当前经济结构和区域布局继续优化。社会消费品零售总额超过 40 万亿元，消费持续发挥主要拉动作用。先进制造业、现代服务业较快增长。发展新动能不断增强。科技创新取得一批重大成果，新兴产业持续壮大。伴随第三产业比重的提升并超过半数，以知识经济为代表的新经济大力发展，我国区域现代化进入新的阶段。"创意"顺应时代的变化，延伸了创新的内涵，增加了文化创意与消费的特质。新概念"城市创新创意"既包括传统的技术创新，也包括文化创意与消费创意，还包括各种生活方式的创新，不断吸引各种类型的专业人士集聚，并加快知识和观念的传播，这些综合在一起共同构成了新的创新创意结构。

创新创意人才集聚体现了区域创新创意水平。创新创意驱动实质上是人才驱动。[1] 在工业现代化时期，区域发展动力侧重规模、技术因素而忽视了人才和区域空间自身。随着后工业趋势的增强，区域发展未来的核心动力将转向创新创意，理查德·佛罗里达提出城市创新创意需要技术、人才和宽容环境三个基础条件。城市的本质是人才的集聚，城市通过有创新创意能力的人才得以发展。[2] 创新创意人才是科学技术人员、文化产业等拥有创意能力和创新精神的人力资本。城市创新创意发展并不是孤立运作的，需要整合技术、人才、空间和各个主体。密集、共享的社会网络是创新创意的基础，城市群中各个城市的协调与紧密联系为各行各业联络、各种活动发生、人与人社会交往与互动等提供了可能，创新创意人才的集聚反映了创新创意水平。城市群作为一个整体，提供了丰富的渠道让创新创意人才集聚并发生社会互动。通过增强区域内人与人之间链接的广度、深度，促发深度的沟通和信息交流，整个区域实现了创新创意水平的提升。

二　城市群创新创意人才集聚情况

（一）城市群创新创意人才集聚总体情况

本报告研究的创新创意人才数据来源于《中国城市统计年鉴》。"创新

---

[1] 向勇、张相林：《文化创意人才现状与开发对策》，《中国人才》2008年第1期。
[2] 陈敏：《基于3T理论的城市创意产业发展路径研究》，《经济问题》2010年第4期。

创意人才"范围限定为"金融业""文化、体育和娱乐业""科学研究、技术服务和地质勘查业、技术服务和地质勘查业""信息传输、计算机服务和软件业"4个行业的从业者。区位商指的是,某地区某产业产值在本地区的比值/同一部门产值在全国的比重。① 本报告将采用此概念建构"创新创意人才商"衡量四个城市群中,各个区域、城市在创新创意人才集聚中的结构差异。在本报告中"创新创意人才商"为本地区创新创意人才数量占本地区总职工的比值/四大城市群创意创新人才数量占其总职工的比值。

京津冀城市群在创新创意人才集聚上具有一定优势。京津冀城市群、长江三角洲城市群、珠江三角洲地区及成渝地区双城经济圈创新创意人才商分别为1.60、0.85、0.77、0.80,京津冀城市群在创新创意人才集聚上具有优势。从创新创意人才集聚总人数看,京津冀城市群集聚的创新创意人才总数最高,高达334.08万人,略高于长江三角洲城市群的321.34万人,并远高于珠江三角洲地区的144.90万人及成渝地区双城经济圈的134.60万人。具体到城市层面,北京市、上海市、南京市、承德市、石家庄市、保定市、绵阳市、广州市、天津市、杭州市在四大区域66个城市中创新创意人才商排名居前10名,其创新创意人才商分别为2.38、1.61、1.41、1.38、1.34、1.26、1.25、1.21、1.19、1.16,其中在京津冀城市群的城市最多,共有5个。

以传统制造业为驱动力的发达城市群急需人才升级。在"后新冠疫情"时代,出口受到较大冲击,长三角、珠三角及成渝地区双城经济圈创新创意人才商较低,需要积极转变人力资源。商务部有关单位发布的《中国对外贸易形势报告(2020年春季)》显示,2020年前5个月,中国货物贸易进出口总额为11.54万亿元,下降4.9%,出口总额为6.20万亿元,下降4.7%。长江三角洲城市群、珠江三角洲地区经济以出口导向型为主,受疫情冲击较大,需要加快集聚创新创意人才或改善现有人才结构,促进经济结构转型升级。以珠三角为例,《广东统计年鉴2019》显示,2018年第一、

---

① 沈映春、贾雨洁:《京津冀一体化过程中区域产业与人才结构协调适配度研究》,《税务与经济》2019年第4期。

第二产业从业人员数仍然占 54.34%。新冠肺炎疫情对这些拥有雄厚的制造业基础的区域来说，既是挑战也是机遇。需要转变观念，以集聚创新创意人才推动经济发展方式加快转变，以寻求在新的发展时期保持区域发展优势。此外，鼓励区域本地传统人才向创新创意人才转变，鼓励他们从事创意和高技术产业，有助于保产业链供应链—保市场主体—保居民就业的工作，以扎实做好"六稳"工作，全面落实"六保"任务。

（二）京津冀创新创意人才集聚情况

创新创意人才集聚已经成为京津冀协同发展的重要驱动力量。京津冀城市群创新创意人才集聚取得优势，在四大城市群中，京津冀城市群的"创新创意人才商"最高，且只有京津冀城市群的创新创意人才商超过 1（见表1）。在新的发展时期，京津冀都市圈形成了创新创意人才高地，也就掌握了未来发展的动力。此外，除了北京市、天津市这些在京津冀城市群中经济、人才规模具有优势的城市，也涌现了承德市、石家庄市、保定市这些区域内创新创意人才比重较高的新动能高地。这些城市依靠京津冀城市群综合带动作用，成为区域统筹发展中的获益者。以承德市为例，承德市在 2018 年 12 月印发《承德市人才助力产业发展三年行动计划（2018—2020 年）的通知》，提出通过主动承接京津人才和项目落地等措施，借力京津高端产业、科技、人才、研发资源，做大做强新兴产业，实施战略性新兴产业人才引进计划。

京津冀城市群内部创新创意人才集聚仍需要协调均衡。尽管京津冀城市群的创新创意人才商居全国首位，创新创意人才集聚总人数高达 334.08 万人，亦居四大城市群首位。但在城市群内，从各个城市创新创意人才集聚平均水平看，京津冀城市群低于珠江三角洲地区。京津冀内部各个城市创新创意人才集聚水平不均衡，呈现北京一家独大的情况，北京创新创意人才集聚总人数占京津冀城市群创新创意人才比重高达 68.68%，而珠江三角洲地区中首位城市——深圳市创新创意人才占其城市群比重的 41.43%。此外，从京津冀城市群创新创意人才内部结构看，京津冀城市群信息传输、计算机服

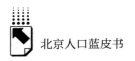
表1 各个城市群创新创意人才集聚总体情况描述

城市群	创新创意人才商	创新创意人才集聚平均标注化得分	创新创意人才集聚总人数（人）
京津冀城市群	1.69	0.27	3340803
长江三角洲城市群	0.85	0.03	3213401
珠江三角洲地区	0.77	0.36	1449041
成渝地区双城经济圈	0.80	-0.49	1345972

注：京津冀城市群包括14个地级以上城市，具体包括北京市，天津市，河北省张家口、承德、秦皇岛、唐山、沧州、衡水、廊坊、保定、石家庄、邢台、邯郸，以及河南省安阳市。长江三角洲城市群以上海市，江苏省南京、无锡、常州、苏州、南通、扬州、镇江、盐城、泰州，浙江省杭州、宁波、温州、湖州、嘉兴、绍兴、金华、舟山、台州，安徽省合肥、芜湖、马鞍山、铜陵、安庆、滁州、池州、宣城27个城市为中心区。粤港澳大湾区由香港、澳门两个特别行政区和广东省广州、深圳、珠海、佛山、惠州、东莞、中山、江门、肇庆9个珠三角城市组成；因统计口径原因，本报告仅涉及9个珠三角城市即研究珠江三角洲城市群。成渝地区双城经济圈包括16个地级以上城市，具体包括重庆市，四川省成都、自贡、泸州、德阳、绵阳、遂宁、内江、乐山、南充、眉山、宜宾、广安、达州、雅安、资阳。

资料来源：《中国城市统计年鉴2019》。

务和软件业人才比重最高，达到38.56%，超过其他城市群，但其他三类创新创意人才比重均低于四大区域平均水平，京津冀城市群创新创意人才结构略显不均衡。京津冀城市群的科学研究、技术服务和地质勘查业比重仅为23.92%，低于四大区域平均水平。而京津冀城市群中，文化、体育和娱乐业人才比重仅为5.85%，低于四大区域平均的7.41%（见图1）。京津冀城市群应调整创新创意人才的结构比重，增加金融业，文化、体育和娱乐业，科学研究、技术服务和地质勘查业的比例，增强艺术创意和科学研究驱动力。最后，在京津冀城市群内部，创新创意人才集聚空间分布严重不均衡，北京首位度过高，没有体现天津等城市的核心功能区地位。就创新创意人才总体首位度而言，京津冀城市群高达6.28，远高于长江三角洲城市群的3.18、珠江三角洲地区的1.21、成渝地区双城经济圈的2.41（见图2）。具体到不同创新创意人才类别中，空间分布不协调更加凸显。除金融业外，京津冀城市群的文化、体育和娱乐业，信息传输、计算机服务和软件业，科学研究、技术服务和地质勘查业人才集聚首位度均远高于其他城市群的相应值，分别高达8.40、

13.08、6.64。一般而言首位度小于 2 较好，能够说明城市群内部协调发展，城市群拥有竞争力并可持续发展。①

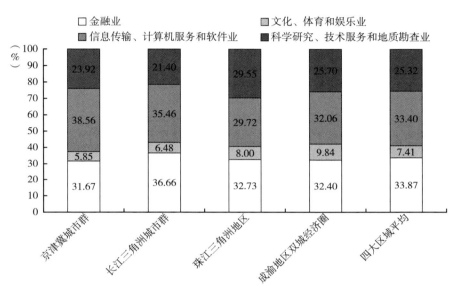

图 1 各城市群创新创意人才类型结构

资料来源：《中国城市统计年鉴 2019》。

表 2 各城市群创新创新人才集聚首位度

人才项目	京津冀城市群	长江三角洲城市群	珠江三角洲地区	成渝地区双城经济圈
金融业	3.21	3.02	1.74	1.13
文化、体育和娱乐业	8.40	2.16	1.23	2.76
信息传输、计算机服务和软件业	13.08	2.97	1.22	6.79
科学研究、技术服务和地质勘查业	6.64	3.41	1.11	2.29
创新创意人才	6.28	3.18	1.21	2.41

注：首位度 = 城市群首位城市人才数/城市群第二位人才数。

资料来源：《中国城市统计年鉴 2019》。

---

① 张子霄、吕晨：《京津冀城市群与波士华城市群空间结构对比分析》，《湖北社会科学》2018 年第 11 期。

三　城市群创新创意人才集聚因素

（一）城市群舒适物体系

在新的发展时期，人才集聚不仅因为经济和工作因素，也基于生活机会和社会文化环境。在这种背景下，聚焦人们生活质量的舒适物成为吸引人才，特别是创新创意人才的新动力。无论是各地政府，还是学术界，再仅仅从传统的经济、政策视角来理解创新创意人才集聚的影响因素，已难以令人信服。如何采取有效措施创造吸引、留住创新创意人才的环境，成为城市政府需要重新考虑的关键问题。

舒适物将成为创新创意人才城市群集聚的重要动力。舒适物是指使人在感官和心情上感到舒适、愉悦、满足的事物，可以包括公共服务设施、社会多样性等。在目前我国大城市经济社会发展更加依靠技术、消费和文化驱动力的趋势下，创新创意人才看重生活质量和实现个人发展的环境。因此，城市群的舒适物情况和创新创意人才集聚紧密相连。在此意义上创新创意人才的集聚实际上是对城市群舒适物水平的"用脚投票"。

为了具体研究舒适物水平对城市群创新创意人才集聚的影响，本报告通过因子分析法客观地建构舒适物体系。对各个舒适物指标数据进行自然对数化和标准化后，利用最大方差法提取数据，并利用正交旋转法对这些因素进行因子分析。通过多次因子分析，不断删除共同度较低的变量，最终经过筛选能够使剩余变量形成一个单一主成分的体系。此时，KMO 值为 0.797，说明各个变量之间的重叠程度较好，比较适合进行因子分析。巴特利特球形检验显著性为 P = 0.000 < 0.001，可以拒绝原假设，各个变量具有较强的相关性。就此，目前可以得到较为满意的因子分析模型。

舒适物体系由 6 个因素组成，分别为"专利申请数""专利授权数""普通高等学校数""博物馆数""医院数""外商直接投资合同项目"。这些因素是能够反映舒适物的典型特征，突出了"科教文卫"水平以及对外开放水平。这些舒适物因素是创新创意人才群体特别需要的。

科技创新在舒适物体系中发挥基础作用，高教发挥重要因素。对各个成分系数计算可以得出各个舒适物因素在舒适物体系中的比重。以专利授权数、专利申请数为代表的"科"层次重要性最高，分别达到 18.75% 和 18.63%。这突出了科技创新在创新创意人才与城市群联结的基础地位。而普通高等学校数是"教"层次典型因素，博物馆数是"文"层次的典型因素，其在舒适物体系中也发挥了重要作用，分别占比 17.26% 和 16.61%；以"外商直接投资合同项目"为典型的对外开放环境占舒适物体系的 16.35%。综上，可以看出以"科教文卫"和对外开放程度为典型的文化、包容动力组成了舒适物体系，它们与创新创意人才的特征紧密相连（见图 2）。

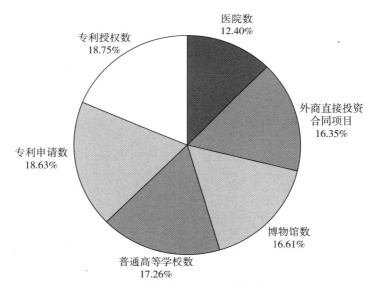

图 2　舒适物体系各因素比重

资料来源：《中国城市统计年鉴 2019》。

（二）各城市群舒适物水平总体情况

舒适物水平影响创新创意人才集聚，京津冀城市群需要完善舒适物水平以保持创新创意人才集聚优势。由舒适物水平得分和创新创意人才集聚得分

联立而成的散点图看，各个城市的舒适物水平与创新创意人才集聚水平，呈现正向相关，直线拟合 $R^2 = 0.796$（见图3）。在一定程度上说明舒适物水平对创新创意人才集聚的重要作用。此外，结合散点图和拟合直线可以发现，长江三角洲城市群城市多位于拟合直线下方，其舒适物发展较完善，创新创意人才集聚潜力较高。而京津冀城市群、成渝地区双城经济圈的各城市多位于拟合直线上方，其舒适物发展滞后于创新创意人才集聚。特别对于京津冀城市群来说，要想在未来实现创新创意人才集聚的优势地位，需要增强城市群舒适物的发展。

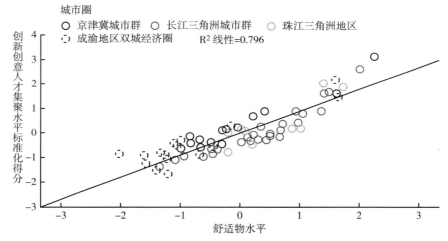

图3　各城市群舒适物与创新创意人才集聚水平标准化得分联立散点图

资料来源：《中国城市统计年鉴2019》。

珠江三角洲地区内部各个城市舒适物水平发展均衡，总体良好，而成渝地区双城经济圈发展相对较差。基于因子分析形成的舒适物体系，可以计算各个城市群的舒适物水平的标准化得分。进而，运用ANOVA方法对各个城市群中，各城市舒适物平均水平进行比较，模型组间自由度为3，组内自由度为65，$F = 6.553$。结果发现，各个城市群之中各城市的舒适物发展水平存在显著差异（$sig = 0.001 < 0.05$）。珠江三角洲地区中各城市舒适物水平发展最好，长江三角洲城市群次之；而京津冀城市群、成渝地区双城经济圈则低于平均

水平，其中成渝地区双城经济圈内各城市舒适物平均水平大幅低于东部各城市群，各城市平均标准化得分仅为 -0.80（见表3）。相对而言，珠江三角洲地区内部各个城市舒适物水平差异最小，其标准差为0.72，而成渝地区双城经济圈内部各个城市舒适物水平差异最大，其标准差为1.04。

表3　各城市群舒适物水平标准化得分描述性统计

地区	平均值	标准差	最小值	最大值	个案数
京津冀城市群	-0.06	0.94	-0.99	2.24	14
长江三角洲城市群	0.32	0.82	-1.34	2.01	27
珠江三角洲地区	0.55	0.72	-0.21	1.72	9
成渝地区双城经济圈	-0.80	1.04	-2.02	1.63	16
合计	0.00	1.00	-2.02	2.24	66

资料来源：《中国城市统计年鉴2019》。

（三）京津冀城市群需要通过舒适物均衡发展以实现创新创意人才集聚平衡

就京津冀城市群而言，舒适物需要增强城市群内的平衡。在京津冀城市群中，有北京这一舒适物高地，其得分为2.24分，在66个城市中，舒适物水平最高。而在京津冀城市群内，舒适物水平最低的城市得分为-0.99，相对高于长江三角洲城市群和成渝地区双城经济圈的最低值。但京津冀城市群中，各个城市舒适物水平差别较大，从舒适物水平标准化得分的标准差看，京津冀城市群标准差为0.94，仅低于西部的成渝地区双城经济圈。具体到各个舒适物因素看，在医院数和普通高等学校数因素中，京津冀城市群标准化得分高于0，高于各个城市群的平均水平（见表4）。而外商直接投资合同项目、博物馆数、专利申请数、专利授权数低于各个城市群的平均水平，这是需要京津冀城市群各个城市整体需要提升的因素。在外商直接投资合同项目方面，京津冀城市群内各个城市差别高于其他三个城市群；而博物馆数、普通高等学校数、专利申请数、专利授权数各个因素在京津冀城市群内差异大幅高于长江三角洲城市群和珠江三角洲地区。

表4 各城市群具体舒适物水平标准化得分描述性统计

舒适物因素	城市群	平均值	标准差
医院数	京津冀城市群	0.64	0.84
	长江三角洲城市群	− 0.22	0.89
	珠江三角洲地区	− 0.43	0.74
	成渝地区双城经济圈	0.05	1.21
外商直接投资合同项目	京津冀城市群	− 0.38	0.73
	长江三角洲城市群	0.28	0.69
	珠江三角洲地区	1.40	0.51
	成渝地区双城经济圈	− 0.93	0.72
博物馆数	京津冀城市群	− 0.07	1.00
	长江三角洲城市群	0.47	0.82
	珠江三角洲地区	− 0.19	0.93
	成渝地区双城经济圈	− 0.62	1.01
普通高等学校数	京津冀城市群	0.34	0.97
	长江三角洲城市群	0.12	0.87
	珠江三角洲地区	0.20	0.82
	成渝地区双城经济圈	− 0.61	1.14
专利申请数	京津冀城市群	− 0.34	0.88
	长江三角洲城市群	0.47	0.69
	珠江三角洲地区	0.76	0.74
	成渝地区双城经济圈	− 0.92	0.89
专利授权数	京津冀城市群	− 0.28	0.86
	长江三角洲城市群	0.40	0.77
	珠江三角洲地区	0.81	0.75
	成渝地区双城经济圈	− 0.88	0.89

资料来源:《中国城市统计年鉴2019》。

四 结论和讨论

在知识经济发展和区域发展战略的大背景下,创新创意人才集聚成为城市群发展的重要驱动力。本报告根据时代特点，在传统创新人才的基础上，扩展人才内涵，提出创新创意人才概念。创新创意人才不仅能与技术相结合，更能与消费、文化创意创新和区域人文环境紧密结合，是知识经济时代发展的新要素。在区域发展战略的背景下，创新创意人才的集聚能够更好地发挥效率优势，在城市群内发挥纽带作用，并与城市群内要素互联互通、区域系统发展的特征相适应，形成区域人才协调发展。最终在城市群内部形成良性循环，建成我国创新创意高地，增强城市群间循环流动，促进我国区域协调发展。

本报告实证结果发现，创新创意人才集聚与区域舒适物发展水平紧密相关。本报告构建了城市群舒适物体系，以分析创新创意人才集聚。在新的发展时期，创新创意人才的集聚已经不仅仅根据经济、就业环境，而是更在意区域的舒适性设施、服务、活动等组合，也就是让人们生活、工作感到舒适的环境。创新创意人才的集聚也不仅仅考虑一个城市本身的环境，而是开始倾向城市群的发展环境。就此，本报告通过城市群舒适物体系分析创新创意人才集聚。本报告利用因子分析法，基于《中国城市统计年鉴2019》数据建构舒适物体系，其具体包括"专利申请数""专利授权数""普通高等学校数""博物馆数""医院数""外商直接投资合同项目"6个具体指标，分别涵盖"科教文卫"和区域对外开放包容程度的特征，这些特征与创新创意人才的需求特点紧密相连。

京津冀城市群应立足于舒适物系统规划与建设，提升舒适物质量，筑牢创新创意人才高地。就创新创意人才集聚水平而言，无论是集聚人才的数量，还是创新创意人才在整个社会的比重，京津冀城市群都占据优势地位。这为京津冀城市群厚积薄发，形成我国乃至世界创新创意高地，奠定了坚实基础。但是京津冀城市群的创新创意人才集聚存在严重的不协调情况，北京巨大的创新创意人才虹吸，造成了过高的首位度，这对激发整个城市群区域创新创意发展水平带来了一定问题，需要借助于舒适物系统的均衡发展来引导创新创意人才合理流动与集聚。只有京津冀城市群内部"科教文卫"设施和对外开放包容程度的系统性完善，才能促进京津冀城市群整体的高质量

发展。而这一过程也将为北京自身作为世界级创新创意高地建设"添砖加瓦"。因此，应打破"一亩三分地"的思维，推动创新创意人才与相关活动的区域重大合作，解决好中心城市发展问题，统筹谋划同周边城市实现更好发展，促进形成协同有力、竞争有序、共享共赢的区域创新创意发展新格局，助力世界级创新创意高地建设。

参考文献

吴军：《流动的逻辑：解读创新创业者大城市聚集动力》，《城市发展研究》2016 年第 8 期。

吴军：《文化动力：城市发展的新思维》，人民出版社，2016。

吴军：《文化舒适物：地方质量如何影响城市发展》，人民出版社，2019。

B.16
青年人对社区消费场景的需求研究

吴军 郑昊*

摘 要： 场景是生活方式的容器，社区消费场景承载着居民对美好生活的需求。满足青年居民对社区消费场景需求，有利于吸引与留住青年人，有利于提高他们的社区认同感与归属感，同时，有利于促进他们社会交往与互动、激发一个地区的创新创意发展活力。本报告基于青年人需求，利用问卷调查数据，通过因子分析建构青年社区消费场景，形成居住基础、便民服务、购物设施、娱乐设施4个一级指标；并重点关注北京市的青年需求，通过K-均值聚类形成4种具有层次性的北京青年社区消费场景"理想类型"，以提供青年活力社区营造实践的阶段模板。北京应因地制宜、精耕细作，通过青年社区消费场景营造，发挥青年的消费、创新、治理力量，打造青春活力社区样板。在满足包括青年在内的人民群众对美好生活品质需求的同时，助力北京国际一流和谐宜居之都建设。

关键词： 社区消费场景 青年人需求 社区营造

---

* 吴军，博士，中共北京市委党校（北京行政学院）社会学教研部副主任，副教授，北京人口与社会发展研究中心研究人员，主要研究方向为社会与城市问题等；郑昊，中共北京市委党校（北京行政学院）社会学教研部硕士研究生，主要研究方向为城市社会学、经济社会学。

一　引言

场景是生活方式的容器，社区消费场景承载着居民对美好生活的需求。场景理念由新芝加哥学派提出，其核心要素在文化资本，立足于居住在社区层面的消费舒适物，是多种群体在社区的集合场景，重视社区中人们的价值观、生活方式和生活质量，这与实现人民群众美好生活的目标不谋而合。各具特色的"场景"正在重新定义社区，传统社区空间正向集空间、生活、情感、价值等于一体的场景延伸。各种社区消费场景应运而生，如以智慧智能为基础的社区服务场景、以多元体验为特征的社区生活场景、以创业平台为载体的社区机会场景。2020年6月，北京市出台《关于加快培育壮大新业态新模式促进北京经济高质量发展的若干意见》，聚焦新基建、新场景、新消费、新开放、新服务。在做好常态化疫情防控的基础上，加大高水平社区消费场景供给，有利于激发新消费需求和促进市场回暖，有利于满足人民群众多样、品质化的消费需求，不断回应人民群众对美好生活品质的期待。

社区消费场景由舒适物构成，舒适物也是社区消费场景的物质基础。舒适物是一种舒适性设施，是能够给居民带来舒适与愉悦的事物。通常，它与消费有关。它是指非交易物品与服务，类似于公共物品，能够提供给社区居民使用或享用，但是它们不同于提升市场价值或者直接购买范畴的生产性资本。[1] 由舒适物组成的社区消费场景体现了社区居民，特别是年轻人对生活美学及文化价值的追求。舒适物既是一个空间意义上的物理设施，也是社区居民凝聚的重要载体，对社区微更新能够起到重要作用。比如社区舒适物在塑造街区方面效果明显，能够激发社区活力、鼓励居民参与，使社区具有团结性和创造性的美好生活场景。

社区消费场景要关注年轻人的诉求。过往研究中发现，对于不同社区和

---

[1] 〔加〕丹尼尔·亚伦·西尔、〔美〕特里·尼科尔斯·克拉克：《场景：空间品质如何塑造社会生活》，祁述裕、吴军译，社会科学文献出版社，2019，第456页。

不同人群，社区设施都是居住满意度最重要的决定因素。[①] 青年人意味着更强的活力和创造价值，社区需要依托消费场景满足年轻群体的需求。但是过往研究少有针对青年人的社区需求研究，研究的对象往往以中老年人为主，无论是理论研究还是社区问题研究都突出了传统意义上社区的弱势人群，比如老年人、残疾人等，而青年人群被边缘化。为了社区长远的发展，需要关注社区新生代的力量，这有助于更好地增强社区活力。社区应该从下而上挖掘青年人对舒适物的需求，以建构青年社区消费体系，给予青年人更好的生活环境，促进社区繁荣发展。不同的舒适物对于不同的人群吸引力是不同的。相比自然舒适物，年轻人更需要人造消费舒适物（比如电影院等）。特别对于年轻的知识型人才，他们定居的地方需要文化舒适物和消费舒适物，而新产业也会根据年轻的知识型人才的地方偏好为自身选址，[②] 这种偏好性的选址也将为社区带来多重发展动能。

就此，本报告希望了解青年居民特别是北京青年居民对于社区各类舒适物的需求，通过实证数据构建起本土化的青年社区消费场景体系，了解不同特征的青年群体，特别是青年人才对社区消费场景需求的不同侧重方向。为北京乃至全国的社区消费场景政策、规划、营造勾画模板蓝图。希望以青年群体引导居民生活方式变革，推动消费生态体系与社区公共服务融合，增加社区更新活力，增加社会交往与互动，激发创新创意，以活力创新推动首都城市高质量发展转型。

二　实证数据显示青年群体的
社区文化消费需求旺盛

（一）研究对象主要为青年人才群体

中共北京市委党校（北京行政学院）社会学教研部吴军课题组在 2020

---

① 何立华、杨崇琪：《城市居民住房满意度及其影响因素》，《公共管理学报》2011 年第 2 期。
② 马凌、李丽梅、朱竑：《中国城市舒适物评价指标体系构建与实证》，《地理学报》2018 年第 4 期。

年5月进行了一次关于全国社区消费场景需求问卷调查。由于疫情防控特殊要求，本次调查全部采用网络问卷在线作答。所有地区、所有年龄层的总有效样本数为823份，其中35岁以下青年535份。为了更好地深入研究北京市社区消费场景情况，本问卷在北京16个区均有居民作答，问卷具有一定代表性。就全国35岁以下的青年样本情况而言，其中，男性占比49.7%，女性占比50.3%；26.5%为北京常住人口，62.1%有常住城市的户籍，57.4%拥有自有商品房。从被调查者家庭结构看，在家庭人均月收入方面，高收入家庭（月均5万元以上）占2.8%，中高收入家庭（月均收入1万~5万元）占23.7%，中等收入家庭（月均收入6000~1万元）占22.4%，中低收入家庭（月均收入3000~6000元）占29.5%，低收入家庭（月均3000元以下）占21.5%。在学历方面，大学本科以下学历仅占13.5%，大学本科学历占44.3%，研究生及以上学历占42.2%。由此可见，本研究样本基本代表了青年人才群体。

社区消费场景由舒适物组成，量表舒适物的初步选择基于文献回顾的结果和中国社区的基本情况，舒适物的选择也结合了中央城市工作会议的重要讲话以及全国各地的社区场景实践，以及研究者在北京市各个社区进行的预调研。问卷要求被调查者对舒适物的需求程度进行回答，每个问题均采用李克特量表，并从1分到5分需求依次增加。为了能够更好地研究青年群体对社区消费场景的需求，并形成青年社区消费场景体系，最后采取专家评审法在青年群体对美好生活需求的舒适物中选择了13个舒适物纳入研究数据（见表1）。

（二）青年人对文化消费舒适物需求较高

总体来看，在青年社区消费场景的舒适物中，文化消费舒适物需求较高。对包括青年和非青年的全样本量表数据进行标准化后，描述性统计结果见表1。无论是从全国总体看还是从北京数据看，KTV、卡拉OK，商圈、百货店、Shopping Mall、主题街区等需求较强，青年群体对它们的需求都超过了0.05，高于平均水平。这显示出，当下各个地区的文化消费已经成为青年人在社区的重要需求。相比总体人群，社区中的青年居民更加倾向于对文化艺术的欣赏、自我表达及消费。相对而言，传统的社区设施，诸如物业服务、社区养老服务以及公园绿地，青年群体对其的需求低于人群总体，相比于社区中的传统基础设施，青年群体更加期待社区中的文化消费设施（见表1）。

表1 青年人对各个舒适物需求程度的描述性统计

指标名称	全国	北京
KTV、卡拉 OK	0.175	0.285
电影院	0.080	0.173
婴幼儿照护设施、托儿所、幼儿园	−0.023	0.054
课外教育培训设施	−0.013	0.065
社区养老服务	−0.138	−0.053
便利店、生鲜店等	0.063	0.042
超市、大卖场等	0.076	0.086
商圈、百货店、Shopping Mall、主题街区等	0.152	0.230
物业服务	−0.130	−0.158
社区各种手续在手机办理	−0.002	−0.092
社区医疗卫生服务机构	−0.043	−0.108
社区健身运动场馆	−0.042	0.031
公园绿地	−0.150	−0.033

资料来源：本报告所有数据、图表资料来源于本课题组 2020 年《全国社区消费场景需求问卷调查》。

（三）北京青年对舒适物需求由基础设施向文化消费深刻转变

北京青年对各项社区舒适物的需求高于全国，文化消费更受北京青年青睐。除了便利店、生鲜店等，物业服务，社区各种手续在手机办理，社区医疗卫生服务机构等舒适物外，北京青年对社区消费舒适物的需求高于全国。便利店、生鲜店等，物业服务，社区各种手续在手机办理，社区医疗卫生服务机构等舒适物均属于社区生活的基础性设施，而北京社区基础

设施较为完善，青年社区居民在满足了这些基础性舒适物后转向更高层次的需求。本研究发现以 KTV、卡拉 OK，商圈、百货店、Shopping Mall、主题街区等为代表的社区文化消费舒适物是青年人更为需要的。而对于北京青年来说，他们对这些文化消费舒适物的需求高于全国青年的平均水平。这在一定程度上说明，北京青年对社区舒适物的需求层次已经高于全国青年的平均水平。与全国青年社区居民相比，北京青年居民需要的社区发展动力更早也更深入地向文化消费转变。这从侧面说明，更需要加紧对北京青年期望的社区消费场景进行研究，以促进北京各个社区更好地从传统的基础设施向以文化消费为动力的发展方式转变。这一过程有赖于对青年社区消费场景体系的建构，并有针对性地了解北京不同特质的青年群体对社区消费场景的多样化需求。

三 构建青年社区消费场景

（一）青年社区消费场景由居住基础、便民服务、购物设施、娱乐设施组成

对青年需求的实证数据进行因子分析，形成由居住基础、便民服务、购物设施、娱乐设施 4 个维度构成的青年社区消费场景。对量表的数据结果进行标准化后，利用最大方差提取数据，并利用正交旋转法对由具体舒适物组成的二级指标进行因子分析。在因子分析前，首先进行 KMO 和巴特利特检验。KMO 值为 0.842，该结果说明各个变量之间的重叠程度较好，适合因子分析；巴特利特检验显著性为 P = 0.000 < 0.001，拒绝原假设。由此可知，目前可以得到较为满意的因子分析模型。通过因子分析，最终获得四个主要成分，也就是青年社区消费场景的一级指标。第一个因子主要包括社区各种手续在手机办理、社区医疗卫生服务机构、物业服务、公园绿地、社区健身运动场馆，可以将其命名为"居住基础"。第二个因子主要包括婴幼儿照护设施、托儿所、幼儿园，课外教育培训设施，社区养老服务，可以将其命名

为"便民服务"。第三个因子主要包括超市、大卖场等，便利店、生鲜店等，商圈、百货店、Shopping Mall、主题街区等，可以将其命名为"购物设施"。第四个因子主要包括电影院、KTV、卡拉OK，可以将其命名为"娱乐设施"。从青年社区消费场景各个维度的舒适物数量看，居住基础维度的舒适物数量最多，居住基础舒适物在青年社区消费场景中仍发挥着基础作用（见表2）。

表2　旋转后的因子载荷矩阵

二级指标	一级指标			
	居住基础	便民服务	购物设施	娱乐设施
社区各种手续在手机办理	0.858			
社区医疗卫生服务机构	0.840			
物业服务	0.801			
公园绿地	0.738			
社区健身运动场馆	0.651			
婴幼儿照护设施、托儿所、幼儿园		0.879		
课外教育培训设施		0.837		
社区养老服务		0.815		
超市、大卖场等			0.869	
便利店、生鲜店等			0.831	
商圈、百货店、Shopping Mall、主题街区等			0.797	
电影院				0.859
KTV、卡拉OK				0.852

（二）青年社区消费场景体系各维度权重呈现金字塔形

根据旋转载荷的计算得出，居住基础在青年社区消费场景中最为关键，占整个体系的34.59%，这些居住舒适物在社区发挥着基础性作用。以婴幼儿照护设施、托儿所、幼儿园，课外教育培训设施，社区养老服务为代表的便民服务占25.78%，购物设施占22.64%，娱乐设施占16.99%。从居住基

263

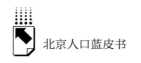

础、便民服务、购物设施再到娱乐设施，其重要性依次递减，而又呈现向文化消费转型的逐步深入，使得青年社区消费场景体系呈金字塔式构造（见表3）。

表3　青年社区消费场景体系指标权重

单位：%

场景体系	一级指标及权重		二级指标 （具体内容）
青年社区 消费场景 体系	居住基础	34.59	社区各种手续在手机办理、社区医疗卫生服务机构、物业服务、公园绿地、社区健身运动场馆
	便民服务	25.78	婴幼儿照护设施、托儿所、幼儿园，课外教育培训设施，社区养老服务
	购物设施	22.64	超市、大卖场等，便利店、生鲜店等，商圈、百货店、Shopping Mall、主题街区等
	娱乐设施	16.99	电影院，KTV、卡拉OK

四　北京青年社区消费场景可分为4个阶段化"理想类型"

（一）北京青年社区消费场景包含4个"理想类型"

北京青年社区消费场景包含4个"理想类型"。为了解北京青年居民对社区消费场景需求的典型特质，以便为制定政策、规划社区消费场景提供样板。本报告以4个一级指标为特征变量，运用K-均值方法对北京青年社区消费场景进行分类，形成北京青年社区消费场景。4个北京青年社区消费场景的"理想类型"尽可能凸显了阶段性和主要特征，在"理性类型"内部其差别尽可能小，而"理想类型"之间的差别则尽可能大。在经过对聚类中心的迭代计算后获得各个"理想类型"的聚类中心，也就是居住基础、便民服务、购物设施、娱乐设施各个维度在各个"理想类型"中的标准化平均得分，反映了各个"理想类型"不同的典型特征（见表4）。

第一类理想类型是没有需求侧重的社区消费场景低需求类型。根据不同维度的标准化得分可以看出，在第一类社区消费类型中，没有一个维度的得分超过平均值。因此，在该理想类型中的青年居民对于青年社区消费场景中的任意维度没有侧重。第二类理想类型是侧重居住基础的社区消费场景低需求类型。与第一类理想类型相比，第二类理想类型中北京青年居民对居住基础、便民服务、购物设施的需求均高于全国平均水平，而娱乐设施需求有所降低，大幅低于全国青年的评价需求水平。在该类型中，青年居民对居住基础的需求最高（0.655），因此本类型的主要特点是侧重居住基础。第三类理想类型是社区消费场景高需求类型，侧重购物设施。与第二类侧重居住基础相比，第三类对居住基础的需求降低（-1.000），而在便民服务、购物设施、娱乐设施层面，北京青年对其的需求大幅提升，特别是对购物设施的需求标准化评价得分高于1（1.224），反映了第三类理想类型侧重购物设施需求这一特点。第四类理想类型是社区消费场景高需求类型，侧重娱乐设施。在第四类中，仅购物设施需求平均得分低于平均值（-0.233），居住基础、便民服务、娱乐设施均超过全国青年平均需求得分，其中对娱乐设施需求最高（1.076）（见表4）。

表4　北京青年社区消费场景理想类型及其特征

	第一类:社区消费场景低需求	第二类:社区消费场景低需求	第三类:社区消费场景高需求	第四类:社区消费场景高需求
	无侧重	侧重居住基础	侧重购物设施	侧重娱乐设施
居住基础	-1.416	0.655	-1.000	0.437
便民服务	-0.411	0.196	0.427	0.216
购物设施	-0.652	0.194	1.224	-0.233
娱乐设施	-0.176	-0.709	0.264	1.076
社区消费场景总需求	-2.654	0.336	0.915	1.495

（二）北京青年社区消费场景呈现层次性

北京青年社区消费场景呈现层次性，居住基础是基石，购物设施是支

撑，娱乐设施是新动力。根据青年社区消费场景体系，对4个类别的4种社区消费场景维度需求进行加权总计，形成了社区消费场景总需求。从总需求得分情况可以看出，第一类到第四类呈现需求逐步增加，青年居民对社区消费场景的期望逐渐提高。从内容上看，第一类理想类型在4个维度的需求均低于全国青年平均水平，而第二、三、四类理想类型仅在某一维度低于全国青年平均水平，这显示出北京青年居民对社区消费场景需求的内容不断扩大，而在不同阶段侧重的需求也不同。第二类理想类型侧重居住基础，说明社区各种手续在手机办理、社区医疗卫生服务机构、物业服务、公园绿地、社区健身运动场馆等社区居住基础设施依然是青年居民赖以生活的需要，这些设施的完善也将促进社区新舒适物的发展，为新需求做铺垫。紧接着居住基础，购物设施是北京青年对社区消费场景的主要需求。购物设施直接对应社区消费场景的内涵，是在新的发展时期，这一阶段性变化顺应了社区建设乃至整个城市建设的新变化，消费替代传统基础设施投资成为社区营造建设美好家园的新支撑。在青年社区消费场景营造的最终阶段，娱乐设施是北京青年需求最高的维度。这一需求紧紧与北京青年的特质相吻合，文化消费、文化展示也与北京历史底蕴和时尚包容相契合，凸显了北京的城市文化特点。社区娱乐设施与社区中的青年人才紧密相连，也符合北京城市的气质，是城市—社区—人的重要连接点。这一发展阶段，凸显了场景动力在社区发展中的作用，即文化消费动力成为社区发展的未来动力，而这种动力将在社区设施丰富完善的情况下，更加重视人的审美需求，在满足青年人才集聚定居需求的情况下，不断为社区注入新的活力。

（三）北京各类青年群体对社区消费场景的需求存在差异

为了进一步更有针对性地了解不同北京青年群体与社区消费场景理想类型的对应关系，以便各个社区根据所在社区的青年群体特点，因地制宜地开展社区消费场景营造，吸引青年人才在社区发挥作用，让社区更具发展活力。图1展示了4个社区消费场景理想类型在北京各个青年群体中的占比。

从总体看，北京青年对社区消费场景需求层次较高。根据北京青年对社区消费场景各个理想类型的需求对应情况可以看出，北京青年对第四类——侧重娱乐设施的理想类型和第二类——侧重居住基础的需求占比最高，均为33.1%（见图1），这说明居住基础仍是北京青年的主要需求。另一方面，亦有近1/3的北京青年需求侧重以娱乐设施为代表的文化消费。社区层面的文化消费已经成为北京青年的重要需求，对于各个社区而言，文化消费是未来的主要发展动力。第三类理想类型——侧重购物设施的占比最低，仅为13.38%，这在一定程度上说明，北京社区的购物设施满足了青年居民的需求。而北京青年对应第一类理想类型——无侧重的占比仅20.42%，换言之，近80%的北京青年对社区消费场景具有明确的需求侧重，尽管这些需求是差异化的。

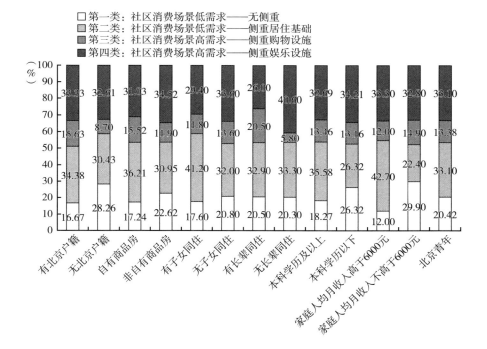

图1　北京各个青年群体特质与青年社区消费场景理想类型的对应情况

在北京，不同特征的青年人对社区消费场景需求不同。相比有北京户籍的青年人，无北京户籍的青年人对应第一类理想类型——无侧重比例较高，

高达28.26%，有北京户籍的青年人对社区消费场景提供的舒适物期待较高。相比自有商品房的青年人，非自有商品房的青年人更侧重第四类理想类型——侧重娱乐需求（34.52%），而自有商品房的青年人相对更重视居住基础（36.21%）和购物设施（15.52%）。从家庭结构来看，相较于无子女同住的青年人，有子女同住的青年人更需要居住基础（41.20%），而无子女居住的青年人更关注自身的文化消费需求，他们对应第四类理想类型——侧重娱乐设施（33.60%）、第三类理想类型——侧重购物设施（13.60%）比重较高。相比于有长辈同住的青年人，无长辈同住的青年人在第四类理想类型——侧重娱乐设施占比最高，高达40.60%。相比有长辈同住的青年人，无长辈同住的青年人更不容易受到传统观念的影响或束缚，更加重视自身文化价值的消费和展现。相比本科学历及以下的青年群体，本科学历及以上的青年人才相对重视居住基础（35.58%），此外在第一类理想类型——无侧重的占比18.27%，大幅低于本科学历以下群体的26.32%。家庭人均月收入高于6000元群体中，属于第二类理想类型的占比最高达42.70%，远高于不高于6000元群体的22.40%；此外，从收入划分的群体看，收入较高者对社区消费场景大多具有个体化的侧重，属于第一类理想类型——无侧重的比重仅12.00%；而家庭人均月收入相对较低的青年人，对社区的期待较低，其符合第一类理想类型——无侧重的比重高达29.90%。

五　结论与讨论

本报告利用调查研究法，构建了青年社区消费场景体系。利用因子分析法，本报告客观地把青年社区场景体系划分为四个维度：娱乐设施、购物设施、便民服务、居住基础。其中，娱乐设施包括"电影院""KTV、卡拉OK"2个二级指标；购物设施包括"超市、大卖场等""便利店、生鲜店等""商圈、百货店、Shopping Mall、主题街区等"3个二级指标；便民服务包括"婴幼儿照护设施、托儿所、幼儿园""课外教育培训设施""社区养老服务"3个二级指标；居住基础包括"社区各种手续在手机办理""社区医疗卫生服务机构""物业服务""公园绿地""社区健身运动场馆"5个二级指标。本报告聚焦社区微观层面，贴近青年居民的生活方式和生活需求。青年社区消费场景体系的构建，以青年居民美好生活为立足点，为各个社区满足青年居民的生活需求，鼓励更多青年参与社区治理，为社区增加青春活力。

青年社区消费场景的理想类型是实现活力社区的阶段模板。根据青年居民的多样化需求特点，通过聚类分析形成具有鲜明层次特征的4种类型：社区消费场景低需求——无侧重，社区消费场景低需求——侧重居住基础，社区消费场景高需求——侧重购物设施，社区消费场景高需求——侧重娱乐设施。这些理想类型是社区消费场景体系各个维度的组合，体现了青年社区消费场景在不同社区、不同特质群体、不同发展阶段中的主要问题。

青年社区消费场景营造应因人而异，根据需求精准对应。就北京青年的情况而言，需要满足高学历、高收入青年人才对居住基础的消费场景需求，鼓励他们积极参与社区治理实践，增加其居住社区的发展活力，并让他们更好地为社区、为整个城市发挥自身的作用。社区应该积极了解青年居民的家庭结构和个性化诉求，找到社区青年的需求共性，以着力解决主要问题。比如，对于"上有老，下有小"中坚青年人较多的社区，应积极打造侧重居住基础的社区消费场景，以解决他们的后顾之忧。此外，需要满足非自有住房青年人对社区娱乐设施的需求，以便他们更好地进行自我表达，更好地融入社区整体的文化价值，通过兴趣爱好等个性化特质增强他们对社区的归属感。对于非北京户籍青年人、低收入家庭青年人，应该挖掘他们对社区舒适物的需求，提升他们对社区场景营造的憧憬，增加其对社区、城市的认同感。

青年社区消费场景营造助力美好社区发展。青年社区消费场景营造关键在于因地制宜，与不同青年人实际的需求相对应，与不同社区的青年人特点相对应。与传统的城市治理模式相比，社区消费场景更加贴近青年居民的生活实际，这种"精耕细作"的治理体系能够切实地了解并供给青年人群的需求。以社区消费场景建设为引领，从城市的各个社区出发，能够以点带面

地推动青春活力的城市营造。特别是对于北京而言，随着北京整个大都市形态由生产导向型向消费和创新服务导向型转变，发挥青年的消费、创新、治理力量尤其重要。通过青年社区消费场景营造，有利于促进青年群体创造新消费需求，推动青年人才在社区发挥自身能量，有利于打造青春活力社区。在满足包括青年人在内的人民群众对美好生活品质需求的同时，助力国际一流和谐宜居之都建设。

参考文献

吴军：《城市社会学研究前沿：场景理论述评》，《社会学评论》2014 年第 2 期。

吴军：《大城市发展新行动战略：消费城市》，《学术界》2014 年第 2 期。

吴军：《流动的逻辑：解读创新创业者大城市聚集动力》，《城市发展研究》2016 年第 8 期。

吴军：《文化舒适物：地方质量如何影响城市发展》，人民出版社，2019。

B.17
东京都市圈就业结构的空间特征识别[*]

张　锋　尹德挺[**]

摘　要： 为进一步解读城市空间结构，本报告在对 1920 年以来东京都市圈就业人口数据的分析基础上，采用 1980～2015 年日本国势调查数据，利用探索性空间分析、反距离权重法及等值线法，以 203 个市町村为基本研究单元，对东京都市圈就业空间格局演化特征及就业中心的功能进行识别。研究发现，1920 年以来，东京都市圈就业空间结构演变大致经历了集聚、扩散和再集聚三个阶段，在基础设施日益完善、轨道交通高度发达的背景下，逐渐形成了以千代田区为中心向外逐层递减的圈层分布态势。东京都市圈就业多中心化特征明显，共识别出就业中心 12 个。主就业中心位于距离中心点 5～10千米的东京都区部，形成一个横跨 11 个地区的就业中心环带。不同就业中心等级差异显著，且承载功能有所不同。主就业中心侧重于生产服务业；而外部次就业中心多为包含工业在内的综合性就业中心或一般性就业中心，在第二产业及分配服务业方面占比较高。

关键词： 东京都市圈　就业结构　空间分析

　*　本报告系国家社科基金重大课题"中国主要城市群人口集聚与空间格局优化研究"（编号：18ZDA131）的阶段性成果。

**　张锋，中化集团财务有限责任公司，硕士研究生，主要研究方向为人口统计、京津冀协同发展；尹德挺，博士，中共北京市委党校（北京行政学院）社会学教研部主任、教授，主要研究方向为京津冀协同发展、流动人口有序管理等。

一 引言

城市源自人口与资源的区域性集聚，城市发展过程中受集聚力量与扩散力量两种作用力的相互影响。① 因为存在规模大且整合较好的劳动力市场，人口将持续向城市集聚，从而构成了大城市存在和发展的内在动力，但由于这种集聚力量本身存在边际效用递减，随着集聚超过一定限度，人居城市成本将会增加，成本体现在高额房租、通勤时间、环境恶化等多方面，反过来限制劳动力与资源的集聚，这种制约机制被称为"城市病"。当集聚所产生的边际效应超过制约机制时，集聚现象将持续发生，反之则会出现扩散现象。城市空间结构的变迁正是这两种力量交织作用的结果。

城市发展的扩散力量是导致城市空间结构由单中心向多中心转变的主要因素，而扩散力量机制的形成，是市场与政府双重作用的结果。一方面，资本为了寻求最大利益，面对集聚带来的激烈竞争与市场饱和，将主动向外迁移以寻求新的发展机会，从而形成就业次中心等，此外，部分产业受原料供给等因素影响，其最初进行区位选择时不会强求集中。另一方面，政府出于宏观配置资源的考虑，通过制定政策来鼓励与诱导过度集聚地区向外扩散，也是扩散力量的重要推动力。

就业结构是反映城市经济结构的重要指标。如果说对城市人口分布的研究结果所描绘出的城市图景是一个静谧的、夜间的城市，那么对城市就业人口分布的空间呈现则勾画出一幅动态的、日间的城市图像。对就业空间结构的实证研究由来已久。在 Weber 系统论述了工业区位理论后，后来者逐步建立起涉及交通、人口、住宅等要素的经济活动空间结构模型，如 Alonso 建立的单中心城市模型②与 Mills 提出的多中心模型

---

① 〔德〕阿尔弗雷德·韦伯：《工业区位论》，李刚剑等译，商务印书馆，2011。

② Alonso, W., *Location and Land Use: Toward a General Theory of Land Rent* (Oliphant, Anderson & Ferrier), pp. 11 - 26.

理论①。

对于城市就业空间结构的相关研究内容具有跨学科属性特征。城市地理学视角下，侧重于就业空间分布、就业人口的集聚与扩散、就业中心的识别、不同行业就业人口的空间差异、轨道交通对就业的空间影响等；人口学视角侧重于就业人口的空间分布、就业人口同常住人口或流动人口的空间关系、不同性别、年龄或户籍就业人口的分布状况、职住分离情况等。本报告将从东京都市圈就业人口的空间分布出发，进行就业中心的识别。

对于就业中心的识别已具有较为成熟的研究范式。Giuliano 和 Small② 使用 1980 年人口普查数据中就业密度与就业人数两个指标，识别出该地区存在 32 个就业子中心；Mcmillen③ 对 1970～2020 年芝加哥的就业和人口密度进行了测算与预测，并认为随着时间的推移芝加哥大都市区确定的子中心数量将从 1970 年的 9 个增加到 2020 年预测的 24 个，现有的子中心正在变得越来越大，并且特别有可能沿着主要的高速公路扩展，文中还使用了 OLS 模型与半参数估计来解释就业密度、人口密度与子中心的关系。Mcmillen 等④ 审查并测试了 Fujita 和 Ogawa⑤ 提出的城市空间结构模型（该模型认为就业子中心的数量随着人口和通勤成本的增加而增加），通过对 62 个美国大城市地区的样本进行简单泊松回归支持了该模型，同时得出结论，在拥堵程度较低的城区当人口达到 268 万时形成了第一个子中心，第二个子中心在人口达到 674 万时形成。此外还有学者通过研究通勤的空间、时间和模式，对 20 世纪 80 年代美国大都市区的就业空间结构的分散趋势展开讨论，其数据

---

① Mills, E. S., "An Aggregative Model of Resource Allocation in a Metropolitan Area," *American Economic Review* 2 (1967): 197–210.

② Giuliano, G., Small, K. A., "Subcenters in the Los Angeles Region," *Regional Science and Urban Economics* 2 (1991): 163–182.

③ Mcmillen, D. P., Lester, T. W., "Evolving Subcenters: Employment and Population Densities in Chicago, 1970–2020," *Journal of Housing Economics* 1 (2003): 60–81.

④ Mcmillen, D. P., Smith, S. C., "The Number of Subenters in Large Urban Areas," *Journal of Urban Economics* 3 (2003): 321–338.

⑤ Fujita, M., Ogawa, H. "Multiple Equilibria and Structural Transition of Non-monocentric Urban Configurations," *Regional Science and Urban Economics* 2 (1982): 161–196.

表明，1980~1990 年，美国大都市区的就业人数在中心城市以外增加了 49.2%，而中心城市则增长了 13.1%，这导致平均车辆行驶里程延长，同时交通和乘车共享市场份额减少（这反过来降低了平均车辆占用率）。[①]

  总的来看，国外学者对就业中心的识别与分级中，最重要的指标在于就业人数与就业密度，同时涉及的其他重要指标包括常住人口数、通勤成本等。涉及的方法可分为探索性空间分析（图形分析）、门槛值法、参数模型法以及非参数模型法[②]等四类。国内研究基本沿用了国外的几种方法，使用 ArcGis 软件可以绘制就业密度等值线图来设置门槛值，并通过空间插值（反距离插值或克里金等方法）来进行研究，或直接将其呈现在图层上进行分析[③④⑤⑥]。Wang[⑦] 是国内较早使用参数模型函数的学者，随后冯健、周一星[⑧]在研究北京城区人口空间分布结构时使用了单中心密度函数与多中心密度函数；吴文钰和马西亚[⑨]也将这一方法应用在上海市人口空间分布上。较早使用二阶段识别法的学者是谷一桢等[⑩]、孙铁山等[⑪]、孙斌栋和魏旭红[⑫]，他们对北京、上海的就业空间结构进行识别。

① Cervero, R., Wu, K. L., Sub-centering and Commuting: Evidence from the San Francisco Bay Area, 1980－1990, University of California Transportation Center Working Papers, 1996.
② 宋鑫：《京津冀城市群就业空间结构及集散趋势研究》，硕士学位论文，华中师范大学，2017。
③ 王玮：《基于 GIS 支持的北京市就业空间结构研究》，硕士学位论文，中国地质大学（北京），2009。
④ 蒋丽、吴缚龙：《广州市就业次中心和多中心城市研究》，《城市规划学刊》2009 年第 3 期。
⑤ 刘碧寒、沈凡卜：《北京都市区就业——居住空间结构及特征研究》，《人文地理》2011 年第 4 期。
⑥ 张勤：《武汉市就业分布的时空演变研究》，硕士学位论文，华中师范大学，2014。
⑦ Wang, F. H., "Regional Density Functions and Growth Patterns in Major Plains of China, 1982－1990," Papers in Regional Science 2 (2001): 231－240.
⑧ 冯健、周一星：《近 20 年来北京都市区人口增长与分布》，《地理学报》2003 年第 6 期。
⑨ 吴文钰、马西亚：《多中心城市人口模型及模拟：以上海为例》，《现代城市研究》2006 年第 12 期。
⑩ 谷一桢、郑思齐、曹洋：《北京市就业中心的识别：实证方法及应用》，《城市发展研究》2009 年第 9 期。
⑪ 孙铁山、王兰兰、李国平：《北京都市区人口——就业分布与空间结构演化》，《地理学报》2012 年第 6 期。
⑫ 孙斌栋、魏旭红：《上海都市区就业——人口空间结构演化特征》，《地理学报》2014 年第 6 期。

二　研究区域与研究方法

（一）研究区域及数据

本报告选取狭义东京都市圈作为研究区域。狭义东京都市圈指 1956 年初版日本首都圈整备方案中的"一都三县"，即以东京市区为中心，加上埼玉、千叶、神奈川三县，半径约 80 千米。作为世界上最发达的都市群之一，2016 年，其经济规模已超过 2 万亿美元 ［2018 年京津冀城市群 GDP 总量为 8.51 万亿元（约 1.2 万亿美元）］，根据日本统计局估计，2019 年东京都市圈人口达到 3661.87 万人，[①] 在土地面积仅为全日本 3.59% 的情况下汇聚了全国 28.73% 的人口和 32.31% 的 GDP，是日本当之无愧的政治、经济中心。

本报告中日本都道府县级[②]数据来自日本历年人口普查、国民经济调查及人口估计调查，市町村级数据来自日本 1980～2015 年国势调查[③]。由于直到 1980 年（昭和 55 年）国势调查中才出现全域市町村别数据，基于此，本报告对就业结构特征的空间识别研究时段为 1980～2015 年，共 35 年。

需要注意的是，随着日本全域城市化水平的不断提高，市町村的数量一直呈减少的趋势，其间先后共有三次大规模的市町村合并，分别是明治大合并、昭和大合并及平成大合并。而在本研究区间内，恰逢 2000～2009 年

---

① 日本人口普查、国民经济计算、人口估计调查。
② 日本行政区划采用全国、都道府县与市町村三级，后两者大致可对应国内的省级与县级。由于更细致的街道层面数据并未公布，故本研究最小地理单元为市町村级（相当于中国县级）。
③ 日本国势调查是日本最重要的统计调查，涵盖了所有居住在日本的人，以五年为周期进行调查。

的"平成大合并"，不同时点行政区划发生了较大变化，据此，本报告以2010年行政区划口径为准，对有所变化的地区进行重新计算，确保期间口径一致可比，最终口径为 203 个行政区。

（二）研究方法

本报告主要利用 ArcGis 软件进行空间分析，包括探索性空间分析（ESDA）、反距离权重（IDW）及等值线法。探索性空间分析是用来测度属性值之间空间关联程度的重要方法，可将其视同为传统分析方法中的描述性分析。但仅仅描述这种相关关系是远远不够的，还需要将传统统计学与现代图形技术加以结合，用更为精确的指标与方法对隐埋在数据背后的空间分布、空间模式与相互作用进行可视化处理。

反距离权重法（IDW）。空间插值可以实现数据的连续性，从而更好地表现和充分挖掘人口分布的空间规律，空间插值有多种实现方式，如反距离权重法、样条插值法、克里金插值、自然邻域插值等，其中反距离权重法是较为常用的插值方法。该方法以插值点与样本点间的距离为权重进行加权平均，离插值点越近的样本点赋予的权重越大。[①] 反距离权重（IDW）是一个均分过程，这一方法要求离散点均匀分布，并且密集程度足以满足在分析中反映局部表面变化。其计算公式如下：

$$z = \frac{\sum_{i=1}^{n} \frac{z_i}{(d_i)^p}}{\sum_{i=1}^{n} \frac{1}{(d_i)^p}} \quad d_i = \sqrt{(x - x_i)^2 + (y - y_i)^2} \tag{1}$$

设平面上分布一系列离散点，其坐标和值为 x_i、y_i、z_i（$i = 1, 2, \cdots,$ n），d_i 是估计点与插值点的距离，p 是距离的幂，通常设定在 0.5～3，幂值越高，插值效果越平滑。

---

① 汤国安、杨昕等：《ArcGIS 地理信息系统空间分析实验教程》，科学出版社，2019。

三 东京都市圈就业结构的宏观演变

东京都市圈的发展主要以东京都中心 23 区为核心，自 19 世纪末开始，伴随着产业革命，以及政商联合的财阀经济发展，以四大财阀为代表的垄断企业纷纷在东京设立总部，人口、资本快速向东京集聚，东京都也逐步由传统的政治中心，转变为政治、经济中心。[①] 都市圈空间结构演变也大致经历了集聚、扩散和再集聚三个阶段。[②]

第一阶段，中心集聚阶段（1920～1940 年）。1920 年以来，东京都市圈的建成区范围主要集中在东京都中心 23 区内，23 区人口占东京都总人口的比重达到 90.78%，占东京都市圈总人口比重的 43.73%。此后，城市有所扩张，但中心区依然为人口涌入的首选地。到 1940 年，东京都市圈人口已增至 1272.61 万人，占日本全国总人口的比重从 1920 年的 13.72% 提升至 17.41%，其中东京 23 区人口达到 677.88 万人，占东京都总人口的比重提升至 92.26%，占东京都市圈总人口比重的 53.26%。

第二阶段，持续扩散阶段（1950～1990 年）。[③] 在经历了战后经济恢复阶段后，日本经济开始腾飞，东京都人口迅速增加，城市区域快速扩张。1950～1965 年，东京都人口由 627.75 万人增至 1086.92 万人，平均增长率达到 37.28%，而同期周边埼玉、千叶、神奈川三县的人口增长率分别为 28.80%、20.82%、43.85%。自 1965 年开始，东京都市圈的郊区化进程开始明显，东京都人口增速明显小于周边三县，人口继续缓慢向外疏解。

---

① 谭纵波：《东京大城市圈的形成、问题与对策——对北京的启示》，《国外城市规划》2000 年第 2 期。

② 张磊：《都市圈空间结构演变的制度逻辑与启示：以东京都市圈为例》，《城市规划学刊》2019 年第 1 期。

③ 1940～1950 年，东京都市圈人口变动主要受战乱及战后重建等特殊历史事件影响，属特殊时点，故未纳入整体考虑。以下列出数据供参考。1940～1945 年，东京都市圈人口由 1272.61 万人迅速减少至 936.80 万人，其中东京都人口由 734.70 万人减少至 348.83 万人。1945～1950 年，经历了 5 年的修整，东京都市圈人口增长至 1305.06 万人，其中东京都人口增长至 627.75 万人。

1965～1990 年，东京都的人口增长率仅为 8.32%，而同期琦玉、千叶、神奈川三县的人口增长率分别为 52.93%、51.37%、44.48%。

第三阶段，中心再集聚阶段（1990 年至今）。20 世纪 90 年代开始，人口开始重新集聚。尽管日本全国总人口数量在 2005 年之后开始减少，但东京都市圈（特别是东京都）的人口持续增长。1990～2019 年，东京都市圈整体人口增长率为 13.17%，其中东京都的人口增长率为 13.71%，琦玉、千叶、神奈川三县的人口增长率则分别为 13.18%、11.97%、13.16%，而同期日本全域的人口增长率为 3.0%。

人口集聚带来的规模效应刺激东京都市圈经济飞速增长，1955～2014 年，东京都市圈 GDP 占全国的比重从 23.83% 上升至 32.31%。[①] 其间，不同产业间以及产业内部结构也在不断升级。1960～1980 年，东京都市圈大力推动其核心城市的产生与城市间基础设施的建设，短时间内吸纳了 533.69 万劳动力，其中大多投身于第三产业，其间第三产业就业比重从 47.77% 增长至 61.83%，增长了 14.06 个百分点，与此同时，伴随着生产力的提升，第一产业从业者不断减少，就业人口占比迅速由 14.08% 下降至 3.73%（见表 1）。面对人口的飞速增长，第一版首都圈规划很快就被发现并不符合日本国情，其中对东京都市圈人口的预测大大低于实际情况。在这样的背景下第二版首都圈规划，更加重视加强公共基础设施建设，并选用发展轨道交通的方式来引导土地开发。1980～2000 年，东京都就业人口增速明显放缓，年均增长率为 0.41%，低于东京都市圈全域的年均增长率 1.07%，三县成为此时就业人口的主要增长点。20 世纪 90 年代初，日本房地产泡沫崩塌，日本经济开始进入长时间的衰退期，日本人口触及拐点，东京都市圈就业人口增长进一步放缓，但都市圈内部的就业结构仍在改变。21 世纪以来，东京都市圈就业人口基本稳定，15 年仅增长 12.02 万人，第一、第二产业占比进一步下降，第三产业就业比重再次增长 6.59 个百分点，达到 79.68%，其中东京都第三产业就业比重高达 84.28%。

---

① 日本历年《国民经济计算》。

表 1　东京都市圈各县就业结构宏观变动统计

区域	年份	就业人数（万人）	同上一区间相比变动量(万人)	第一产业就业比重（%）	第二产业就业比重（%）	第三产业就业比重（%）
埼玉县	1960	115.34	—	34.66	31.82	33.50
	1980	269.30	153.96	6.25	38.46	55.29
	2000	352.84	83.54	2.36	30.06	67.57
	2015	363.98	11.14	1.59	23.07	75.34
千叶县	1960	110.55	—	46.87	19.45	33.67
	1980	215.85	105.3	10.85	30.58	58.57
	2000	297.57	81.72	3.88	24.23	71.89
	2015	300.38	2.81	2.79	19.44	77.77
东京都	1960	454.98	—	2.24	42.89	54.84
	1980	567.21	112.23	0.70	31.83	67.47
	2000	615.84	48.63	0.43	21.83	77.74
	2015	609.44	-6.4	0.39	15.33	84.28
神奈川县	1960	152.03	—	10.07	42.23	47.69
	1980	314.23	162.2	2.14	38.38	59.48
	2000	424.53	110.3	1.02	27.30	71.69
	2015	428.99	4.46	0.83	21.04	78.13
东京都市圈	1960	832.90	—	14.08	38.13	47.77
	1980	1366.59	533.69	3.73	34.45	61.83
	2000	1690.77	324.18	1.58	25.33	73.09
	2015	1702.79	12.02	1.18	19.14	79.68

四　东京都市圈就业结构的空间叠置分析

在经济腾飞与产业结构的不断升级中，东京都市圈就业结构在空间上也在发生变化。为更好地了解东京都市圈各地区就业结构的变动情况，这里将1980~2015年的就业密度进行空间叠置，得出35年间的就业密度变动量，并以就业密度变动量在±1000人/千米²、±500人/千米²、0为界，将其分

为 6 类，从而得出 35 年间东京都市圈就业密度变动的基本情况。①

第一，70%的区域就业密度呈上升态势，35 年间总体上升 247.97 人/千米²。总体来看，1980～2015 年东京都市圈就业密度呈上升趋势，全域就业密度由 1980 年的 1997.94 人/千米² 提高到 2015 年的 1255.92 人/千米²，上升 247.97 人/千米²。"一都三县"就业密度均呈上升态势，上升幅度在 163.62～475.02 人/千米² 不等。分区来看，1980～2015 年，就业密度呈上升态势的共有 145 个，占全部 203 个区的 71.43%，而呈下降态势的地区共有 58 个，占比为 28.57%。在全部区间内，0～500 人/千米² 区间数量最多，共有 78 个区，占总数的 38.42%。就业密度上升最快的区是东京都西东京市，由 1980 年的 1223.60 人/千米² 上升为 2015 年的 5947.95 人/千米²，上升幅度高达 4724.35 人/千米²，而就业密度降幅最快的地区为同样位于东京都的新宿区，由 1980 年的 9994.41 人/千米² 下降为 2015 年的 7659.79 人/千米²，降幅为 2334.62 人/千米²。

第二，就业密度变动量呈现以千代田区为中心，由内向外"减—增—减"的环状分布态势。虽然日本政府在 1958 年、1968 年、1976 年曾 3 次发布首都圈基本规划，提出广义东京都市圈构想，并主张充分发挥区域内各地区的功能特色，但人口与产业向东京集中的大趋势依然没有发生根本性变化。② 而早期政策引导效果并不明显，如 1977 年日本政府公布的《第三次全国综合开发计划》中，提出全国经济中心应是大阪，但依然有大量公司将其总部搬迁至东京，导致其负担的经济功能不但没有得以疏解，反而不断加强。在这样的背景下，1985 年，日本政府出台《首都改造计划》，数据显示，该计划出台后，东京 23 区就业密度此后快速下降，而在距千代田区 15～50 千米的近郊整备地带就业密度均不同程度的增强，就业密度增加量大于 1000 人/千米² 的 34 个区基本均位于这片区域。由此可见，近郊整备地带在承担东京市区向外疏解的部分功能后，在此期间获得较快发展。东京都

---

① 分别为（-∞～-1000）、（-1000～-500）、（-500～0）、（0～500）、（500～1000）和（1000～∞）。
② 冯建超、朱显平：《日本首都圈规划调整及对我国的启示》，《东北亚论坛》2009 年第 6 期。

市圈外围地区就业密度出现下降，说明人口向中心城聚集的规律依然客观存在。使用全局 Moran's I 指数对就业密度变动量进行空间自相关检验，Moran's I 指数为 0.40829，Z 值为 14.24，P 值为 0.0000，存在显著空间聚集，说明从空间上看，就业密度的变动量是存在空间一致性的。

五　基于空间插值法的就业中心识别

为充分探究东京都市圈就业空间分布的特征，以及各就业中心的辐射范围、功能分工及相互联系，在本研究中采用反距离权重（IDW）及等值线法对就业中心进行识别。通过 ArcGIS 将 2015 年东京都市圈各区就业密度数据加以空间可视化，取出各区几何中心点，并使用 IDW 空间插值法将已有矢量数据栅格化处理，生成 2015 年东京都市圈就业密度栅格表。通过等值线分析方法，同时辅以个人经验判断，识别东京都市圈就业中心，并进行可视化标注。以就业密度值 500 为间隔，生成就业密度等值线，并加以筛选处理，同时通过等值线间隔情况寻找就业中心位置，并通过等值线的形状及大小判断就业中心分布范围及规模，最终找出 12 个就业中心，其中埼玉县 3 个，千叶县 1 个，东京都 6 个，神奈川县 2 个。

（一）就业中心分布及规模

通过空间分析方法与个人经验判断，提取出了 12 个就业中心（见表 2）。具体来看，各就业中心的空间分布具有如下特点。

第一，就业中心多集中于东京都区部，并在距中心区 5~10 千米处形成就业中心环带。在 12 个就业中心中，有 6 个就业中心位于东京都 23 区，从空间上看在距中心区 5~10 千米处形成了一个始自墨田区，由东向西途经台东区、文京区等 11 个区的就业中心环带。在这一环带内的 11 个区，就业密度均在 7000 人/千米^2 以上，识别出的 6 个就业中心就业密度均大于 8000 人/千米^2，其中荒川区、丰岛区就业密度分别达到 9417.9 人/千米^2、9371.7 人/千米^2。

第二，就业中心存在等级差异，东京都对就业人口的吸引力大于其他就业中心。位于东京都的 6 个区就业密度均在 8000 人/千米² 以上，而位于其余三县的 6 个区基本处于 3000~4500 人/千米²。此外，从昼/夜间人口比例以及流入/流出人口比例上看，虽然各个就业中心就业密度均超过周围其他地区，整体看东京都依然是东京都市圈就业集中地，其吸引力大于外围各个就业中心的吸引力。

表 2　各就业中心区域位置及规模

序号	区县	名称	面积（千米²）	人口密度（人/千米²）	就业密度（人/千米²）	工业就业比重（%）	服务业就业比重（%）	昼/夜间人口比例（%）	流出/流入人口比例（%）
1	埼玉县	草加市	27.46	8996.1	4299.3	26.4	73.0	84.0	206.3
2	埼玉县	蕨市	5.11	14140.9	7055.4	21.2	78.6	83.2	180.6
3	埼玉县	富士见野市	14.64	7579.9	3507.2	24.0	75.0	82.4	212.0
4	千叶县	四街道市	34.52	2585.3	1150.0	20.5	78.3	81.2	230.0
5	东京都	墨田区	13.77	18611.0	8883.4	21.8	78.1	108.9	76.8
10	东京都	品川区	22.84	16937.6	8002.0	16.6	83.3	140.6	42.6
9	东京都	目黑区	14.67	18924.5	8151.8	12.7	87.1	105.8	83.6
8	东京都	中野区	15.59	21052.9	8988.3	12.8	87.0	95.4	117.5
7	东京都	丰岛区	13.01	22380.2	9371.7	14.2	85.7	143.3	38.7
6	东京都	荒川区	10.16	20892.1	9417.9	19.7	80.2	91.4	140.0
12	神奈川县	茅崎市	35.70	6704.4	3015.2	23.4	75.6	79.2	316.8
11	神奈川县	大和市	27.09	8598.1	3987.4	24.2	75.3	84.0	198.2

第三，多数就业中心就业人数突破 10 万人，品川区就业人数超过 18 万人。从就业人数来看，除埼玉县蕨市、千叶县四街道市外，其余 10 个就业中心就业人数均在 5 万人以上，此外，共有 9 个就业中心就业人数大于 10 万（其中荒川区就业人数为 99879 人，视同 10 万人），就业人数最高的是品川区，达到了 188996 人。

（二）就业中心人员构成及功能识别

随着道路交通发展与经济活动的日益纷繁，不同区域间开始相互合作。

因此不同就业中心在职能上也会存在一定差异。这里对选定的就业中心分析其产业构成情况，来判断就业中心的职能分工及相互联系。

1. 服务业就业结构的内部划分

由于服务业作为"剩余"部门而存在，所含颇广，内部结构极为复杂，因此有必要对服务业内部进行划分。对服务业内部结构的研究始于 1956 年 Stigler 的探寻，目前较为主流的分类方法包含标准行业分类法、服务业二分法、服务业三分法与服务业四分法。标准行业分类法是最适合统计数据采集与行业管理的一种分类方法，也是各国在服务业统计分类中普遍采用的一种方法。该方法基于服务业的功能性质及组织形式来进行划分，其他任何分类方法都必须以标准行业分类法为基础。Stigler[1]、Greenfield[2]、李江帆[3]等学者将服务业二分为生产性服务业和消费性服务业，2015 年中国国家统计局也提出了生产性服务业与生活性服务业的二分法。这种分类方法计算方便，简捷易行，但对于某些介于生产与消费之间的中间行业如医疗、政务部门来讲很难界定。Katouzian[4] 根据罗斯托（Rostovian）的经济发展阶段理论，将服务业划分为新兴服务业（The New Services），包括医疗、教育、娱乐、文化等；补充服务业（Complementary Services），包括金融、运输、商业等；传统服务业（The Old Services），指传统的劳动密集型服务业。这种分类方法将服务业与经济发展阶段相结合，指出服务业的内涵与外延是相对概念，具有一定的动态性。

1975 年，Browning 和 Singelmann[5] 以服务功能为标准，将服务业分为三

[1] Stigler, G. J., *Trends in Employment in the Service Industries*（Princeton University Press, 1956）.

[2] Greenfield, H. L., *Manpower and the Growth of Producer Services*（New York: Columbia University Press, 1966）.

[3] 李江帆：《第三产业经济学》，广东人民出版社，2010。

[4] Katouzian, M. A., "The Development of the Service Sector: a New Approach," Oxford Economic Papers 3（1970）.

[5] Browning, H. C., Singelmann, J., The Emergence of a Service Society: Demographic and Sociological Aspects of the Sectoral Transformation of the Labor Force in the U. S. A. Springfield, UA: National Technical Information Service, 1975。

类：分配服务业、生产者服务业和消费者服务业。Singelmann[①] 根据服务的性质和功能特征将其重新划分为四类：分配性服务（Distributive Services）、生产性服务（Producer Services）、个人性服务（Personal Services）、社会性或非营利政府服务（Social Services）。由于该方法能够很好地与标准产业分类法相适应，影响力不断扩大，这种结构划分成了当前西方社会对服务业的主流分类方法。2000 年 OECD 采用该标准研究了 27 个国家的就业情况，其权威性得到证明。不同口径服务业分类对照见表 3。

表 3 不同口径服务业分类对照

服务业类别	OECD	联合国（ISIC Rev. 3）	日本标准行业分类
生产服务业 （65~74）	商业服务业	J 金融媒介服务	J 金融、保险业
	金融、保险业	K 房地产、租赁及相关商务活动	K 不动产，物品赁贷业
	房地产业		L 学术研究，专业技术服务业
分配服务业 （50~64， 不含 55）	批发零售业	G 批发零售贸易业	I 批发零售业
	交通业	I 交通运输、仓储和邮电通信业	H 交通运输、仓储
	通信业		G 邮电通信业
个人服务业 （55,92,95）	住宿餐饮业	H 住宿和餐饮业	M 住宿和餐饮业
	文体娱乐业	O 其他社区和个人服务(92,93)	N 生活相关服务业，娱乐业
	家庭服务	P 私人家庭的雇工服务	Q 综合服务业
	其他个人服务		
社会服务业 （75~91）	公共管理服务	L 公共行政、国防、社会保障	F 电力·燃气·供热·水工业
	医疗业	M 教育	O 教育业
	教育业	N 健康和社会工作	P 医疗服务业
	其他社会服务	O 其他社区和个人服务(90,91)	S 公共管理
		Q 领土外组织和机构	R 其他类服务业

资料来源：OECD 组织 2000 年调研报告 *Employment in the Service Economy*：*A Reassesment*；联合国标准行业分类（ISIC Rev. 3）；日本标准行业分类（12 回改定）。

① Singelmann，J.，From Agriculture to Services：The Transformation of Industrial Employment（Sage Publications，Beverly Hills，1978）.

2. 各就业中心功能识别

分析区域职能性质通常由两个指标来表示，一是优势职能，即将城市中就业比例最高的行业视为城市优势职能；二是显著职能，即高于所有城市就业比例均值 1 个标准差以上的行业，将职能高于 I 级的产业部门作为城市显著职能。[1] 前者实际上反映的是城市内部各职能类型的比较，而后者则是对同一职能类型不同城市的比较，因此根据研究需要，选取城市优势职能作为就业中心性质辨析的主要指标，并根据其是否大于 I 级标准，将其分为一般性就业中心、专业性就业中心与综合性就业中心。其中，一般性就业中心是指该地区各项指标均低于 I 级标准；专业性就业中心是指该地区存在高于 I 级标准的职能部门，且仅有一个这样的职能部门；综合性就业中心是指存在多个职能部门高于 I 级标准的区域。

依据上文中所提出的服务业分类标准，将各就业中心分为 6 类，分别为建筑业中心、制造业中心、生产服务业中心、分配服务业中心、个人服务业中心、社会服务业中心。其就业分类占比见表 4。

表 4　各就业中心区域就业比重

单位：%

序号	区县	名称	建筑业	制造业	生产服务业	分配服务业	个人服务业	社会服务业
1	埼玉县	草加市	8.20	15.75	12.71	41.29	13.91	32.09
2	埼玉县	蕨市	6.86	11.92	15.44	35.81	15.45	33.31
3	埼玉县	富士见野市	6.75	15.06	14.84	35.88	13.71	35.57
4	千叶县	四街道市	9.10	10.42	11.98	36.94	11.91	39.17
5	东京都	墨田区	4.95	14.29	17.73	36.30	15.40	30.58
10	东京都	品川区	4.15	10.51	21.15	33.88	14.76	30.21
9	东京都	目黑区	2.99	7.76	25.91	28.82	13.50	31.77
8	东京都	中野区	4.26	6.75	22.60	29.36	15.12	32.91
7	东京都	半岛区	4.05	7.78	22.27	28.92	14.89	33.93

---

① 方创琳：《中国城市发展空间格局优化理论与方法》，科学出版社，2016。

序号	区县	名称	建筑业	制造业	生产服务业	分配服务业	个人服务业	社会服务业
6	东京都	荒川区	5.28	11.60	16.51	34.60	16.04	32.85
12	神奈川县	茅崎市	6.41	15.79	13.53	34.02	14.65	37.80
11	神奈川县	大和市	7.82	14.97	13.17	35.93	13.92	36.99
均值			5.90	11.88	17.32	34.31	14.44	33.93
标准差			1.91	3.30	4.60	3.70	1.11	2.86
I 类标准			7.81	15.19	21.92	38.02	15.55	36.80

一般性就业中心属于自给自足型就业中心，其所有城市职能都有所涉及，但并不突出。包括埼玉县蕨市、埼玉县富士见野市、东京都墨田区、东京都品川区四个。说明这四个就业中心主要以满足其自身需要为标准。其中，东京都墨田区以及品川区虽然就业密度较高，具有丰富的人力资源，但其在战略发展上并未突出某项职能，因此同样属于一般性就业中心而非综合性就业中心。

专业性就业中心属于在某一类职能方面具有重要辐射作用的就业中心。包括东京都目黑区、中野区、丰岛区、荒川区及神奈川县的大和市。其中，位于东京都的 4 区中，前三者为生产服务业中心，体现出金融业、商务服务业、信息产业的聚集，而荒川区为个人服务业中心，体现为住宿餐饮业、文体娱乐业等产业聚集。此外，神奈川县的大和市为社会服务业就业中心，体现在医疗、教育、公共服务等方面存在区域性集聚。

综合性就业中心是只存在多个部门职能强度高于 I 级标准的区域。其中包括埼玉县草加市、千叶县四街道市与神奈川县茅崎市。草加市存在建筑业就业中心、制造业就业中心与分配服务就业中心三种职能；四街道市存在建筑业与社会服务业两种职能；茅崎市存在制造业与社会服务业两种职能。

总的来看，东京都各就业中心多为一般性就业中心或以生产服务业为主导的专业性就业中心，体现出东京都服务业的发展水平普遍高于其他区域，不但就业结构以服务业为主，同时其服务业结构也趋向高级化。而其他区域多为包含工业在内的综合性就业中心或一般性就业中心，这也说明由于其他区域就业中心数量较少，需要兼顾多项职能。

六　结论与思考

本研究基于日本国势调查自 1980～2015 年 203 个市町村级的数据挖掘，利用空间分析方法探讨了东京都市圈就业空间格局演化特征，并利用空间插值法寻找其就业中心，经过分析，得出以下基本结论。

第一，1920 年以来，东京都市圈就业空间结构演变大致经历了集聚、扩散和再集聚三个阶段，在基础设施日益完善、轨道交通高度发达的背景下，逐渐形成了以千代田区为中心向外逐层递减的圈层分布态势。随着政府的大力调节，就业机会持续扩散，中心区域就业人口密度总体呈下降趋势，而在距千代田区 15～50 千米的近郊整备地带则获得较快发展，既顺利承接东京市区向外疏解的部分功能，同时有效吸纳都市圈外围地区的劳动力转移。

第二，东京都市圈就业多中心化特征明显，共识别出就业中心 12 个。主就业中心位于距离中心点 5～10 千米的东京都区部，此处集中了 6 个就业中心，从空间上看形成了一个巨大的始自墨田区，由东向西途经台东区、文京区、北区、丰岛区、板桥区、练马区、中野区、杉并区、目黑区、品川区的就业中心环带。处于就业中心环带内的 11 个区就业密度均在 7000 人/千米^2 以上。

第三，不同就业中心等级差异显著，位于东京都的 6 个区就业密度均在 8000 人/千米^2 以上，而位于其余三县的 6 个区除蕨市外均位于 3000～4500 人/千米^2 的区间内。从功能上看，东京都各就业中心多为一般性就业中心或以生产服务业为主导的专业性就业中心，就业结构侧重于生产服务业；而外围次就业中心多为包含工业在内的综合性就业中心或一般性就业中心，在第二产业及分配服务业方面占比较高。

东京都市圈就业结构的发展历程对京津冀城市群发展具有重要参考意

义。首先，城市群的发展需要政府因势利导形成合理规划。在东京都市圈发展过程中，为了缓解市中心人口过密问题，日本政府先后五次提出首都圈整备计划，在推动市中心非核心功能疏解的同时，通过完善轨道交通等手段大力发展城市次中心，并以此带动周边地区发展。此举有效实现了都市圈整体产业结构的提升，同时也形成了分工有序、运转良好的经济循环体系。此核心区非首都功能疏解是都市圈发展的必然选择。而在功能疏解过程中，应具备环形思维。作为日本的政治中心，东京都以千代田区为核心的 5 千米圈层内，并未形成城市就业中心，而是在距离千代田区 5~10 千米圈层内形成了就业中心环带。其次，1980~2015 年的数据显示，15 千米外的近郊整备地带就业密度有不同程度的增强，在都市圈城市化率整体处于较高水平的情况下，要充分挖掘发挥此区域的重要功能。最后，不同就业中心功能定位应各有所侧重。在人口的集聚力量与扩散力量的共同作用下，都市圈主就业中心应侧重发展以金融业、商务服务业为代表的生产性服务业，而制造业等劳动密集型产业应尽可能向外部交通节点和开发区等地区外迁，通过良好的规划调节，实现城市就业空间的合理演进。

特别报告

Special Reports

B.18

新中国成立以来北京人口的发展与展望

营立成　闫萍　杨嘉莹　王晨方 *

摘　要： 新中国成立以来，北京作为首都，其人口形势始终受到高度
关注、人口问题时刻受到高度重视。本报告对新中国成立以
来首都人口发展状况进行回顾和展望，在梳理人口规模的变
迁特点、把握人口结构的演变逻辑、分析人口素质的提升表
现、厘清人口管理服务的实践机制的基础上，对新时代北京
人口发展趋势做出研判，并提出相应的意见和建议。本报告
认为，北京在人口发展和治理上取得了显著成效，但也面临
着深刻的变局和挑战，只有探索减量发展长效机制、激发城

---

* 营立成，博士，中共北京市委党校（北京行政学院）社会学教研部讲师，主要研究方向为空
间理论、城市社会学；闫萍，博士，中共北京市委党校（北京行政学院）社会学教研部副教
授，主要研究方向为社会老年学；杨嘉莹，中共北京市委党校（北京行政学院）社会学教研
部讲师，主要研究方向为社区治理；王晨方，中共北京市委党校（北京行政学院）硕士研究
生，主要研究方向为人口研究。

市经济活力新动能、打造高质量人力资本新生态、挖掘城市发展新区发展新潜力、在经济政策中纳入生育友好型新视角才能实现新时代人口与经济、社会、城市的协调发展。

关键词： 人口规模　人口管理服务　城市发展新区

人口问题始终是我国面临的全局性、长期性、战略性问题。人口的规模、素质、结构、分布状况是社会发展的禀赋条件和基础性要素，人口均衡发展是经济社会进步的衡量指标和发展目标，关系经济社会发展全局。作为中国的首都，北京的人口形势始终受到高度关注、人口问题时刻受到高度重视。新中国成立以来，历次具有北京城市总体规划性质的文件都对人口发展目标做出了规定，《北京城市总体规划（2016 年—2035 年）》更是明确提出了"2020 年控制在 2300 万人以内，以后长期稳定控制在 2300 万人左右"的人口总量要求。严格遵循人口规模红线、不断优化人口结构，保持人口与经济、社会、生态环境协调发展成为建设国际一流和谐宜居之都的重要基础和保障。要在北京这样一座超大型城市做好人口工作，就要清晰认识首都人口发展的内在规律，准确把握首都人口发展变化的趋势与特点。基于此，本报告对新中国成立以来首都人口发展进行回顾和展望，梳理人口规模与结构变迁逻辑，了解人口健康与素质改善过程，厘清人口管理与服务优化脉络，并对新时代北京人口发展的机遇与挑战做出讨论。

一　人口规模变动的基本特点

北京作为中国著名的历史文化大都会，历来是人口众多、人文荟萃之地。清乾隆年间，北京人口规模就在 100 万人以上，① 是全国人口最多的大

---

① 曹树基：《中国人口史》（第五卷），复旦大学出版社，2001，第 331 页。

都会之一。新中国成立之初，按照当时的行政区划统计，北京拥有常住人口 209.18 万人，按照现行行政区划统计，1949 年北京市常住人口为 420.10 万人。[①] 到 2019 年，北京常住人口规模增加到 2153.6 万人，是 70 年前的 5 倍以上。从人口发展过程中看，北京人口规模的变化呈现三个主要特点。

一是人口增长的阶段性特征比较明显。新中国成立以来，北京人口增长历程可以分为五个阶段。第一阶段是人口快速增长阶段（1949～1960 年）。北京解放并成为新中国的首都之后，各项事业迎来蓬勃发展。由于新中国工业建设需要，大量人口进入首都，在 11 年的时间里，北京常住人口总数按当时行政区划统计增长了 2.49 倍，按现行行政区划统计也增长了 73.5%，1960 年北京人口规模达到 739.6 万人，平均年增长率（按现行行政区划统计）达到 5.3%，是北京人口增长率最高的一个时期。第二阶段是人口较大波动阶段（1961～1976 年）。由于国民经济的调整以及"上山下乡"等政策的影响，北京的人口规模从快速增长进入波动震荡，总体人口增速趋缓，个别年份甚至出现了人口负增长，到 1976 年，北京人口规模达到 845.1 万人，只比 1960 年增长了 14.3%，1961～1976 年 15 年间人口年增长率仅为 0.84%，年均人口增长近 6.6 万人。第三阶段是人口平稳增长阶段（1977～2000 年）。随着改革开放，外来流动人口成规模出现，北京人口增长速度较前一时期加快，进入相对平稳的增长阶段，人口规模从 1977 年的 860.5 万人增长到 2000 年的 1363.6 万人，增加了 503.1 万人，年均人口增长率达到 2.02%，每年增加人口达到 21.6 万人。第四阶段是人口迅速膨胀阶段（2001～2015 年）。进入 21 世纪以后，流入人口比例不断增加，北京人口增长速度进一步加快，到 2011 年全市人口突破 2000 万人大关，到 2015 年全市人口规模达到 2170.5 万人，较 2000 年增长了 806.9 万人，年均增长率达到 3.15%，每年人口净增长 53.79 万人，虽然人口增长速度不及

---

① 闫萍、尹德挺、石万里：《新中国 70 年北京人口发展回顾及思考》，《社会治理》2019 年第 9 期。

新中国成立初期，但人口增长的绝对数量达到了顶峰，人口的快速膨胀给北京城市发展与治理带来了挑战。第五阶段是人口相对稳定阶段（2016～2019 年）。随着《北京城市总体规划（2016 年—2035 年）》的出台，"将人口规模控制在 2300 万人以内"成为重要的政策遵循，北京通过疏解整治促提升等行动积极疏解非首都功能，有效推进减量发展，人口规模也进入相对稳定甚至缓慢下降区间。到 2017 年，出现了 21 世纪以来北京人口首次负增长，2018 年、2019 年仍然延续了人口负增长态势，与 2015 年相比，2019 年北京人口减少了 16.9 万人，达到 2153.6 万人，年均增长率为 -0.19%，每年下降人数达 4.2 万人。新中国成立以来北京人口规模变动情况如图 1 所示。

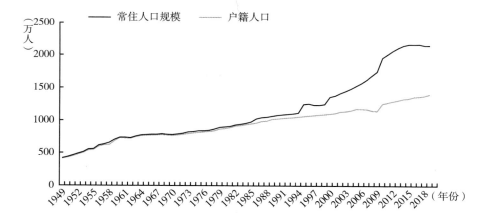

图 1　1949～2019 年北京市人口规模变动

资料来源：1949～1977 年数据来自马小红、尹德挺《当代北京人口》（上），中国人民大学出版社，2014；1978～2018 年数据来自北京市统计局、国家统计局北京调查总队编《北京统计年鉴 2019》，中国统计出版社，2019；2019 年常住人口数据来自北京市统计局、国家统计局北京调查总队《北京市 2019 年国民经济和社会发展统计公报》。

　　二是人口自然增长率长期维持在较低水平。新中国成立以后，北京曾经历了一段时间的自然人口较快增长。1950～1964 年北京常住户籍人口历年出生率均值为 36.28‰，除 1961 年外，历年生育率都高于 30‰，属于较高生育率水平；历年死亡率均值为 9.82‰，整体维持在 10‰以下，处于低死亡率区间；年均自然增长率达到 26.46‰，总体上处于高出生率、低死亡率、高自然增长率的人口转变时期。[①] 从 20 世纪 60 年代中期开始，随着计划生育服务工作在北京的积极开展，北京出现了比较显著的生育率下降，与此同时死亡率继续保持整体态势，北京率先实现人口转变，人口自然增长率从 20 世纪 50 年代中叶的 30‰左右下降到 16.2‰，逐渐进入低生育率、低死亡率、低人口增长率的现代人口再生产阶段。从户籍人口的角度看，1965～1976 年，年均自然增长率为 11.01‰，总体上呈现不断下降趋势，到 1973 年跌破 10‰（9.58‰），1976 年进一步下降到 2.53%。1977～1990 年人口自然增长率有所波动，年均增长率为 9.16‰，仍在10‰以内。1991～2010 年北京户籍人口自然增长率进一步下降，1998 年首次出现了负增长（－0.77‰），20 年间年平均增长率仅为 1.74‰。2011～2018 年的户籍人口自然增长率有所上升，达到 4.51‰，2018 年增长率为 4.07‰。从常住人口的角度看，改革开放以后，常住人口自然增长率的高峰出现在 1982 年，为 14.36‰，1978～1990 年年均自然增长率为 9.8‰，1990 年以后出现较大幅度下降，到 2003 年降到－0.09‰，是常住人口自然增长率的最低点，从 2004 年开始有所回升，但总体上仍在5‰以下，2018 年常住人口的自然增长率为 2.66‰，2019 年进一步下降到 2.63‰（见图 2）。

三是外来人口流入是推动人口增长的重要因素。新中国成立以后，由于城市发展的需要，大量外来人口迁入北京，1949～1959 年北京人口迁入总量达到 271.83 万人，人口净迁入规模达到 77.23 万人，对推动新中国成立初期北京人口的迅速增长起到了重要作用。[②] 从 20 世纪 50 年代末到 80 年代初，较为严格的户籍管理制度得以确立，外来迁入人口规模受到严格控制，人口流动现象减少，到 1980 年全市外来人口 18.62 万人，仅占人口总数的

---

① 1949 年人口出生率为 19.4‰，论者多认为北京解放初期出生人口登记不健全导致这一数据严重偏低，故不纳入讨论，参见马小红、尹德挺《当代北京人口》（上），中国人民大学出版社，2014，第 50 页。

② 马小红、尹德挺：《当代北京人口》（上），中国人民大学出版社，2014，第 25 页。

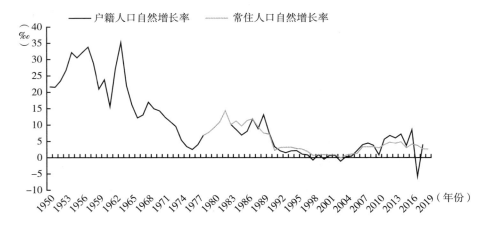

图2 1950~2019年北京人口自然增长率变化

资料来源：1949~1977年户籍人口自然增长率数据来自马小红、尹德挺《当代北京人口》（上），中国人民大学出版社，2014；1978~2018年户籍人口和常住人口自然增长率数据来自北京市统计局、国家统计局北京调查总队编《北京统计年鉴2019》，中国统计出版社，2019；2019年常住人口增长率数据来自《北京市2019年国民经济和社会发展统计公报》。

2.06%。从20世纪80年代中期开始，人口流动的口子有所放开，外来流动人口数量开始迅速增加，规模从1985年的23.1万人增加到1995年的180.8万人，10年增长了6.8倍，常住外来人口占比从1985年的2.35%提升到了1995年的14.45%。到20世纪90年代中后期，国家针对流动人口带来的一系列问题，出台了对人口跨省流动的相关限制措施，流动人口规模有所缩减，1999年常住外来人口数量下降到157.4万人，占比下降到12.52%。进入21世纪以后，国家出台相关政策保障流动人口的各项权益，并积极清理和取消针对进城务工人员的歧视性规定和不合理限制，北京流动人口进入大幅增长阶段，在人口自然增长率很低的情况下，成为北京人口规模增长的最重要动力。2000~2014年，外来常住人口规模从256.1万人增加到818.7万人，增长了2倍多，外来常住人口占总人口比例也从18.78%上升到38.05%。2015年以后，由于政策调控等各方面原因，外来常住人口的规模和占比有所下降，到2019年，北京常住外来人口达到745.6万人，占人口总数的34.62%（见图3）。

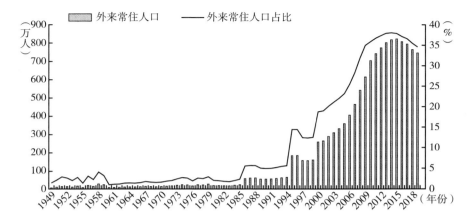

图 3　1949~2019 年北京外来常住人口规模及占比变化

资料来源：1949~1977 年数据来自马小红、尹德挺《当代北京人口》（上），中国人民大学出版社，2014；1978~2018 年数据来自北京市统计局、国家统计局北京调查总队编《北京统计年鉴 2019》，中国统计出版社，2019；2019 年常住人口数据来自北京市统计局、国家统计局北京调查总队《北京市 2019 年国民经济和社会发展统计公报》。

二　人口结构演变的总体态势

从人口结构的角度看，新中国成立以后北京人口发展呈现出一系列总体态势。在空间结构上，人口分布由单中心向多中心格局转变；在年龄结构上，劳动力人口仍比较充足，但少子老龄化不断加剧；在性别结构上，出生人口性别比呈倒"V"形变化，出生性别比失衡状况缓解；在家庭结构上，核心家庭取代联合家庭成为主要家户模式，家庭规模日趋小型化。这些变化对北京经济社会发展造成了深远影响。

一是人口的空间结构由单中心向多中心格局转变。新中国成立初期，北京的人口分布呈现以城区为中心向外拓展的分布格局。1949 年北京城区（东城、西城、崇文、宣武四个区）人口总数达到 140.7 万人，占全市人口总数的 34.06%，近郊（朝阳、海淀、丰台、石景山四个区）人口为 56.2 万人（见表 1），占 13.6%，远郊区县为 216.2 万人，占 52.44%，城区人口密度大、比重高，中心性很强。20 世纪 50 年代以后，人口分布逐渐从城区向近郊区转移，到 1982 年近郊人口规模增加到 284 万人，占比上升至 30.77%，城区人口和远郊区人口占比则下降至 26.2% 和 44.03%。1982 ~ 2005 年是近郊区人口规模快速增长、人口分布不断集中的时期，到 2005 年，北京城区常住人口为 205.2 万人，占总人口比重为 13.34%；近郊区人口为 748.0 万人，占总人口比重达 48.64%；远郊区县人口为 584.8 万人，占总人口比重为 38.02%。2005 年以后，虽然朝阳、海淀、丰台、石景山四区人口规模继续增长，但占比下降到 2019 年的 43.56%，而通州、顺义、大兴、昌平、房山等新城人口比例快速上升，从 2005 年的 411.6 万人上升到 2018 年的 803.6 万人，占比从 26.76% 上升到 37.6%，多中心的人口分布格局逐渐形成。随着 2016 年《北京城市总体规划（2016 年—2035 年）》的出台，未来功能核心区和主城区（包括东城、西城、朝阳、海淀、石景山、丰台）的人口规模将会进一步下降，通州副中心及顺义、大兴、亦庄、昌平、房山等新城人口则会进一步上升，多中心的人口空间结构将会更加凸显。

表 1　部分年份北京各区人口规模

单位：万人

地区	1949 年	1982 年	2005 年	2010 年	2015 年	2019 年
东城	43.3	65.2	54.9	91.9	90.5	79.4
西城	41	76.4	66	124.3	129.8	113.7
崇文	24.9	44	31.1	—	—	—
宣武	31.5	56.2	53.2	—	—	—
朝阳	16.2	102.2	280.2	354.5	395.5	347.3
丰台	16.8	58.5	156.8	211.2	232.4	202.5
石景山	4.6	23.5	52.4	61.6	65.2	57
海淀	18.6	99.8	258.6	328.1	369.4	323.7
房山	26	61.1	87	94.5	104.6	125.5
通州	42	53.5	86.7	118.4	137.8	167.5
顺义	32.3	47.2	71.1	87.7	102	122.8
昌平	26.4	38	78.2	166.1	196.3	216.6
大兴	18.6	42.9	88.6	136.5	156.2	171.2

续表

地区	1949 年	1982 年	2005 年	2010 年	2015 年	2019 年
门头沟	5. 2	25. 9	27. 7	29	30. 8	34. 4
怀柔	12. 4	23. 4	32. 2	37. 3	38. 4	42. 2
平谷	19. 2	33. 4	41. 4	41. 6	42. 3	46. 2
密云	20. 8	39	43. 9	46. 8	47. 9	50. 3
延庆	13. 3	24. 8	28	31. 7	31. 4	35. 7
燕山	—	8	—	—	—	—

注：2010 年后崇文区、宣武区分别合并到东城区、西城区，本表 2010 年以后不再单列此二区数据。燕山区成立于 1980 年，1987 年并入房山区。

资料来源：1949、1982 年、1990 年数据来自马小红、尹德挺《当代北京人口》（上），中国人民大学出版社，2014；2005 年、2010 年、2015 年、2018 年数据来自北京市统计局、国家统计局北京调查总队编《北京区域统计年鉴2018》，中国统计出版社；2019 年数据来源于各区 2019 年国民经济和社会发展统计公报。

二是年龄结构呈现少子化、老龄化，劳动力人口仍较充沛。新中国成立以来，北京市少儿人口比例总体呈下降趋势，老年人口比例逐步上升。在少儿人口方面，1953 年第一次人口普查时，北京市常住人口中 0～14 岁少儿人口的比例为 30.10%，到改革开放初期的 1982 年这一数字下降到 22.4%，2010 年进一步下降到 8.6%，到 2018 年小幅攀升到 10.6%，总体趋势是不断下降的。在老年人口方面，1953 年 60 岁及以上人口比例为 5.6%，之后老龄化比例就不断走高，1982 年达到 8.5%，2010 年达到 12.5%，到 2018 年则达到 16.9%，少子化和老龄化已经成为首都人口的新常态。在少儿人口比例下降较快、老年人口比例上升相对较慢的条件下，北京劳动力人口比较充沛，1953 年 15～59 岁人口比例为 64.3%，到 1982 年上升到 69.1%，1990 年、2000 年、2010 年则进一步上升到 69.7%、73.9% 和 78.9%，2019 年有所下降，但仍维持在 72.3%（见图 4）。

三是性别结构转向均衡，出生性别比失衡状况有所缓解。从总人口的性别比来看，新中国成立初期，北京总人口的性别比偏离情况比较严重，1949～1959 年总人口的性别比平均为 125.5，1953 年第一次人口普查显示总人口性别比达到 136.5（女 =100），这主要是新中国成立初期迁入人口以男性劳动力为主造成的。20 世纪 60 年代以后，性别结构态势总体上趋于平

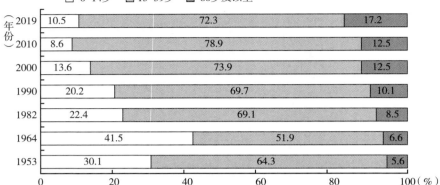

图4 1953～2019年北京人口年龄结构变动

资料来源：北京市统计局、国家统计局北京调查总队编《北京统计年鉴2019》，中国统计出版社，2019；《北京市2019年国民经济和社会发展统计公报》，1953年、1964年、1982年、2000年、2010年为普查数据，2019年为年末人口。

衡，1964年、1982年、1990年、2000年、2010年五次人口普查常住人口性别比分别是106.1、102.4、107、108.9、106.8，2015年1%人口抽样调查推算常住人口性别比为105.7（见图5），性别比高峰出现在21世纪初（2000～2004年），达到109左右，之后又下降到了105左右。与总体性别比先高后低、长期总体均衡不同，出生性别比则呈倒"V"形变化，1953年出生性别比为105.7，略高于全国平均水平（104.9），1964年、1982年、1990年三次普查数据为105.5、106.7、108，呈现不断上升态势。20世纪90年代以后，出生性别比失衡不断加剧，到2000年出生性别比达到115.9，到21世纪00年代中后期出生性别比开始下降，2010年下降到112.5，2015年进一步下降到110.2，出生性别比失衡状况有所缓解，但仍稍高于正常值的范围（105～107）。

四是家庭规模先扩后缩，家庭主要类型由联合家庭转变为核心家庭。由于人口的快速增加，从新中国成立初期到20世纪60年代，北京家庭的规模不断扩大。1949年北京平均每户家庭拥有4.6人，到1953年平均每户家庭人口增加到4.87人，1960年进一步增加到5.02人，1965年稍稍降低，为

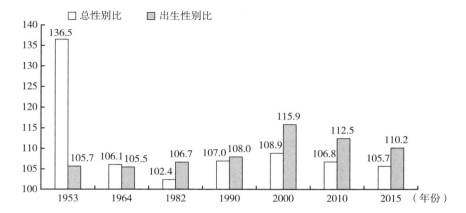

图 5　1953~2015 年北京总性别比、出生性别比变动情况（女＝100）

资料来源：总人口性别比数据来自北京市统计局、国家统计局北京调查总队编《北京统计年鉴 2019》，中国统计出版社，2019；1953 年、1964 年、1982 年、1990 年出生性别比数据来自马小红、尹德挺《当代北京人口》（上），中国人民大学出版社，2014；2000 年出生性别比数据来自北京市第五次人口普查办公室、北京市统计局编《北京市 2000 年人口普查资料》，中国统计出版社，2000；2010 年数据来自北京市第六次全国人口普查领导小组办公室、北京市统计局、国家统计局北京调查总队编《北京市 2010 年人口普查资料》，中国统计出版社，2012；2015 年数据来自北京市全国 1% 人口抽样调查联席会议办公室、北京市统计局编《2015 年北京市 1% 人口抽样调查资料》，中国统计出版社，2016。

4.95 人。这一时期联合家庭是主要家庭模式，根据 1956 年的统计，拥有 5 人及以上成员的家庭占全部家庭总数的 50.4%，7 人以上的家庭也达到了 22.8%。到 20 世纪 70 年代，虽然家庭规模有所减少，但仍维持在 4.3 人（1976 年），改革开放以后，家庭规模迅速缩小，1982 年平均家庭成员数为 3.69 人，到 1990 年已经下降到 3.20 人，1995 年进一步下降到 3.15 人，核心家庭成为最重要的家庭模式。进入 21 世纪以后，由于人们的生育观念、生活方式等因素的变化，"丁克家庭"（仅有夫妇二人没有子女的家庭）、"个人家庭"数量不断增加，家庭规模进一步缩小，2000 年家庭规模首次低于 3 人，为 2.91 人，2010 年进一步下降到 2.45 人（见图 6）。2018 年北京家庭中，一人户占 22.5%，二人户占 31.4%，三人户占 26.3%，四人户占 10.5%，五人以上户占 9.3%，一人户和二人户之和达到了 53.9%，可见，家庭小型化态势仍将持续下去。

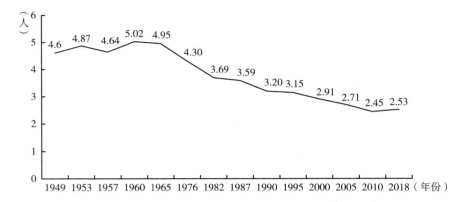

图6 北京市部分年份常住家庭平均每户人口

资料来源：1949～2010年部分年份数据来自胡玉萍《当代北京人口》（下），中国人民大学出版社，2014；2018年数据来自北京市统计局、国家统计局北京调查总队编《北京统计年鉴2019》，中国统计出版社，2019。

三 人口素质提升的主要表现

"人口素质"反映的是人口总体的"质"的特征。一般认为，人口素质包括人口的身体素质与科学文化素质。身体素质反映的是国民的身体健康状况，它是人口素质发展的基础；科学文化素质反映的是国民的受教育水平、劳动技能、科技创新能力等，它直接关系着国民的人力资本状况。新中国成立以来，特别是改革开放以后中国特色社会主义的建设和发展取得历史性成就，人民物质生活极大丰富，从过去的"吃饱穿暖"转向追求高质量、健康的生活方式。随着医疗技术的不断进步，重大疾病的治愈率有了显著提高，人口预期寿命逐年增加。九年义务教育的普及、高校扩招等一系列教育政策的出台，使人们受教育水平明显提高，国民科学文化素质得到较大提升。新中国成立以来，北京市人口素质也表现出不断提升的特点，特别是在人口健康方面，北京市人口平均预期寿命远高于全国水平。

一是健康状况大幅改善，人均预期寿命达到发达国家水平。新中国成立之初，北京城区人口的平均预期寿命为 52.84 岁（1950 年），导致居民死亡的原因主要是传染病、消化系统疾病和呼吸系统疾病。自 20 世纪 50 年代开始，北京在全市建立了各级卫生防疫和保健机构，开展爱国卫生运动，传染病等疾病被很好地控制住，死亡率大幅下降，到 1964 年，全市人均预期大幅寿命提升到 70.59 岁，其中男性 69.77 岁，女性 70.98 岁。改革开放以后，随着人民生活水平的提高、医疗设施的优化，居民健康状况与人均寿命有所提升，1990 年人均预期寿命达到 72.47 岁（男性 70.86 岁，女性 74.20 岁）。20 世纪 90 年代全市人均预期寿命提升迅猛，到 2000 年人均预期寿命达到 77.56 岁（男性 75.81 岁，女性 79.15 岁），较 10 年前提升了 5 岁。进入 21 世纪，人均预期寿命继续稳步提升，2005 年达到 80.08 岁，2010 年达到 80.81 岁，2015 年达到 81.95 岁。到 2019 年，北京人均预期寿命达到 82.31 岁，其中男性 79.85 岁，女性 84.88 岁（见图 7），在全国处于绝对领先地位，达到了欧美等发达国家水平。

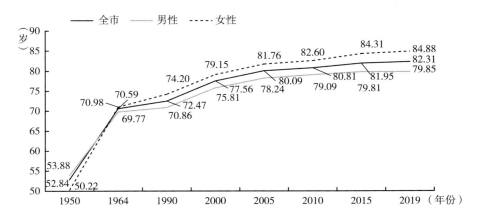

图 7 北京部分年份人均预期寿命变动情况

资料来源：1950 年、1964 年数据来自胡玉萍《当代北京人口》（下），中国人民大学出版社，2014；其余数据来自北京市卫生健康委信息中心《1979—2018 年北京市人口平均期望寿命》（http://www.phic.org.cn/tjsj/wssjzy/jkzb/201304/t20130425_ 255009.html）；2019 年数据来源为《2019 年北京市卫生健康事业发展统计公报》。

二是人口受教育程度持续提升，居于全国领先位置。虽然北京被誉为文化古都，但在新中国成立之初，北京总人口中未接受教育的比例高达57.48%，接受教育的居民中大多数教育程度也仅为小学，大专及以上文化程度的比例为2.52%。[①]为了改变这种现状，党和政府投入大量财力物力发展教育事业。1953~1964年，北京市人均受教育年限从3.9年增长到5.3年，文盲率降低到34.2%，具有大专及以上学历的人员占总人口比例提升到了4.36%（见图8），为提升首都教育事业打下了良好的基础。20世纪60年代到70年代，北京的基础教育事业发展较快，到1982年居民受教育年限提升到了7.8年，但具有大专及以上教育程度的比例几乎没有增长，为4.87%。改革开放之后，北京基础教育和高等教育事业得以快速发展，到1990年，居民平均受教育年限达到8.6年，绝大多数居民都接受了9年义务教育，大专及以上学历人口占比较1982年增加了近一倍，达到9.3%。进入21世纪以后，首都教育事业加速发展，平均受教育年限从2000年的10年提升到2010年的11.5年，拥有大专及以上学历的人数占比从2000年的16.84%提升到2010年的32.8%。到2018年，北京6岁以上常住人口受教育年限达到11.89年，接近发达国家水平，大专及以上学历比重达到38.90%，2019年进一步提升到39.28%，在全国居于领先地位。

三是人口科技水平大幅增强，科技人员队伍不断扩大。北京是我国的科技创新中心，也是科技人员集中的地区。新中国建立以后，北京有计划、有重点地开展了一批科技攻关项目，初步建立了一支2000余人的科研人员队伍。改革开放以后，市属科研机构不断扩大，大批优秀科创人才参与科研活动，到1991年，北京市科技活动人员数量为228167人，每万人科技人员数量为208.56人，20世纪90年代科研人员总体上在22万~25万人上下浮动，总体规模变化不大（见图9）。进入21世纪，北京科研人员规模开始迅速扩大，2010年达到52.98万人，较10年前增长了一倍以上，2016年科研人员数量达到81万人，每万人科技人员数量为372.86人。另外，2018年

---

① 胡玉萍：《当代北京人口》（下），中国人民大学出版社，2014，第267~268页。

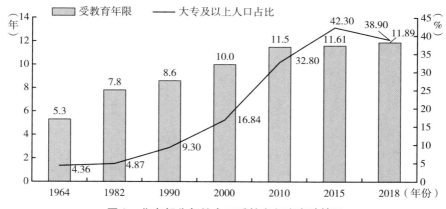

图 8　北京部分年份人口受教育程度变动情况

注：此处受教育年限按照 6 岁及以上人口口径计算，非劳动力人口受教育年限。

资料来源：1964 年、1982 年、1990 年、2010 年数据来自胡玉萍《当代北京人口》（下），中国人民大学出版社，2014；2015 年、2018 年数据来自《北京统计年鉴》（2016 年、2019 年），根据《北京统计年鉴》常住人口样本抽样调查数据计算得出。

北京市研究与试验发展（R&D）活动人员达 39.7 万人，相比 2010 年的 26.99 万人增加了 12.71 万人；获得专利数量也从 2010 年的 5.7 万件增加到 21.12 万件，增长了 2.7 倍。

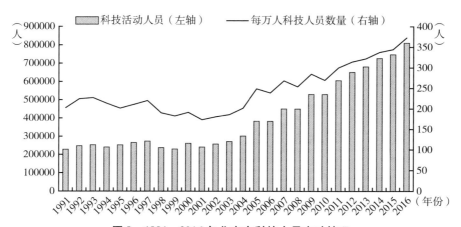

图 9　1991～2016 年北京市科技人员变动情况

注：每万人科技人员数量经计算而得。

资料来源：北京市统计局、国家统计局北京调查总队编《北京统计年鉴 2019》，中国统计出版社，2019。

四 人口服务管理的实践过程

新中国成立以来，面对纷繁复杂的人口形势和经济社会发展大局，北京市持续创新人口管理方式和优化人口服务，完善人口服务政策体系，努力实现人口规模适度和人口分布与结构的优化，提升人口素质，促进人口与社会经济、资源环境协调发展，使人口服务管理水平与首都城市发展相适应。首都人口管理和服务主要在如下几个方面取得进展。

一是不断完善人口管理服务的内容体系。人口管理和服务的基本内容包括户籍管理、计划生育管理服务、流动人口管理服务等内容。新中国成立初期，人口管理主要是从事户籍管理相关工作，到 1963 年，北京成立计划生育工作领导小组，开始从事计生服务管理工作，随着流动人口的不断扩大，到 20 世纪 80 年代中期，流动人口的管理服务也变得重要起来。伴随着人口服务管理内容日益多元、管理和服务者不断优化服务模式，建立多种便民服务渠道，针对计划生育指导、流动人口服务、义务教育入学、疫情服务提示、进京证办理等服务建立指导窗口，完善了涵盖了教育服务、交通出行、住房服务、社会保障、卫生服务、婚育收养等在内的服务体系，涉及内容更广、服务群体更多、服务效果更好。例如，在居民身份证办理服务方面，2018 年北京市公安局人口管理和基层工作总队在全市范围内开通本市户籍高考学生快速办理居民身份证绿色通道。此外，还在东城、西城、朝阳、海淀、丰台和石景山 6 个分局的 7 个派出所，推出居民身份证自助办理业务试点，使群众能够在非工作时间办理受理手续和领取证件。

二是持续加强计生服务管理的制度建设。人口服务和管理要严格按照法治轨道、规范要求开展。计划生育作为一项国家战略性举措，在开展计生管理和服务中尤其要强调制度建设。1963 年中共北京市委批转了《关于进一步开展计划生育工作的意见》，提出积极晚婚晚育，这是北京开展计生服务工作的开始。1979 年北京市革委会发布《关于试行〈北京市计划生育暂行规定〉的通知》，首次提出一对夫妇只生一个子女；1982 年中共北京市委、北京市政府发出《关于贯彻执行中共中央、国务院〈关于进一步做好计划生育工作的指示〉的通知》，提出少生、优生；2003 年北京市第十二届人大常委会通过《北京市人口与计划生育条例》；2007 年北京市正式发布《关于贯彻落实科学发展观统筹解决人口问题的决定》，明确了新时期北京市人口和计划生育工作的大致方针。2014 年 2 月 21 日，《北京市人口与计划生育条例修正案》通过，北京市正式实施"单独两孩"政策。2016 年 3 月 24 日第十四届人大常委会表决通过关于修改《北京市人口与计划生育条例》，"全面两孩"政策在北京市落地。

三是有序推动流动人口管理服务机制改革。流动人口是人口管理服务工作的重要对象，北京在流动人口的服务管理上经历了一个从限制到开放的过程，有序推进流动人口参与首都建设事业。1987 年，北京市政府、北京市公安局和北京市房管局联合颁布《关于加强暂住人员租赁私有房屋管理的规定》，详尽规定了外来人口房屋租赁的申领条件和程序，为流动人口留居北京、参加工作提供了基本保障。1989 年制定了《北京市外地人员务工管理办法》，用工单位凭"暂住证"申领"外地来京人员做工证"，这是对流动人口参加工作规范化的开始。2004 年 8 月，北京市制定《关于贯彻国务院办公厅进一步做好进城务工就业农民子女义务教育工作文件的意见》，解决了流动人口的子女入学问题。2005 年北京取消了"就业证"制度及对单位使用外来务工人员的行业、工种限制，进一步拓宽了流动人口的就业范围。2010 年 4 月，北京市政府发布《"人文北京"行动计划（2010—2012年）》，提出包括农民工在内的所有在京流动人口将全部纳入基本养老保险范围，积极解决流动人口的社会保障问题。2016 年《北京市实施〈居住证暂行条例〉办法》施行，为了推进城镇基本公共服务和便利常住人口全覆盖，外地户籍来京人员在北京市行政区域内办理"北京市居住证"，享受规定的基本公共服务和便利，居住证成为通过积分申请登记常住户口的证明。

四是不断改进户籍与居住管理手段。在人口常住户口管理方面，1949年 11 月，北京市颁布新的户口管理规定，设置了统一的"户口登记簿"、"户口簿"及"户口迁移证"等户籍簿册；1956 年建立人口卡片制度；

1958 年颁布《中华人民共和国户口登记条例》，常住人口管理实施规范化、制度化管理；1979 年底北京市公安局户籍处开始建立人口信息计算机管理系统；1996 年，根据公安部颁布的《关于启用新的常住人口登记表和居民户口簿有关事项的通知》要求，新的常住人口登记表和居民户口簿开始启用；2004 年《北京市公安局关于印发派出所办理常住户口登记工作规范（试行）的通知》规定办理常住户口登记的原则。同时，北京市也相继出台多项户口迁移政策与户籍政策，针对户籍迁移管理进行了规定。在居民身份证管理方面，1986 年 12 月，北京市第一次集中制发第一代居民身份证；2004 年 5 月 16 日，在东城区举办北京市换发第二代居民身份证首发式，至 2004 年 12 月 31 日，全部启动换发"二代证"工作。2008 年 10 月全市全面启动为驻京部队申领发放居民身份证工作，至 2009 年 6 月圆满完成驻京现役军人和人民武装警察集中申领发放居民身份证工作。2013 年北京市公安局率先推出居民身份证指纹信息离线采集系统。近年来，北京又通过就近选择公安分局户政大厅办理身份证、开通北京市受理外地群众在京异地办理居民身份证业务、简化户籍群众办理居民身份证手续、北京市居住证（卡）任意地签注等方式，极大方便了群众。

五是深入推进人口相关科学研究工作。社会科学的发展使数据获取和科学调查方法不断发展，人口相关普查和调查开始常规化，调查内容和类别多样化。新中国成立以来我国完成了六次人口普查，1953 年政务院发出《为准备普选进行全国人口调查登记的指示》，在此指导下我国完成了第一次全国人口普查，后续在 1964 年、1982 年、1990 年、2000 年和 2010 年又先后进行了五次人口普查，普查项目逐渐丰富，从第一次人口普查的 6 项到 1990 年第四次人口普查的 21 项，第五次人口普查首次引进长短表相结合的调查方法，普查设计、调查方案逐渐专业化。以掌握全国人口动态状况为出发点分别于 1987 年、1995 年、2005 年和 2015 年又进行了 1% 的人口抽样调查。为了掌握每年人口变动情况，从 1982 年起每年进行一次人口变动情况抽样调查。1987 年进行了妇女生育力抽样调查和残疾人口抽样调查、1994 年进行了北京市流动人口调查、2006~2007 年进行了第二次全国残疾人抽样调查等。同时人口调查更加注重新技术手段的应用。如第六次人口普查不再使用前五次人工绘制住房图的做法，而是利用国家的卫星遥感资料，在计算机上生成人口普查的地图和小区图，并采用光电录入手段，节省大量的人力、物力和精力。人口调查数据质量对调查结论至关重要，人口统计数据不准确，容易给国家的人口管理、宏观经济等的决策带来不利影响，人口调查方法专业化、科学化有效提升了数据质量。同时，为了加强人口理论与实践研究，北京相继成立了北京经济学院人口研究室（1974 年）、中国人民大学人口理论研究所（1978 年）、首都经济贸易大学人口研究所（1979 年）、中国人口情报资料中心（1980 年，后改为中国人口发展研究中心）、中国社会科学院人口研究中心（1980 年，后更名为中国社会科学院人口与劳动经济研究所）、北京大学人口研究所（1984 年）、北京市人口研究所（1998 年）等机构，进一步推动人口研究与人口工作深入发展。

五　北京人口发展的未来展望

人口是保持城市活力、实现经济社会可持续发展的基础性要素和重要战略资源。人口均衡发展是首都高质量发展的内在要求。促进人口与经济的良性互动，实现高质量发展，必须把握首都人口发展五大新变局。在前述分析的基础上，本部分拟利用相关权威数据对首都未来人口新变局进行预测的基础上，提出推动首都人口高质量发展的相关建议。

（一）未来首都人口发展趋势的几点研判

一是劳动力收缩且趋于老化。未来劳动力规模持续下降是常态且劳动力年龄构成在 2027 年前后开始老化。2017 年和 2018 年常住人口"两连降"，下降的常住人口中 86% 是 15～34 岁年龄段的年轻劳动力，常住外来人口规模减小是主因。"十四五"期间，常住人口规模将持续下降至不足 2000 万人，人口收缩趋势将一直持续至预测截止年份 2050 年，15～59 岁的劳动力人口以年均 52.7 万人的速度下降，2025 年将下降至不足 1200 万人，未来

也将持续下降到预测截止年份 2050 年。"十四五"之后（2027 年左右）45～59 岁的劳动人口将超过 25～44 岁的劳动人口成为劳动力市场的主力，劳动力人口趋于老化。虽然从经济增长的人口弹性来看，2001～2010 年北京市 GDP 每增加 1 个百分点，人口相应增加 6.7 万人，2011～2018 年 GDP 每增加 1 个百分点，人口仅相应增加 2.6 万人，经济增长对人口的依赖性降低。需要注意的是，经济主力人口的缩减力度太大、时间太长、结构老化等人口硬约束可能导致对经济增长的延缓效应逐步扩大，抵消劳动生产率的提升效益，带来经济增长持续下滑风险。

二是老龄化减弱人口红利驱动作用。"十四五"时期北京进入深度老龄化社会，人口红利将在"十四五"中期消失。2018 年北京市总人口抚养比为 37.8%，人口抚养负担相对较轻，但是随着生育水平的持续低迷和人口预期寿命的延长，老龄化加深的趋势很难逆转，预测发现北京市将在 2022 年进入深度老龄化社会（65 岁及以上人口占比超过 14%），2027 年进入超级老龄化社会（65 岁及以上人口占比超过 20%），人口红利可持续到 2023 年，到 2025 年总人口抚养比将攀升至 57% 左右，老年抚养负担是少儿抚养负担的 2.7 倍，维持老龄社会的城市经济活力迫在眉睫。

三是高素质人才国际化仍需提升。高素质人才国际化水平落后于世界主要创新城市。北京市高新企业从业人数、科研院所创新人才数量在全国居于前列，但人才国际化不足，虹吸效应不够，中关村外籍从业人员占比不足 1%，远远低于世界主要创新型城市。尽管北京营商便利度前沿距离得分由 2017 年的 64.99 提高到 2018 年的 73.59，但与新加坡、中国香港、首尔、纽约和伦敦等城市相比，仍存在一定差距。美国财经媒体 Business Insider 发布"全球 Top 20 高科技城市排行榜（2018）"，用以衡量城市适合高科技人才发展的工作环境和生活水平，北京在全球排名第 16 位，落后于旧金山、纽约、伦敦等国际主要创新城市。

四是人口布局变动更加合理。通州副中心的人口承接效应显现。从人口规模上看，2018 年通州区常住人口为 157.8 万人，比上年增长 7 万人；其中常住外来人口 65.7 万人，比上年增长 5.4 万人；从人口密度上来看，

2018 年通州区常住人口密度达到 1741 人/千米^2，相比 2015 年增长 14.46%，相比 2010 年增长 33.21%。随着未来城市副中心的建设，人口承接效应将会更加明显。

五是生育率持续低迷。全面两孩政策效应不明显，"十四五"时期将继续处于超低生育率水平。2016 年全面两孩政策实施以来，北京市常住出生人口及出生率连续下降，2018 年出生率为 8.24‰。据预测，"十四五"期间，北京市常住出生人口将以每年约 1.5 万人的速度持续下降，预估将在 2023 年跌破 5‰，2025 年常住人口出生率将跌至 3.5‰左右。持续的低生育率将加剧人口老龄化，导致新增劳动力、新增消费越来越少、养老金亏空风险越来越大。

（二）把握人口变局，推动首都高质量发展的对策建议

一是坚持"精明收缩"理念，探索减量发展长效机制。北京市全员劳动生产率由 2011 年的 15.8 万元/人不断上升到 2018 年的 24 万元/人，减量发展倒逼态势显现，但对标纽约、伦敦、东京等世界城市超过 50 万元/人的劳动生产率，北京市经济发展效率还有很大提升空间。因此，需警惕经济发展动力不足新风险，健全人口与发展综合决策机制，寻找新的劳动生产率增长点，防止出现结构性经济危机，探索"城市收缩"背景下减量发展的长效、常态化路径，实现人口均衡发展与经济低位运行下的良性互动。

二是需激发城市经济活力新动能。提升老龄社会创新能力是城市经济活力的发展路径和目标。老龄化社会将系统性影响社会供求结构和增长动力，需前瞻性布局老龄经济。劳动生产率和创新能力是城市经济活力的重要指标。课题组研究发现人口老龄化对劳动生产率存在潜在的抑制风险，但人口老龄化并不必然意味着创新能力的减弱，研究发现一些人口老龄化程度较为严重的国家，依靠创新推动了本国经济的增长。根据 2015 年全球创新能力排名，中国位列第 22 名，新加坡、韩国、日本、以色列的排名分别为第 7、11、14、17 位。同期中国的老龄化率为 9.55%，而新加坡、韩国、日本、以色列的老龄化率分别为 11.68%、15.75%、26.34%、11.24%，都高于

中国。因此，要强化科技创新驱动，把技术创新、供给结构高科技化作为积极应对人口老龄化的第一动力和战略支撑，加强人工智能技术探索，全面提升老龄经济产业体系智能化水平。

三是需打造高质量人力资本新生态。人才数量储备和结构优化并举。高素质人才是世界城市建设的重要资源，吸附的人才资源的规模、结构和质量是提升城市竞争力的核心力量和关键要素。《2019 年北京地区高校毕业生就业质量年度报告》显示，应届毕业生在京就业的比例近三年连续呈小幅下降趋势。随着企业、产业的外迁，人才流失将会持续。因此，北京要成立国际一流标杆性的双创服务机构，提高硬科技领域创新资源整合能力，完善人才服务生态环境，实现人才在全市的均衡和优化配置，提升国际和国内高素质人才吸附力。

四是需挖掘城市发展新区发展新潜力。城市发展新区经济潜力有待挖掘。北京市人口空间分布呈梯度变化，2018 年，城市人口密度为 1313 人／千米^2，其中四大功能区分别为 21658 人／千米^2、7575 人／千米^2、1245 人／千米^2 和 234 人／千米^2。从功能定位和承载能力看，中心城区趋于饱和，生态涵养区承载力有限，但城市发展新区仍有一定的承载空间，可以进一步挖掘区域内的结构调整潜力。从 2015～2017 年人口与经济变动情况来看，城市发展新区人口流入较快，人口占比快速提高，但并未带来经济占比的显著变化，经济产出效率呈现下降趋势，城市发展新区人口经济变动的偏离，在一定程度上说明部分新流入人口并非"随着产业功能转移"，发展新区的经济潜力还有待进一步挖掘。同时，首都功能核心区人口占比和经济占比都出现下降，但经济人口系数（经济人口系数 = 经济比重／人口比重；这一指标越高表示单位人口的经济产出越高）同步上升，说明人口流出对经济效率影响不明显，中心城区的人口疏解并未对经济活力造成消极影响。城市功能拓展区的人口占比显著降低，经济占比反而持续上升，说明在人口减少的情况下，经济产出效率有较大提高。生态涵养区的人口和经济占比都保持基本稳定，但 2017 年出现相对明显的人口流入，应关注近两年生态涵养区人口的增加趋势，避免形成人口持续流入的生态环境压力。

　　五是需在经济政策中纳入生育友好型新视角。经济政策中纳入生育友好型视角。人是经济社会发展的基本要素和动力，保持适度的生育水平，能够为未来的经济发展储备劳动力资源，据调查显示，影响北京市居民生育意愿的因素中，经济因素是重要的原因。因此需要通过加大税收减免力度、适度进行经济补贴等经济政策，采取措施平衡工作—家庭冲突，保障妇女的就业权益，营造生育友好型的工作和社会环境，提高育龄人群的生育意愿。

B.19
超大城市人口结构变迁与社会治理

张 翼*

摘 要： 人口的社会流动与区域流动为经济发展注入源源不断的新鲜活力，也掀起了强大的造城运动。在此背景下，人口成为社会治理的核心关注点。从我国人口结构变化和治理创新角度来讲，针对人口代际结构变化，社会治理关键在于社会整合机制的创新；针对社区内部人口结构的变化，社区治理的重点是培养多元主体的社区认同，使陌生人具有熟人化或半熟人化的机会；针对户籍人口和流动人口的结构变化，充分考虑其产生的人口结构张力，是治理方案制定的重要现实。中国的人口转型速度极快，如何顺应时代发展特色而因地制宜、因时制宜地出台人口竞争政策，将是未来城市发展与城市治理的核心课题。

关键词： 超大城市 人口结构 社会治理

改革开放40多年来，中国之所以能够取得天翻地覆的变化，其中一个重要原因，就在于改革开放促进了人口的社会流动与区域流动，打破了原有户籍制度的桎梏，为经济发展注入源源不断的新鲜活力。而人口流动的结果，也在互动作用中以工业化和城镇化过程，把农民工转变为产业工人和服务人员，既改变其居住的区位结构，也提升其阶层地位。于是，中国作为世

---
* 张翼，法学博士，中国社会科学院社会发展战略研究院研究员，主要研究方向为社会结构与社会发展。

界第一人口大国，掀起了强大的造城运动，在 960 多万平方公里的版图上，崛起了一座又一座城市。

鉴于中国城市人口正在突飞猛进地增长，2014 年，为适应人口形势的发展，国务院下发了《关于调整城市规模划分标准的通知》，以城区常住人口为统计口径，将城市划分为五类七档①：将常住人口在 50 万人以下的城市划分为小城市（20 万人以上 50 万人以下的为 I 型小城市，20 万人以下的为 II 型小城市）；将常住人口在 50 万人以上 100 万人以下的划分为中等城市；将常住人口在 100 万人以上 500 万人以下的划分为大城市（300 万人以上 500 万人以下的为 I 型大城市，100 万人以上 300 万人以下的为 II 型大城市）；将常住人口在 500 万人以上 1000 万人以下的划分为特大城市；将常住人口在 1000 万人以上的划分为超大城市。

在整个"十三五"时期，除个别超大城市通过控制常住人口的增量而限制了流动人口增速外，绝大多数特大城市都在老龄化与经济发展压力下加速吸纳流动人口，而超大城市则以人口竞争挤出效应降低了低学历人口的占比，增加了高学历人口的数量与份额。这些在造城运动中形成的世界级的特大城市和超大城市，在将自己转变为社会经济文化中心的同时，也自然而然地成为当地的政治中心，并以城市带和城市网的方式，将其影响力辐射到周边中小城市和农村。在这种情况下，超大城市与特大城市能否率先实现市域社会治理的现代化，不管是对全国，还是对区域内部改革发展稳定关系的处理，都有着举足轻重的影响。以下从人口结构变化与治理创新的角度予以分析。

一 超大城市人口代际结构变化与治理

城市越大，发展越强劲，新创造的就业岗位越多，对流动人口越具吸引

---

① 在工业化初期，城镇化速度受到抑制。所以，早期的城市规模相对比较小。比如说，1955 年国家建委《关于当前城市建设工作的情况和几个问题的报告》首次提出大中小城市的划分标准，50 万人以上为大城市，20 万~50 万人为中等城市，20 万人以下为小城市。1980 年将 100 万人以上的城市确定为特大城市。

力。城市的自我发展，在为户籍人口构建向上流动渠道的同时，也将大量本地市场需要但户籍劳动力不愿做或不能做的岗位让渡给城市新移民，形成吸引人口流动的洼地效应。广东省以深圳市和广州市为中轴的城市群吸纳了3500万左右的流动人口。上海吸纳了900万到1000万流动人口。北京吸纳了700万到800万流动人口。最初，流动人口以地缘关系和业缘关系为纽带集中居住在城市中心的各个"城中村"，但在级差地租和房租的压力下，也在城市中心区改造的压力下，不得不呈环状向外围结构化迁移。城市内部改造力度越大，城市中心区的房租价格就越高，流动人口向外迁移的速度就越快，逐渐形成流动人口围城而居的现状。

流动人口的迁移过程，在形成都市里的村庄的同时，也将乡村人际关系的亲缘网络搬入城市，组建以业缘关系为桥梁的熟人社会。这恰恰与城市的陌生人社会形成截然相反的对照。城市的拆迁改造与商品化安置，正在解构原有基于情感与血缘关系而形成的街坊邻居型熟人社会，而不断强化本地户籍人口的异质性特征——不仅造成人群结构的异质性，而且型塑职业与收入关系的异质性。这就需要将传统社会的社会团结升级为现代化的、以有机团结为特征的、与时代发展相一致的调适机制，以不断整合新来的流动人口。但到目前为止，这种机制还处于建构过程中。尽管政府的制度投入，也能创造某种程度的红利，化解流动人口组团群聚所形成的"张力"，但在流动人口之熟人社会和为其所包围的城市户籍人口的陌生人社会这个"张力结构"中，社会融合的制度投入还没有达到预期效果。

在这种情况下，特大城市社会治理的主要任务，便在于通过社会整合机制的创新，化解可能存在的新移民与原住民之间的利益矛盾，真正以共建共治共享的社会治理共同体吸纳流动人口有效参与，以基本公共服务的均等化为流动人口提供社会服务，让流动人口能够不断分享到城市发展成果。

应该看到，第一代流动人口进城的目的，可能在于经商务工，通过"暂住"方式赚钱，然后回乡建构自己的未来生活。但"80后"等新生代流动人口，却缺少"回乡"的心理预期。如果他们对其所在的城市难以形成认同心理，难以产生"家"的感觉，则会处于"无根"的"飘"的焦虑之中——如果这些一出生就进城的年轻的新生代流动人口既没有农村的"乡愁",也没有城市的"归属",那么其会长期处于"不稳定"的"徘徊"状态。

对于新生代中的"第二代"流动人口来说(流动人口的父亲或母亲在流入地生育的子女),他们从小就在流入地上学与生活,他们与城市户籍人口的子女同时代共成长,但却不能平等分享在教育、就业、社保等方面的发展机遇,于是就会产生更为强烈的相对剥夺感。在所有的移民研究中,"第二代"的相对剥夺感都强于第一代。有相对剥夺感的人越多,感受越强烈,其获得感、幸福感和安全感就越低,其对城市的认同感就越难以培养。

当前,与新生代流动人口占比上升的趋势相一致的是,"第二代"流动人口所占比例也趋于上升。这种趋势会迅速改变流动人口的代际结构。如果"第二代"长期得不到同城同待遇的制度配置,就会产生或再产生出"风险"心理。目前,在"第二代"的学历水平不断上升的过程中,在超大城市和特大城市的治理制度设计中,仅给予"第二代"户口或积分入户权,只能暂时解决部分问题,而难以解决流动人口与户籍人口之间的社会生活、经济生活与文化差异问题。因为每年的入户指标与庞大的流动人口规模相比显得微乎其微。所以,超大城市和特大城市流动人口内部年龄结构与学历结构的变化等,构成社会治理的现实基础。如果超大城市和特大城市内部流动人口与户籍人口居住区位的空间分布,与这些人口的阶层化空间分布高度重叠,就会将其风险张力逐步结构化,这会造成长期影响。对此切不可等闲视之。唯有精细化掌握超大城市和特大城市人口的动态变化,才能在治理过程中既贯彻因城施策精神,也配置精准施策措施,维护好安定团结局面,将城市从全面建成小康社会阶段推进到现代化建设的各个阶段。

二 超大城市社区内部人口结构变化与治理

当前的社区治理,奠基在传统社区的理论之上。不管是借用西方社会理

论建构的社区思想，还是以居委会或家属大院设计的社区理念，都假设社区各个群体会自发形成生活共同体。由农业社会的乡土血缘关系结构形成的社区，或者基于定居化社会而形成的街坊或单位制有机体，的确具有熟人社会性质，能够体现出共同体特征，在人与人之间形成面对面的、基于情感纽带的、夹杂着各种互助性利他主义的关系结构。社区居委会或社区自治组织、单位制物业管理组织、镶嵌进社区的企业与社会组织等，也会在互动中建构自我认同价值，维护社会秩序，通过社区内部的"精英"再生产系统形成自治体系，将社区自发产生的自治力量与基于正式组织而建构的力量结合起来，建构为社区成员所认同的秩序。

但在人口流动频繁发生，或者在经济波动时有起伏，或者城市内部难以整合外来人口的情况下，特大城市的社区人口已经异质化了。即使居住在同一个楼房或者同一楼房同一门洞单元相邻而居的人们，也可能会"老死不相往来"。现有的治理框架，是以户籍制度为基础设计的治理结构，这个结构不同程度地将同一社区的人划分为不同的类别，并配置了不同的治理权力，形成了制度性区隔，并经由现实区隔生产出心理认同区隔。因此，特大城市社区结构既是互相镶嵌的多元人口结构，也是分割为不同物业小区与居住大院的多元利益结构。社区可以被划分为网格，但却难以使同一网格内部的异质化人口形成有机生活共同体。

在这种情况下，社区治理的重点是培养多元主体的社区认同，使陌生人具有熟人化或半熟人化的机会。在社会组织的培育中，也需要建立跨阶层与跨地域的联系纽带，形成社区凝聚力，把社会秩序的维持建立在内部成员的自我团结之上，而不是建立在外来力量的干预之上。改革开放以来，社区已经发生了重大的变化。必须认识到这些变化能够创新社会治理体系，提升社区治理能力。在社区治理的创新过程中，必须时刻问这样几个问题：谁在社区、谁在治理、谁认同这样的治理。

现在的社区——尤其是超大城市和特大城市的社区，基本只能依靠政府的行政支持和财政支持才能开展现有工作，这使社区居委会更偏好"完成上级部门安排的工作"，而不是将重点放在构建社区内部的自治力量上。如何平衡社区居委会的工作，如何使社区在德治自治法治轨道上产生内生的社会团结力量，如何形成强有力的社区治理共同体，将是未来制度创新的重点。

三　超大城市户籍人口和流动人口结构变化与治理

中国的人口转变，一方面来自计划生育制度的规约，另一方面来自经济社会的发展。超大城市和特大城市的户籍人口，自20世纪80年代之后，就逐渐步入了低生育通道。2000年以后的人口普查与历次抽样调查都表明，超大城市和特大城市户籍人口的实际生育率长期低于政策生育率，从而形成人口金字塔底部的快速老化效应。但超大城市和特大城市的人口平均预期寿命，在改革开放之后有了长足的延长，这又形成人口金字塔顶部的老化效应。

这一人口转型产生的结果是：城市越大，户籍人口中独生子女就越多，户籍人口的老化速度就越快。而与此同时，城市越大，经由市场与制度选择的流动人口就越年轻，流动人口结婚生育的子女越多于户籍人口。于是，在户籍人口的快速老化与流动人口的相对年轻之间就形成了人口结构张力。

这种张力，使特大城市的治理制度设计，难以离开这一现实。任何不考虑这一现实而设计的制度投入，都会受到严峻挑战而增加治理成本。流动人口的市民化问题，在全面建成小康社会之后会成为城市发展的最主要问题。在流动人口存量日渐减少的大背景下，中国城镇化的速度虽然重要，但城镇化的质量将更为重要。如果在超大城市和特大城市忽视了流动人口的同城同待遇权力，那么城乡融合发展很难取得实质性进展。

中国的人口转型，还具有极其快速的特质，而不像西方国家那样呈渐进之状。如果说原来特大城市可以通过对年轻流动人口的市场选择与制度选择来填补户籍人口老化所形成的庞大需求的话，那么现在，在全国人口的逐渐老化压力下，流动人口的平均年龄也趋于上升。原来那种将农村、中小城市作为劳动力蓄水池的治理对策，正在经受人口老化所带来的严峻挑战。在未

来的现代化建设中，超大城市和特大城市会越来越多地遭遇人口竞争的挑战。大城市与中小城市的发展差距越小，竞争压力就越大。所以，如何通过人口政策的动态调整、如何通过产业发展的需要形成人口与城市的良性互动，如何在户籍人口的老化与流动人口的吸纳之间建立均衡机制，就成为社会治理的重大课题。但中国劳动力人口供给规模的下降趋势业已说明，即使是超大城市和特大城市，也需要及时调整人口战略，也需要通过对流动人口友好型社会的建设而保持经济增速，并以经济增长协调发展难题，化解老龄化压力。因此，能不能顺应新时代的发展特色而因地制宜、因时制宜地出台人口竞争政策，将是未来城市发展与城市治理的核心课题。

总之，人口是社会发展的基础。以传统户籍人口为基础设计的城市治理体系，需要在现代化过程中改进为以常住人口为基础的市域治理体系。以人口结构之变化而设计的社会治理战略，在超大城市和特大城市的现代化过程中，会越来越成为制度创新的重要内容。

B.20
新时代北京市中长期人口发展战略的思考

陆杰华　刘雪伶*

摘　要： 中长期人口发展战略直接关系到人口与资源环境、社会经济的协调和人口均衡发展。结合北京市在人口发展战略方面已取得的成果及面临的挑战，下一阶段人口发展战略应当遵循"稳总量、调结构、提质量、化风险"的主要思路，具体的政策框架包括：进一步细化中长期人口发展战略的阶段性目标及其配套政策体系；充分注重政府和市场的人口治理手段应用，有效提高治理效能；更加突出人口结构和分布规划设计，促进人口社会经济协调发展；统筹人口规模与分布关系，基于人口要素优化区域公共服务体系；适应大数据时代，构建动态性的人口登记制度。

关键词： 人口发展战略　人口治理效能　大数据

　　人口始终是区域经济社会发展的基础性、全局性与战略性要素，人口资源环境问题也是制约区域经济社会可持续发展的关键。开启中国特色社会主义新时代以来，作为超大城市的北京市，其长期人口发展战略目标及相关配套措施备受决策者、学术界乃至全社会的关注。众所周知，区域中长期人口发展战略作为统筹考虑人口系统内部的规模、结构、分布和质量，统筹考虑

---

* 陆杰华，北京大学社会学系教授，主要研究方向为人口老年学、人口经济学；刘雪伶，北京大学社会学系硕士研究生，主要研究方向为人口社会学。

人口、资源环境和经济社会发展的综合战略，对于科学性、前瞻性和战略性的人口规划具有重要意义，将有助于北京促进人口与资源环境、社会经济相协调，实现人口均衡发展。

一 改革开放以来北京市人口控制目标演变及其主要挑战

自改革开放以来，北京市前后进行了四次人口总体规划。1982 年修编的《北京城市建设总体规划方案》要求"坚决把北京市到 2000 年的人口规模控制在 1000 万人左右"，但这一指标在 1986 年就被突破；1991 年修编的《北京城市总体规划（1991—2010 年）》要求"到 2010 年常住人口控制在 1250 万人左右"，这一目标也在 1996 年得以突破；2003 年修编的《北京城市总体规划（2004—2020 年）》明确要求"2020 年北京实际居住人口控制在 1800 万人左右"，但是 2010 年也被突破。虽然前三次规划都没有达到预期的控制目标，但 2015 年以来，随着北京市大力推进以疏解北京非首都功能为核心的京津冀协同发展战略，北京市常住外来人口规模不断缩减，常住人口也呈现"三连降"的态势，2019 年常住人口总量仅为 2153.6 万人，有望达到《北京城市总体规划（2016 年—2035 年）》中"北京市常住人口规模 2020 年控制在 2300 万人以内"的预期目标。

不过，我们必须看到，现阶段北京市人口规模在得到有效控制的同时，事关北京市经济社会发展的人口年龄结构老化、人才结构优化以及人口红利持续获得等问题亟待关注；人口素质随着高中教育和高等教育的大众化不断提升，但人力资本红利和劳动生产率有待提升；人口空间布局由"中心集聚"向"一副多点"优化，但人口职住平衡亟待改善和治理；区域人口服务管理水平逐渐提升，但人口治理的精准性和效能有待提高。

二 制约北京市中长期人口发展战略的关键性因素

作为全国的政治中心、文化中心、国际交往中心和科技创新中心，北京市中长期人口发展战略历来受到多方面因素的影响和制约。

第一，人口目标规划是方向盘。城市人口的总体规划直接影响城市人口规模的缩减和扩增，北京市作为首都和"四个中心"，人口目标规划必然要考虑国家人口发展的宏观形势和城市发展的实际需要。改革开放以来，北京吸引了大批流动人口集聚，在给北京带来经济活力的同时也引发了诸多问题。在大力推进京津冀协同发展的战略背景下，未来北京市的常住外来人口规模将继续维持不变或呈现缩减的态势。

第二，经济持续发展是动力源。城市经济发展是人口发展和流动的关键，同时人口的可持续发展也影响城市经济的持续增长和发展活力。大量年青外来劳动力的流入是北京经济充满活力和持续增长的重要原因，而外来常住人口的持续减少势必提高了人口老龄化和劳动力老龄化的速度，对北京城市发展活力带来一定负面影响。因此，北京的人口发展战略将受到未来经济增长速度和经济结构定位的影响。

第三，人口治理效能是指挥棒。城市人口治理效能是决定人口发展规划能否达到预期目标的重要内容，科学的治理机制和现代化的治理方式能够提升人口治理的整体效能。对于流动人口总数依然十分庞大，户籍制度和基本公共服务改革却相对滞后的北京而言，充分应用大数据创新流动人口服务管理方式、完善各种治理政策、统筹人口规模与结构之间关系等将在很大程度上提升北京人口治理效能，为未来人口发展提供良好保障。

第四，社会与环境协调是丈量尺。北京市"四个中心"战略定位的实现需要适宜的人口环境，社会服务管理水平与城市环境都将直接影响北京市国际一流和谐宜居之都的建设。其中公共服务体系的建设，教育、住房、医疗等民生条件的完善，老旧小区的综合治理，以及交通拥堵、水电土地短缺等问题的改善，都是直接或间接影响北京人口长期发展的关键性因素。

此外，诸如新冠肺炎疫情等重大公共卫生事件，也可能直接通过政府强制控制的方式对北京市的人口有序流动产生深远且重大的影响。此次新冠肺炎疫情大大缩减了外来人员入京和在京人口出京的数量便是一个明证。

三 北京中长期人口发展战略的思路及其政策框架

2020 年是全面建成小康社会的最后一年，同时也是"十三五"的收官之年，面对新时代的新形势，预计未来北京人口发展将面临人口老龄化和生育率下降带来的双重压力，以及人口与服务协调、人口治理效能降低、人口与资源环境平衡等诸多问题。因此，前瞻性地提出北京新时代中长期人口发展战略，对把握人口发展趋势和挑战，全面协调北京人口、资源、环境、经济和社会的可持续发展，落实首都"四个中心"的城市战略定位都具有重要意义。基于北京市人口发展的现状、特点以及所面临的诸多挑战和兼顾未来北京市人口发展总体趋势，我们认为，在今后较长的时期内，北京市人口发展战略应当遵循"稳总量、调结构、提质量、化风险"的主要思路，并在此基础上提出以下政策框架。

第一，进一步细化中长期人口发展战略的阶段性目标及其配套政策体系。北京中长期人口发展战略是统筹考虑北京市人口数量、结构、质量和分布的综合性战略，具有前瞻性和长期指引性。因此，落实到具体实践中，需要根据人口发展的现状和未来预期提出具体的阶段化目标，并根据阶段性目标出台相关配套的政策措施，如户籍制度改革和基本公共服务供给侧改革，不断根据人口发展的实际情况进行政策调整，既要保持连贯性，又要保持适应性。

第二，充分注重政府和市场的人口治理手段应用，有效提高治理效能。北京市人口纷繁复杂的市情决定了人口治理必须要实行系统化的运行体制机制，充分发挥政府和市场在人口治理中的作用。政府层面，要完善流动人口迁出地和迁入地政府间的协同体系，适时调整和完善积分落户政策，健全外来人口权利保障机制和社会组织参与公共卫生突发事件的参与机制；市场层面，加大政府购买服务力度，完善社会组织管理，同时引领企业内部的流动人口自治组织建设，建设全社会的协同治理机制。

第三，更加突出人口结构和分布规划设计，促进人口社会经济协调发展。优化人口结构和空间布局是北京实现非首都功能疏解和推进京津冀协同发展战略的重要内容。面对总人口抚养比持续走高、户籍人口老龄化加剧等问题，北京应通过制定科学的公共服务政策对人口结构进行调节；通过"人随功能走、人随产业走"等举措，在中心城区疏散产业，积极发展高新技术产业和高端服务业等，优化产业结构，引导人口向副城区和新城区流动，构建良好的人口空间布局，促进区域人口经济社会的协调发展。

第四，统筹人口规模与分布关系，基于人口要素优化区域公共服务体系。目前，北京大力调整人口空间布局，人口分布格局逐步由"中心集聚"向"一副多点"转变。在疏散中心人口，建设城市副中心的同时，北京应通过"大数据＋"平台等方式对城市进行精细化管理，及时根据人口要素变化进行调整，改善人口聚集区域的人居环境和基础设施体系，提高区域人口服务管理水平。

第五，适应大数据时代，构建动态性的人口登记制度。人口决策需要人口数据及其交通、通信等大数据的支撑，随着交通通达性的提高和经济社会的发展，未来北京人口流动将更加频繁。考虑到北京市流动人口规模大、来源广、层级多等特点，运用大数据、物联网、云计算和人工智能等现代科技，构建动态性的人口登记制度，搭建人口数据动态平台，一方面可以加强人口动态监测，推动北京人口精准管理，及时调整公共服务配置，提高服务和治理水平；另一方面也有助于预测短期人口发展趋势，科学防范人口风险。

参考文献

胡鞍钢：《中国中长期人口综合发展战略（2000~2050）》，《清华大学学报》（哲学社会科学版）2007 年第 5 期。

刘小敏：《疏解非首都功能下的北京人口变动分析》，《中国集体经济》2019 年第 28 期。

闫萍、尹德挺、石万里：《新中国 70 年北京人口发展回顾及思考》，《社会治理》2019 年第 9 期。

B.21
新时期北京人口调控政策新特点[*]

童玉芬^{**}

摘　要： 北京市人口调控已经进入以疏解非首都功能带动人口变动的新阶段。人口调控政策进入京津冀协同发展国家战略中，其作用空间、调控目的与调控手段也发生了显著变化。北京市人口调控政策的进一步发展需要我们对人口规模变动的规律进行认真的分析和判断，同时将非首都功能疏解与京津冀协同发展问题相结合，并继续推动人口空间的优化与人口素质的提升。

关键词： 北京市　人口调控政策　人口疏解

一　前言

人口调控政策属于公共政策的一种类型，是国家或地方政府对一定区域范围内的人口规模、增长、分布、构成产生直接或间接影响的一系列政策和法规（现代经济词典）。就北京人口调控政策而言，本报告是指以调节人口的规模、结构和分布从而实现人口与城市资源环境经济可持续发展为目标导向，主要针对本市人口规模、结构等变化所施加的一系列行为准则或规范。

---

　* 本报告为北京市哲学社会科学基金重大项目"新时代北京市人口调控与可持续发展研究"（项目编号：18ZDA06）的阶段性成果。

　** 童玉芬，法学博士，首都经济贸易大学劳动经济学院教授，博士生导师，主要研究方向为人口与劳动计量、城市人口。

北京市作为全国的首都和特大城市，人口调控长期以来是城市发展的重要议题。经过改革开放以后 40 多年的实践，北京市的人口调控历经多次演变和发展，对人口的作用不可谓不大，但是人口调控政策的效果方面一直扑朔迷离，直到最近几年，北京市人口规模才出现了明显的转折，2016 年北京市人口规模达到 2173 万人之后发生了历史性的转折，开始出现了下降。这与最近几年来的人口调控政策内容与强度有密不可分的关系。本报告重点分析新时期（2015 年）以来的人口调控政策演变特点，对于深刻认识北京市人口变化，以及进一步调控政策走向，具有非常重要的意义。

二 2015年以来北京市人口调控政策进入新阶段

已经有不少学者对北京的人口调控演化过程进行过梳理，但关于阶段的划分存在不少的争议和分歧，同时均未将近年来的人口调控政策作为单独的阶段进行划分。本报告通过对北京市从 1984 年以来的各类人口政策调控文件进行收集和筛选，并对文件进行分析和梳理，认为北京市人口调控政策应该包括如下五个明显的阶段，其中 2015 年之后应该作为一个非常独特的新阶段。

第一阶段：1984 ~ 1994 年。初步开始对外来人口进行管理。以 1984 年出台的《国务院关于农民进入集镇落户问题的通知》为标志，北京市从此打开了流动人口进京务工经商的大门，随即出台了一系列围绕外地来京人员兴办产业、户口、家庭服务、租赁、务工经商以及人口计划生育等系列管理办法，该阶段主要目的是加强管理而非控制人口。

第二阶段：1995 ~ 2004 年。随着中国爆发了大规模的民工潮，北京迎来了人口的爆发式增长。在 1995 年中央出台的《中央社会治安综合治理委员会关于加强流动人口管理工作的意见》这一纲领性文件下，北京市于 1995 年也出台了《外地来京务工经商人员管理条例》，并围绕该条例密集出台了近十个系列配套性政策，形成了涵盖户籍、治安、房屋、务工、经商、卫生、防疫、计划生育、收容遣送等各个方面的流动人口管理政策体系，加

强了对流动人口的管理和控制。

第三阶段：2005~2010年。这一阶段北京市对外来人口调控管制有所放松，一方面前一阶段出台的一些限制性管控措施在2005年后相继取消或失效，另一方面政府转变了对流动人口管理方法措施、管理的思路，加强了流动人口的服务与权益保障。

第四阶段：2011~2014年。随着人口普查后显露的人口规模高增长现实，人口调控的要求也再次开始加强。调控手段开始多样化，在手段上除了传统的以证控人基础上，还增加了以房控人、以业控人、城市治理等多种内容，人口调控强度开始增大。

第五阶段：2015年至今。本报告将这一阶段称为新时期人口调控阶段。以2015年《京津冀协同发展纲要》的国家战略的正式批准和实施为标志，北京市人口调控也进入了以疏解非首都功能带动人口变动的新阶段。人口调控政策的思路、力度和内容强度等都发生了显著变化，对北京市人口规模在2016年后发生了历史性的下降起了重要作用。

三　新时期北京市人口调控政策的特点

（一）北京市人口调节纳入京津冀协同发展国家战略之中

早在2014年2月26日，习近平总书记在北京考察并发表重要讲话，提出京津冀协同发展战略。关于有序疏解北京非首都功能，推动京津冀协同发展是《京津冀协同发展规划纲要》中提及的内容，表明疏解北京非首都功能是促进京津冀协同发展的重中之重。在《京津冀协同发展规划纲要》中量化提出了北京市的人口调控目标，并提出要严控增量、疏解存量、疏堵结合调控北京市人口规模。可见，北京市人口调控已经被纳入京津冀协同发展战略框架中，上升到前所未有的高度。为了实现上述目标，北京市开始了一系列的疏解非首都功能相关活动，北京市人口调控思路也发生了重大转变。

（二）人口调控的作用空间发生了变化

人口调控范围从过去只考虑自己家"一亩三分地"的自我控制，转变为在整个京津冀范围内进行调控。以往人口调控是北京一家的事情，因此主要通过对人口规模的控制来实现人口调控目标，收效甚微。一方面，一部分人口不愿意离开北京；另一方面，也没有合适的承接地，更不可能联动式对疏解和承接进行共同规划和建设。2015 年之后彻底打破了这种"自扫门前雪"的状态，通过京津冀范围内的协同联动，不仅在北京进行疏解，而且在河北、天津进行对接，通过产业链的合理布局和空间对接，实现人口的向外疏解和转移。

（三）人口调控的目的发生了变化

2015 年以来，北京市人口调控目的从过去仅仅解决北京自己的城市病问题，转为通过人口调控来促进首都核心功能发挥，进而发挥首都在京津冀区域的核心辐射带动作用，最终促进京津冀协同发展战略的顺利实现。在京津冀协同发展中，北京处于特别重要的位置。北京核心功能的发挥以及北京市城市病的解决，是京津冀协同发展和共同打造京津冀区域发展高地的前提和基础。因此，只有将北京的人口问题解决好，才能梳理发挥首都功能，并使得北京作为区域中心城市起到对整个区域的辐射带动作用，进而促进京津冀的全面发展。因此，人口调控目的发生了重大变化。

（四）人口调控的手段发生了显著变化

产业疏解带动人口疏解成为最重要手段。在原有的"以证控人""以房控人""以业控人"基础上，将产业疏解带动人口疏解的新的调控手段变成最重要的调控抓手。按照《京津冀协同发展规划纲要》明确提出的四类重点疏解产业包括一般性产业特别是高消耗产业、区域性物流基地、区域性专业市场等部分第三产业，部分教育、医疗、培训机构等以及部分行政性、事业性服务机构和企业总部进行疏解，同时制定产业禁限目录限制增量。北京

市产业结构得到提升和改善，而传统劳动力密集型岗位大量减少，从根本上影响了人口快速增长的劳动力吸纳基础。另外，北京市还通过环境治理，如通过加强出租房屋治理，拆除违法建设，整治占道经营、无证无照经营、开墙打洞经营；通过城乡接合部综合整治、老旧小区改造、棚户区改造等疏解整治措施进行城市整治。正是在上述疏解整治过程中，带来了人口的疏解和质量提升与空间的优化配置。

四　进一步思考

随着近年来北京市人口调控政策出现的新气象、新形势，人口规模也发生了历史性的转折。虽然这个变化不能简单地全部归结到人口调控的效果上，但是不可否认新时期人口调控政策起到了明显的作用。其中以下几点需要引起思考和注意。

首先，从今后看，人口调控政策是否需要继续发力，控制人口规模增长并促进人口规模的进一步减少，需要我们对人口规模变动的规律进行认真的分析和判断。如果人口调控政策在近年来人口规模下降中只起到部分甚至非主要作用，那么人口规模下降到底受哪些因素的决定性影响，是否已经进入内在惯性下降？如果是这样，那么人口调控的力度就需要减缓，这个问题需要未雨绸缪进行科学研究和判断。

其次，疏解非首都功能是京津冀协同发展国家战略的要求，如何通过疏解非首都功能来促进京津冀协同发展将是今后相当时期的历史重任。那么如何在非首都功能疏解的同时，保持北京人口规模下降的适度减缓甚至稳定，可能是今后面临的一个重要挑战。这可能比人口规模控制还要困难。

最后，在人口空间上如何优化，在人口素质上如何提升，应该在今后人口调控中处于更加重要的位置。优化目标如何确定，标准在哪里，通过人才引进还是人才培养，如何协调人才引进与人口规模调控之间的关系，也需要有相应的考量。

参考文献

冯晓英：《改革开放以来北京市流动人口管理制度变迁评述》，《北京社会科学》2008 年第 5 期。

张真理：《北京市流动人口服务管理史略（1978—2008）》，《兰州学刊》2009 年第 7 期。

黄匡时、王书慧：《从社会排斥到社会融合：北京市流动人口政策演变》，《南京人口管理干部学院学报》2009 年第 3 期。

尹德挺：《超大城市人口调控困境的再思考》，《中国人口科学》2016 年第 4 期。

刘厚莲：《我国特大城市人口调控格局构建研究》，《学习与实践》2018 年第 4 期。

陆杰华、李月：《特大城市人口规模调控的理论与实践探讨——以北京为例》，《上海行政学院学报》2014 年第 1 期。

杨晓：《特大城市规模适度调控法律制度研究》，硕士学位论文，西南政法大学，2015。

肖周燕：《对特大城市人口调控问题的反思——基于公共政策与管理视角》，《科学发展：社会管理与社会和谐——2011 学术前沿论丛（上）》，2011。

盛亦男：《流动人口居留意愿的影响效应及政策评价》，《城市规划》2016 年第 9 期。

彭纪生、仲为国、孙文祥：《政策测量、政策协同演变与经济绩效：基于创新政策的实证研究》，《管理世界》2008 年第 9 期。

B.22
中国人口普查与超大城市综合治理

王广州　刘 芳*

摘　要： 人口是城市发展的核心资源，也是城市服务的主体，作为大城市及京津冀都市圈的中心，北京市流动人口规模巨大，管理复杂，应实时掌握城市内人口数量和结构变化情况，为城市发展和管理提供科学依据。我国人口统计是以十年一次的人口普查为基础、非普查年份的人口抽样调查为主体的调查体系，随着技术的进步和人口发展的现实需求变化，人口普查的内容和方式也要相应优化调整，借鉴美国智慧城市、英国人口数据库以及组合模式人口普查等国际先进经验与技术，利用大数据技术的发展优势，破解人口普查技术难题，提高人口普查在超大城市综合治理中的应用效率。

关键词： 人口普查　人口大数据　流动人口

人口是城市规模等级划分的重要依据，城市人口的总量、结构决定城市的活力和发展潜力。然而，随着人口规模的急剧扩大，超大城市所面临的机遇和挑战也随之增大，面临问题的复杂性和不确定性不言而喻。准确把握和科学判断超大城市面临的突出人口问题和主要矛盾不仅是实现城市可持续发展的必要条件，也是城市综合治理和应对突发公共安全事件的必然要求。

---

* 王广州，中国社会科学院人口与劳动经济研究所研究员，主要研究方向为人口统计学；刘芳，中国社会科学院大学人口与劳动经济系，主要研究方向为应用人口学。

人口普查是对国情、国力的全面调查，是一个国家最重要的普查之一。人口普查成果广泛应用于社会经济发展战略与规划的形成、公共政策制定与实施、生态环境保护与恢复等关乎国家长期可持续发展的重要领域。

一　中国人口普查在城市综合治理中的经验与价值

面对纷繁复杂的超大城市，人口普查不仅是把握人口现状，监测人口动态变化和预警人口问题的基准，同时还是充分发掘实时人口大数据价值和潜力的关键。人口大数据只有与人口普查之间互通、共享，才能使及时准确的人口信息成为服务城市综合治理决策和提高城市综合治理能力的科学工具。

（一）认清城市人口现状，准确把握人口问题

以北京为例，北京常住人口是如何变动的？2010 年第六次人口普查统计①显示，北京市全市常住人口为 1961.2 万人，其中外省市来京人员为704.5 万人，占常住人口的35.9%。以往人口普查数据无法和其他人口大数据共享，很难直接回答人口的实时变化，其根本原因是无法对数据进行实时匹配。然而，人口普查的权威性就是科学及时地把握城市中的人口问题，判断城市人口总量、结构状况，是观察出生和死亡、流动迁移等变动情况的重要手段，是精准把握城市人口面临的新形势和新问题的主要途径。在人口普查数据的基础上全方位深入分析城市人口再生产、人口老龄化、流动人口管理、教育、就业、健康、养老乃至房地产规划等问题。随着人口普查技术的优化创新及大数据技术的发展，与以往不同，2020 年第七次全国人口普查首次记录身份证号码，并综合运用互联网自主填报、电子设备采集、大数据、行政记录比对以及区域地理标绘等方式，提高普查质量。随着人口普查内容及方式、技术的更新和完善，人口普查在科学解读城市人口发展状况中的作用必将日益突出。

---

① 《北京市 2010 年第六次全国人口普查主要数据公报》。

（二）监测城市人口变化，预测城市发展趋势

人口普查对于监测城市人口发展动态，预测人口发展趋势具有重要价值。尽管全国人口普查每十年举行一次，但通过历次人口普查数据分析和相互比对可以进一步判断城市人口发展变化的基本趋势。为了弥补两次普查时间间隔较长的缺陷，将年度抽样调查和实时人口大数据作为监测城市发展的补充数据。然而，抽样调查和实时人口大数据，比如手机信令、交通出行数据等，往往以人口普查作为抽样或数据加权的依据。可见，人口普查基础数据质量的高低，直接影响相关统计模型推断的科学性。总之，科学预测未来人口发展状况和变化趋势是完善城市人口管理和服务以及城市综合治理的前提条件，特别是根据未来人口总量、结构的变化，合理布局公共资源和公共服务设施的资源配置，对城市功能分区和交通、住房等进行规划。因此，人口普查在监测城市人口发展，准确把握人口发展变化的新情况、新特征和新趋势方面是不可替代的。

二 超大城市人口综合治理难点

目前流动人口信息精准采集、人口数据实时更新、信息范围纵向延伸是我国城市综合治理应用中的主要难点。

（一）流动人口信息采集难

流动人口分布于不同区域和产业之间，稳定性差。流动人口主动登记信息的理念和内驱力不足，且人户分离现象普遍存在，人口的重报漏报问题严重，因此，流动人口信息采集上仍存在很多盲点，统计数据质量不高。同时，人口数据难以实时反映流动人口的基本状况和存在问题。目前人口登记信息往往造成流入人口个案信息大量堆积，而对流出人口却难以标识，从而形成了存量和增量底数不清和趋势不明的问题。北京市作为首都，流动人口具有总量大、占比高且区间流动频率大的特点，流动人口的管理与服务是北京市城市治理中的重要问题，但流动人口统计信息质量一定程度上限制了人口信息在城市治理中的科学价值。

（二）人口信息及时更新难

全国人口普查数据更新周期难以满足日新月异的城市社会经济发展需求，很难为城市综合治理提供最新的数据信息，因此全员人口信息数据的及时更新是城市综合治理中的难点之一。目前国家人口基础信息库、流动人口动态监测调查数据以及科研单位组织的调查数据都可作为人口普查等全员人口信息的补充，目的是保证基础数据的实时更新。然而，从技术层面来看，目前不同数据源之间指标名称、指标含义、统计口径和范围均存在差异，数据整合能力和技术有限，不同部门人口统计信息很难实现实时共享，导致人口统计数据分割化和孤立化，缺乏数据之间的衔接与整合，无法实现不同类别、不同来源、不同维度的人口信息的实时对接和深入挖掘。从管理层面来看，由于人口信息登记的更新机制和利益导向尚不完善，不同数据主管部门和机构之间存在利益、职权或隐私保护问题，数据共享的法律条件尚不完善，其结果是人口信息更新技术分割、部门分割和区域分割问题突出。

（三）历次人口普查相互衔接难

我国历次人口普查之间普查对象关联性弱，缺乏有效的主体识别设置，每次普查都是一次从零开始规模巨大的"大摸底"，但普查之间缺乏联动和衔接，普查信息难以实现纵向延伸。由于人口普查信息难以实现纵向追踪，因此限制了数据的进一步开发利用，也不利于人口大数据在城市治理中的应用。

三　人口普查数据开发与应用国际经验

（一）美国智慧城市：统一地理单元编码

智慧城市是利用新一代信息技术解决城市发展问题的一种城市形态和发

展模式，利用大数据与云计算、GPS 定位技术、互联网通信等核心技术建立智慧化综合数据系统，实现数据资源间的协同应用，从而为城市管理服务提供强大的决策支持。美国城市管理服务数据来源主要包括人口统计数据、产业数据、就业数据、交通数据以及土地资源与环境资源数据；人口统计数据主要来源于美国国家统计局的人口普查，包括收入、支出、职业、教育、移居、住房、劳动力、工作地、通勤方式、私家车等内容。为了整合不同口径、类型的数据，美国国家统计局制定"普查单元"作为标准分区使用，制定统一的地理实体编码，以促进数据的整合和衔接。在数据的更新方面，美国国家统计局还进行了美国社区调查作为人口普查的子项目，每年对人口大于 65000人的地理单元进行重新调查，每三年对人口大于 20000 人、每五年对人口小于20000 人的地理单元进行普查，以此来更新和完善人口普查数据。

（二）英国数据整合：建立统一信息数据库

英国在数据整合方面的经验和做法值得借鉴，尤其是移民数据的整合。英国迁移人口统计数据主要来源于：①人口普查；②行政数据；③调查数据。行政数据包括国家卫生服务中心登记（NHSCR）、高等教育统计机构（HESA）、工作和养老金部门（DWP）和工人登记计划（WRS）等部门的数据。调查数据主要包括劳动力调查（LFS）、一般家庭调查（GHS）、新年度人口调查（APS）、国际乘客调查（IPS）。此外还包括一些研究机构的统计数据。

为了更好地实现数据的整合和共享，英国建立了人口普查数据交互系统（WICID）和新移民数据库（NMD），WICID 是一个开放的数据库，包含了人口普查数据和 1991 年以来的人口迁移数据。该系统的关键技术之一是让用户从不同的地理尺度中灵活地筛选出迁移的起始地，在按区域精确获取移民数据方面，具有较大优势。新移民数据库（NMD）主要用来统计国际移民，以国家统计局提供的国际移民总数（TIM）为基础，使用调查数据和行政数据作为替代性数据进行人口估计，可比较不同来源的数据之间的关系，并通过构建数据与替代数据集之间的交互接口，实现数据的整合共享。

（三）"组合模式"人口普查：开发行政记录

组合模式是指将综合调查数据与行政记录源作为人口统计信息的统计模式。组合模式人口普查的关键要点包括行政记录的筛选、行政记录数据库及系统的构建、行政记录数据与抽样调查数据之间的整合、新人口信息的评估与修正等。目前很多国家采用组合模式的人口普查形式，如荷兰颁布《数据保护条例》，将身份证号码和社会保障与财政编码等个人信息进行统一化统计处理，转换为新的识别码，防止个人信息泄露。遵循行政记录内容与人口普查"内容准匹配"的原则，拓宽行政记录来源，将员工保险登记、就业和收入调查、财政登记、税收登记、养老金与人寿保险、社会福利援助情况等纳入处理和参考范围。在数据库建立方面，荷兰建立独立基本记录库和行政记录库系统，行政记录库系统由相互独立的基本记录库通过识别码的链接合并而成。组合模式人口普查方式因其良好的数据组合效应而被越来越多的国家重视和推广。

四 提高人口普查在城市综合治理中的
应用效率：措施与方向

（一）充分利用行政数据，加强数据整合

充分利用行政积累的数据资源已成为世界各国在人口普查工作中重点考虑的问题。我国行政记录数据资源丰富，记录范围广，可利用程度高，因此可利用公安、民政、社保、就业、房管等部门的登记记录，并将之与普查数据相整合，形成新的综合人口数据库，借鉴"组合模式"人口普查建立和发展经验，实现数据之间的整合和共享。出于对数据安全和隐私的考虑，数据整合过程必须首先解决法律法规问题，从法律和制度层面协调各个数据主体的权利和义务，确保数据的可获得性和安全性。充分利用人口普查、行政记录和其他调查数据资源之间的整合优势，从而解决全国人口普查周期长、

实时人口大数据更新难以及数据质量不高的问题，进一步发挥人口普查资源的优势，解决高质量人口普查数据资源的巨大浪费问题。

（二）登记普查对象身份证编码，推动普查数据纵向开发

在人口普查过程中，采集普查对象的身份证信息或社会保障编码等信息，作为核心统计字段标识，这一方面可进一步提高普查数据的真实性和质量，另一方面在下次人口普查中，可根据核心编码来识别普查对象，实现普查信息的追踪和纵向开发，但在采集与处理过程中要注重普查对象的信息安全。此外，加强历次人口普查中重要统计指标的衔接和对比，以更好地解释城市人口发展中存在的问题，预测人口及与之关联的社会、经济方面存在的问题及发展趋势。

（三）改善普查方式，完善流动人口信息采集

充分利用流动人口证件办理、房屋租赁、求学就业和勤务活动等各个关键环节的信息采集，建立以人口大数据为基础的流动人口综合信息管理服务平台，为人口普查提供信息基础。将地理信息系统技术与人口普查相结合，实现空间数据采集，借鉴美国智慧城市的地理普查经验，建立统一的地理空间实体编码，对统计信息进行分区管理和分析，促进各地理分区之间普查数据的整合，通过地理信息技术提高人口普查中流动人口信息采集的准确性。此外，住房信息是流动人口的重要信息之一，因此需加强对住房普查的设计和实施，可以实现完善流动人口信息采集方式的目的。

（四）利用人口大数据，实现精准管理

超大城市大规模人口流动在促进城市发展，给城市社会经济带来活力的同时，也为社会治理带来了许多难题，对人口大数据的实时性、准确性、完整性提出了更高要求。人口大数据在人口流动和城市管理的信息采集和监测中起到了重要作用。例如，移动大数据主要依托移动电话，结合统计学原理和分析技术，通过对比分析手机用户地点和时间的变化以及其在不同地域所

产生的服务活动来挖掘人口流动信息，监测流动人口发展态势，实现更精准的分析与定位。根据互联网大数据公司 App 的统计数据（腾讯大数据、百度地图慧眼、京东大数据等）和手机运营商等的数据，结合手机信息的时空变化可发现流动人口的迁移规律。因此，要将人口大数据与人口普查相结合，建立城市人口大数据服务平台，把人口大数据与人口普查数据进行对比、整合，利用大数据提高人口普查的数据质量，并依托大数据分析城市人口问题，进而提供就业、教育、养老、交通、公共卫生等方面的精准管理与服务。

参考文献

丁国胜、彭科：《美国智慧城市管理关键应用及其友好数据支撑系统》，《城市建筑》2018 年第 12 期。

胡美娟、陈小薇：《利用政务 APP 开展人口普查数据采集的可行性思考》，《统计科学与实践》2020 年第 1 期。

黄匡时、贺丹：《基于大数据的人口流动轨迹研究》，《人口与健康》2020 年第 2 期。

阮敬、潘宏筠：《利用移动通信大数据进行人口动态监测的新问题》，《中国统计》2019 年第 12 期。

童玉芬、刘爱华：《首都圈流动人口空间分布特征及政策启示》，《北京行政学院学报》2017 年第 6 期。

严亚、练春：《来自第七次人口普查试点的实践与思考》，《中国统计》2019 年第 11 期。

杨瑞红、董春、张玉：《地理国情普查数据支持下的人口空间化方法》，《测绘科学》2017 年第 1 期。

尹永博、孙雯静：《境外人口普查方法制度初识及借鉴》，《统计与管理》2019 年第 7 期。

杨玉香：《"组合模式"人口普查方法研究：国际经验与启示》，硕士学位论文，浙江工商大学，2016。

Abstract

The year 2020 marks the end of the 13th Five-Year Plan period and the building of a moderately prosperous society in all respects. It is also a crucial year for embarking on the second centenary goal of comprehensively building China into a great modern socialist country. In this context, it is of great value to analyzes the current situation and trend of Beijing's population development, explore the long-term and balanced development path of Beijing's population, resources, environment, economy and society under the new situation, and answer the new report on the development of the Capital era well.

Based on the latest population situation in Beijing, combined with the new hope and new requirements of Beijing's population development put forward by the Coordinated Development for the Beijing-Tianjin-Hebei Region, the release of non capital functions and the construction of urban sub center, this report analyzes the current situation and trend of Beijing's population development by using authoritative data, such as statistical yearbooks issued by Beijing, Tianjin and Hebei provincial governments, Statistics Bureau, Civil Affairs Bureau, etc. At the same time, this report also uses representative large-scale social survey data and network big data, such as the survey data of China Longitudinal Aging Social Survey in 2018, Tencent location big data, etc., to conduct special studies about the older population, migrant population and other population groups in Beijing.

The research method used in this report includes both quantitative as well as qualitative methods. On the one hand, this report uses descriptive analysis, regression analysis, factor analysis, population center of gravity model, spatial autocorrelation, Thiel index decomposition and other social statistics and spatial analysis techniques to analyzes the characteristics of population size, structure, flow and spatial and temporal distribution in Beijing and The Beijing-Tianjin-Hebei region. On the other hand, case studies and policy analysis are carried out on the key population issues, such as population structure change and social governance of mega cities, long-term population development strategy of Beijing in the new era, and population policies in the new era, so as to present the current situation and problems of balanced population development in Beijing in an all-round way.

Through a comprehensive analysis of Beijing's population situation, opportunities and challenges, this report finds that the current population development in Beijing presents four major characteristics, namely, the steady decline of population size, the continuous rise in the total dependency ratio, the population quality ranks in the forefront of the country, and the "multi-point agglomeration" of population distribution characteristic. The population adsorption capacity of Beijing-Tianjin-Hebei region is high, and presents a continuous aggregation development trend.

The new situation has given a new mission to the balanced development of population in Beijing. This report holds that Beijing's population regulation has entered a new stage of promoting population changes by relieving non capital functions. The next stage of Beijing's population development strategy should follow the main ideas of "stabilizing the total amount, adjusting the structure, improving the quality and reducing the risks". And through releasing the dividend of fertility policy, creating a long-term mechanism of labor supply under the background of high-quality development, promoting the coordinated development of population and public services, creating an intensive, efficient and ecological livable life scene, and improving the integration degree and intelligent level of population information system, we could be well prepared for the population work in the context of high-quality development of Beijing.

It is worth noting that the current population inflow in Beijing is changing with seasons. It is necessary to combine the work, settlement and social integration characteristics of migrant population in Beijing, and learn from the grassroots experience of Dongxindian village in Chaoyang District, Shuangjing street in Chaoyang District and Huitian District in Changping District to optimize the management service for migrants in Beijing, and to promote the transformation and innovation of grassroots governance as well.

This report also points out that there are a large population of younger older

adults in Beijing with pretty healthy conditions and high educational levels. Their social participation rate is also pretty high, which reflects the attitude and action of active aging among the older adults in Beijing. Moreover, the disabled population in Beijing is characterized by feminization, aging, low education level and low insurance coverage rate. It is necessary to promote the establishment of the basic elderly care service system to meet the big gap in meeting the care needs of the physical and cognitive disabled older adults in Beijing.

The research on the relationship between Beijing's population and economy, society, resources and environment shows that the employment proportion of Beijing's service industry is relatively high, and it is well coordinated with the industrial structure. However, the labor productivity is relatively low. We should moderately increase employment and pay attention to the improvement of labor productivity in the future. The allocation of educational resources in Beijing basically adapts to the population changes, but the development of compulsory education resources among regions is still unbalanced. It is necessary to accurately grasp the current situation and development trend of school-age population, so as to promote the coordinated development of educational resources distribution and population in Beijing. The problem of water shortage in Beijing will also exist for a long time. However, with the implementation of the strategy of "relieving non capital functions", the construction of the Middle Route Project of the south to North Water Transfer Project and the enhancement of water ecological management capacity, the population pressure of water resources in Beijing has been alleviated to some extent.

Overall, Beijing has made remarkable achievements in balanced population development and governance in 2019, but it is also facing new changes and challenges. In order to realize the coordinated development of population, economy, society and city in the new era, we should explore the long-term mechanism of reducing development, stimulate the new energy of urban economic vitality, create a new ecology of high-quality human capital, tap the new development potential of new urban development areas, and incorporate new perspectives of fertility friendly and aging friendly into economic policies.

Keywords: Balanced Development of Population; Aging of Population; Coordinated Development of Beijing-Tianjin-Hebei Region; Social Integration of Migrants

Contents

I General Report

Abstract: This research report mainly uses quantitative research methods to analyze the status quo of Beijing's population size, structure, quality, and distribution, and summarizes the current four situations of Beijing's population, and five new challenges and new requirements facing Beijing's population development. On the basis of the "14th Five-Year Plan", Beijing's population development policy recommendations are put forward, hoping to help the government and society to more comprehensively and systematically understand the current situation, trends, and challenges of Beijing's population, as well as the new requirements imposed on Beijing's population by the economic and social situation. Understand the relationship between population and economic, social, ecological environment and other systems, dynamically prevent and resolve Beijing population risks, and promote population balance and high-quality economic and social development.

Keywords: Beijing; Ageing of Population; Population Policy

II Sub-reports

Abstract: The big data of Tencent location shows that the inflow and outflow of population in Beijing generally shows a trend of changing with the season. The heat gradually increases from spring to the peak of National Day holiday, and gradually decreases after autumn and winter. In terms of population flow, Shanghai, Chongqing and Changsha rank first, second and third respectively. Hangzhou, Wuhan, Langfang, Nanjing, Xi'an, Baoding, Tianjin, Harbin and other cities are also closely linked with the inflow and outflow of population in Beijing.

Keywords: Beijing; Population Mobility; Big Data

Abstract: To build an inclusive city in my country, especially Beijing, it is necessary to promote the integration and development of new urban immigrants, and social organizations play an important role in this process. This report is based on the analysis of the Beijing collaborator's "Migrant Workers' Anti-epidemic Rescue Operation" case analysis, combing and analyzing the disaster management concepts, strategies, models and action history of the collaborator's rescue operation, and

recognizes that the professional social work organization represented by the collaborator is rooted in the grassroots, Has advantages and irreplaceable social functions in serving "vulnerable" people, and actively promotes the inclusive development of new urban immigrants. Further research shows that there are still many social organizations trying to play their social functions but are "powerless" in the new crown epidemic. How to make the majority of social organizations play a full role in the process of promoting the inclusive development of new immigrants needs further research. In response to this, this report puts forward several countermeasures and suggestions: take "collaborators" as a model, cultivate and guide professional social work organizations to actively participate in new immigrant services; promote public welfare "1 +1", build a public welfare ecological chain, and explore an overall response mechanism to social issues; In the post-epidemic era, we will strengthen normalized prevention and control, and use social organizations as the axis of tripartite linkage and linkage of the three agencies.

Keywords: New Immigrants; Inclusive Development; Disaster Management; Overall Response

B. 4　Report on the Status Quo and Social Participation of Beijing's Elderly Population in 2019　　　　*Dong Tingyue*, *Yan Ping* / 054

Abstract: Actively responding to population aging is the leading direction of national policy. Beijing has a large scale, a high proportion of young people, good health quality, a higher education level than the whole country, and a higher level of social participation. Among them, the proportion of public welfare participation is the highest, especially represented by formal voluntary participation, family participation and political participation are also more active, and economic participation is relatively the lowest. The types of social participation of the elderly in different places and types of residence are different. Self-realization, rewards and free choice are the main motivations for the elderly to participate in society. Physical or economic conditions do not allow, inconvenient transportation, lack of support and personal preference are the main reasons that hinder the elderly's social participation. Improving the living environment and improving health will help the elderly to achieve high participation in society. To this end, policy makers of the aging policy should actively adjust their negative perceptions of the elderly, and comprehensively strengthen support for the participation of the elderly through national conditions education, lifelong education, health promotion, and smart elderly care, and enhance the elderly's participation in social development. Ability and opportunity to effectively promote the development of the modernization of Beijing's aging society governance capabilities and governance system.

Keywords: Active Ageing View; Social Participation of the Elderly; High Participation Type; Family Participation Type

B. 5　The Status Quo of Care Services for the Disabled and Cognitively Impaired Elderly in Beijing

Jia Yunzhu, Qiu Ruiying, Yu Shengyuan and Li Qi / 073

Abstract: This report mainly uses the data of the "Accurate Assistance Needs Survey" conducted by the four departments of Beijing from 2018 to 2019, and the survey data of the Beijing Municipal Civil Affairs Bureau on the current status of the city's elderly care institutions for dementia care services in 2019 to analyze Beijing's disability, The current status and problems of care for the elderly with cognitive impairment. The study found that the disabled population is characterized by feminization, aging, low spouse rate, low education level, and low insurance coverage. In addition, there is a large gap in meeting the care needs of the disabled elderly in Beijing. The families of the disabled elderly have problems such as excessive care load, poor quality of care, and lack of willingness to care for their families. A study of nursing institutions for dementia in Beijing found that the current institution scales vary greatly, and new institutions are showing a trend

of miniaturization. The institution occupancy rate is higher than the average occupancy rate of ordinary elderly care institutions in Beijing; and institution charges are more dispersed, in line with market demand . In general, Beijing's "three sides and four levels" nearby elderly care service system layout has basically taken shape, but the service capacity of family care and institutional care is still relatively weak. It needs to continue to advance through basic system improvement, policy innovation, and social participation. The establishment and improvement of the basic old-age public service system.

Keywords: Disability; Cognitive Impairment; Family Care Pressure; Institutional Care

B. 6　Research on the Characteristics of the Population Spatial Evolution of the Beijing-Tianjin-Hebei Urban Agglomeration from the Perspective of Multiple Urban Agglomerations

Shi Yi, Yin Deting / 098

Abstract: In order to better grasp the laws of population spatial evolution in the development of urban agglomerations, this paper takes 15 major urban agglomerations in my country as the research object, and uses methods such as population center of gravity model, spatial autocorrelation, and Theil index decomposition to determine the spatial balance of population Concentration was analyzed. The study found that: around 1982, the population center of China shifted from "moving northeast" to "moving southwest"; high-density urban agglomerations began to approach the Hu Huanyong line westward, but the spatial balance of the Beijing-Tianjin-Hebei urban agglomeration was relatively stable; The population spatial evolution of urban agglomerations is different from that of the whole country. It has mainly experienced three stages of "increase-decline-readjustment"; China's urban agglomerations are gradually moving from development to maturity, and the internal population distribution differences are gradually shrinking. The population continues to be concentrated in the urban agglomeration, and during this period it has also undergone many spatial adjustments.

Keywords: Urban Agglomeration Incubation; Theil Entropy Index; Spatial Evolution; Population Distribution

B. 7   Tianjin's Positioning and Population Development Strategies in
       the Coordinated Development of Beijing-Tianjin-Hebei
Jin Niu, Yuan Xin / 110

Abstract: Tianjin is an important engine for realizing the coordinated development of Beijing-Tianjin-Hebei. Based on the coordinated development pattern of Beijing-Tianjin-Hebei, Tianjin finds accurate economic industry positioning, from transportation and population interaction, population and urban spatial distribution, talent recruitment and cultivation, and vocational education talent training Actively respond to dimensions such as the response to population aging, and take Tianjin's role in the strategy of easing Beijing's non-capital functions and cooperating with the construction of the Xiongan New Area's Millennium Plan, and strive to promote Tianjin's high-quality development.

Keywords: Tianjin; Beijing-Tianjin-Hebei Coordination; Population Development; Industrial Transfer

B. 8   Research on the Influence of Hebei Province's Population
       on Beijing's Population and Urban Development
Wang Jinying, Huang Zhuo and Wu Runxian / 120

Abstract: In the context of the coordinated development of Beijing-Tianjin-Hebei, in order to further clarify the development direction and goals of each

region, this article focuses on the impact of the floating population in Hebei on the population and urban development of Beijing from the aspects of population structure adjustment, industrial development, and urbanization. influences.

Keywords: Population Mobility; Coordinated Development of Beijing-Tianjin-Hebei Region; Non-capital Functions

Ⅲ Features

B. 9 The Characteristics and Impact of the Living and Employment of the Floating Population in the Urban-rural Fringe Area of Beijing *Wang Xuemei*, *Wang Fengxiang* / 137

Abstract: Residence and employment are the main aspects of urban integration of floating population. The characteristics of the residential-employment relationship of floating population in concentrated areas have an important impact on their survival, development, and governance of the capital city. This report focuses on exploring the basic characteristics of residential-employment of the floating population in the settlement villages, the characteristics of the social space relationship, the classification of the morphological types of the settlement villages from the perspective of job-residence balance and their formation mechanism, urban influence, etc. The study found that most of the floating population in the urban-rural fringe area are migrant workers or business workers. They live in families and live together for a long time, rent more houses, and live in a mixed population with the local village (community) population. In terms of the housing-employment spatial relationship, most employees have a job-residential balance, and they are self-sufficient in employment and housing. Analyzed from the community level, settlement villages can be divided into four types: job-housing integration, job-housing close type, job-housing separation and mixed type. Data shows that a considerable number of employed people live in job-housing separation villages. in. Based on case studies of typical types of villages, this report proposes a push-pull mechanism for the formation of job-residential settlement villages, and further studies the impact of job-residential separation, and there are several unique governance problems in migrant villages. To this end, the report finally recommends that, for the separation of occupation and residence, re-examine the governance of settlements in urban-rural fringe areas and the service management of migrant population, actively create a service management method that adapts to the work and rest of the migrant population, implement a cooperative governance model, and build tolerance The sexual community communication system enables the community construction and governance transformation in the urban-rural fringe area to fully face the future development.

Keywords: The Urban-rural Fringe Areas; Residence-employment Relationship; Occupation-residential Separation Villages

B. 10 Large-scale Community Governance Practices—Take Huitian District Governance as an Example

Tan Xiaoyan, Ying Licheng / 161

Abstract: Diversified community governance is the requirement of my country's economic and social development. In the past three years, the governance of Huitian District has initially formed a party-building-led multi-cooperative governance pattern. The party's organizational power in the community has been significantly enhanced, public services such as education, culture, and transportation have been fully optimized, and the self-management capabilities of the community have improved significantly. Social organizations are promoting the community. The role of governance is prominent. But there are also areas that need to be improved, such as serving the elderly and participating in the community. Theoretically, it actually revolves around reshaping the "community relationship", using party building to lead and bonding the "organizational relationship", the governance unit to optimize the "spatial relationship", the

mechanism to optimize the coupling of the "institutional relationship", and the improvement of space to reshape the "life" space.

Keywords: Community Governance; Public Service; Social Organization; Multiple Cooperation

B. 11 Practice of Coordinated Development of Population

 Settlements Based on New Urban Science *Mao Mingrui* / 174

Abstract: The transformation of urbanization development, the development of new technologies and the impact of the new crown epidemic have put forward new requirements for China's urban development and governance models. In this context, Shuangjing Street, Chaoyang District, Beijing, has carried out sustainable and coordinated development practices from two perspectives through collaborative governance model innovation. Through technological innovation, starting from the construction of urban scientific decision-making and intelligent perception system, we have constructed an intelligent governance model oriented to scientific principles; through social innovation, based on the "13 community concept" and the three-sphere ecology, we have established a common principle for promoting democratic principles. Governance system. This innovative practice of coordinated governance has provided effective assistance for many tasks such as epidemic prevention and control, urban space creation, and promoted Shuangjing Street to achieve a significant improvement in community quality, community vitality, community resilience, and community tolerance.

Keywords: New Urban Science; Intelligent Governance; Common Governance

Abstract: The service industry is the industry that absorbs the most employment. This article uses the Beijing Statistical Yearbook and Economic Census data, combined with structural deviation coefficient, coordination coefficient, labor productivity, etc. , to analyze the changes in the employment structure of the service industry in Beijing, and the relationship between employment structure and industrial structure Coordinate the relationship, as well as the employment structure and employment growth trends. The results show that Beijing's service industry has a relatively high proportion of employment, but its labor productivity is relatively low. In the future, it can increase employment moderately and attach importance to the improvement of labor productivity. Within the service industry, the proportion of employment in technology-intensive and capital-intensive service industries has gradually expanded, and the proportion of employment in labor-intensive service industries has gradually decreased. On the whole, the employment structure of the service industry and the industrial structure are more coordinated, but the internal industry is quite different. The internal employment structure of the service industry should be adjusted and optimized in time to promote the flow of employed population to industries with high labor productivity, while ensuring effective supply of labor-intensive employment.

Keywords: Employment Structure; Industrial Structure; Structure Deviation Coefficient; Coordination Coefficient; Labor Productivity

Abstract: With the implementation of the important strategy of optimizing

the industrial structure of Beijing and dissolving non-capital functions, the population development of Beijing is showing new changes and new characteristics. Based on the data of Beijing and various districts and counties from 2010 to 2019, this article analyzes the school age in the capital The interactive relationship between the demographic change and the supply of educational resources. The data shows that the growth of the school-age population in Beijing in the past ten years has brought about a rapid increase in the scale of compulsory education students, and the change in population spatial distribution has also brought about the adjustment of compulsory education students. On the whole, the allocation of educational resources in Beijing has basically adapted to population changes, but there are also problems such as the inability of compulsory education resources to achieve a balanced development between regions, and the incomplete matching of population distribution and educational resource layout. In the future, it is still necessary to focus on the strategic goals of urban development, grasp the current situation and development trends of the school-age population, and promote the coordinated development of the capital's educational resources layout and population.

Keywords: Compulsory Education Stage; School-age Population; Scale of School Students

B. 14 Analysis of Beijing's Population and Water Resources Carrying Capacity *Hu Yuping*, *Shi Tianjiao* / 228

Abstract: Water resources occupies an extremely important position and role in urban development. This article uses Beijing Statistical Yearbook and Beijing Water Affairs Statistical Yearbook to analyze 2010-2018, especially since the South-to-North Water Diversion Middle Route entered Beijing in 2014. Changes in water resources. The data shows that with the continuous increase of water supply in the Middle Route Project of the South-to-North Water Transfer Project, the improvement of water-saving technologies and water-saving capacity, the total amount of water resources in Beijing has been increasing, the water supply structure has been continuously improved, and the urban sewage treatment capacity and water environment treatment capacity have been improved year by year In addition, with the implementation of Beijing's strategy of "relieving non-capital functions", the permanent population is no longer expanding rapidly, and the population pressure on water resources has been relieved to a certain extent. But on the other hand, although the growth rate of Beijing's permanent population has slowed down and declined, the population base is huge, and with the improvement of living standards, domestic water consumption and its proportion continue to increase, and Beijing's water saving space is getting smaller and smaller. , The problem of reclaimed water safety still exists, and the problem of water shortage in Beijing will still exist for a long time.

Keywords: Water Resources; Water Supply; Water Use Structure; Population Carrying Capacity

B. 15　Research on the Clustering of Innovative and Creative Talents in Cities　　　　　　　　　　*Wu Jun, Zheng Hao* / 243

Abstract: In the new development period, knowledge economy and regional development strategy have become the main theme of the times. The gathering of innovative and creative talents is closely integrated with the development strategy of urban agglomerations, and the gathering of innovative and creative talents has become a new driving force for regional economic and social development. The gathering of innovative and creative talents not only depends on the economic development level of a single city, but also depends on the cultural and social environment of the entire urban agglomeration. Based on this, this article uses the perspective of comfort objects to construct the comfort material system of urban agglomerations in my country through factor analysis, and studies its driving effect on the agglomeration of innovative and creative talents from various aspects such as "science, education, culture and health" and an open and

inclusive environment. And focus on the concentration of innovative and creative talents in the Beijing-Tianjin-Hebei urban agglomeration and the development of corresponding comfort products. The empirical results show that the Beijing-Tianjin-Hebei urban agglomeration is a highland for innovative and creative talents in China, which lays the foundation for the high-level development of innovation and creativity in the Beijing-Tianjin-Hebei urban agglomeration; however, the development of innovative and creative talents within the Beijing-Tianjin-Hebei urban agglomeration is uneven and needs to be coordinated. Balance the development of comfort level in the region, guide the rational flow and concentration of innovative and creative talents, and further stimulate the innovative and creative momentum brought by the reasonable agglomeration of talents, improve the level of innovation and creativity of the entire city group rather than a single city, and accelerate the promotion of a world-class innovative and creative highland Construction.

Keywords: Innovative and Creative Talents; Urban Agglomeration; Talent Gathering; Comfort Items

B. 16　Research on the Needs of Young People for Community Consumption Scenarios　　　　　　　*Wu Jun, Zheng Hao* / 257

Abstract: The scene is the container of lifestyle, and the community consumption scene carries the residents' demand for a better life. Meeting the needs of young residents for community consumption scenarios is conducive to attracting and retaining young people, improving their community identity and belonging, and at the same time, conducive to promoting their social interaction and interaction, and stimulating the development of innovation and creativity in a region. Based on the needs of young people, this paper uses questionnaire survey data to construct a youth community consumption scene through factor analysis, forming four first-level indicators of residential foundation, convenience services, shopping facilities, and entertainment facilities; and focuses on the needs of young people in Beijing through K-means Clustering forms four hierarchical "ideal types" of consumption scenes in Beijing youth communities to provide a stage template for the construction of youth vitality communities. At present, Beijing should adapt measures to local conditions, cultivate intensively, and create a youth community consumption scene to give full play to the power of youth consumption, innovation, and governance to create a model of youth and vitality community. While meeting the needs of the people, including youth, for a better quality of life, it also helps Beijing build a world-class, harmonious and livable capital.

Keywords: Community Consumption Scenarios; Youth Needsd; Community Creation

B. 17　Recognition of Spatial Characteristics of Employment Structure in Tokyo Metropolitan Aread　*Zhang Feng, Yin Deting* / 271

Abstract: In order to further interpret the urban spatial structure, this paper analyzes the employment population data of the Tokyo metropolitan area since 1920, uses the data from the Japanese National Survey between 1980 and 2015, and uses exploratory spatial analysis, inverse distance weighting method and contour lines The method uses 203 cities, towns and villages as the basic research unit to identify the evolution characteristics of the employment spatial pattern of the Tokyo metropolitan area and the functions of employment centers. The study found that since 1920, the evolution of the employment spatial structure of the Tokyo Metropolitan Area has roughly undergone three stages of agglomeration, diffusion and re-agglomeration. Under the background of increasingly perfect infrastructure and highly developed rail transit, a trend centered on Chiyoda District has gradually formed. The distribution situation of the outer circle gradually decreasing; The Tokyo Metropolitan Area has obvious characteristics of multi-centered employment, and 12 employment centers have been identified. The main employment center is located in the Tokyo metropolitan area 5-10KM away from

the center point, forming a ring of employment centers spanning 11 regions; Different employment centers have significant levels of difference and different carrying functions. The main employment center focuses on the production service industry; while the external secondary employment centers are mostly comprehensive employment centers including industry or general employment centers, which account for a relatively high proportion of the secondary industry and distribution services.

Keywords: Tokyo Metropolitan Area; Employment Structure; Spatial Analysis

Ⅳ Special Reports

B. 18 The development and prospect of Beijing population since the founding of New China

Ying Licheng, Yan Ping, Yang Jiaying and Wang Chenfang / 289

Abstract: Since the founding of New China, as the capital of the great socialist motherland, Beijing's population situation has always been highly concerned, and the population issue has always been highly valued. This chapter reviews and looks forward to the population development of the capital since the founding of New China. It analyzes the characteristics of population changes, grasps the evolution logic of population structure, analyzes the improvement of population quality, and clarifies the practical mechanism of population management services. Make research and judgments on the development trend of Beijing's population, and put forward corresponding opinions and suggestions. This chapter believes that Beijing has achieved remarkable results in population development and governance, but it is also facing profound changes and challenges. Only to explore long-term mechanisms for reduced development, stimulate new drivers of urban economic vitality, create a new ecology of high-quality human capital, and tap Only by developing new potentials in urban development areas and incorporating new child-friendly perspectives into economic policies can the coordinated development of population, economy, society, and cities be achieved in the new era.

Keywords: Population Scale; Population Management Services; Urban Development Areas

B. 19   Population Structure Changes and Social Governance in
Megacities   *Zhang Yi* / 312

Abstract: The social and regional mobility of population has continuously injected fresh vitality into economic development, and has also set off a powerful city-building movement. In this context, population has become the core concern of social governance. From the perspective of China's population structure changes and governance innovation, the key to social governance lies in the innovation of the social integration mechanism for the changes in the intergenerational structure of the population; the focus of community governance is to cultivate the community's identity of multiple subjects and make Strangers have the opportunity to become acquaintances or semi-acquaintances; in view of the structural changes of the registered population and the floating population, full consideration of the population structure tension generated by them is an important reality in the formulation of the governance plan. China's population transformation is extremely fast. How to adapt to the characteristics of the development of the times and introduce population competition policies in accordance with local conditions and time conditions will be the core subject of future urban development and urban governance.

Keywords: Megacities; Population Structure; Social Governance

北京人口蓝皮书

B. 20   Thinking of Beijing's Mid- and Long-term Population

Development Strategy in the New Era

Lu Jiehua, Liu Xueling / 319

Abstract: The medium and long-term population development strategy is directly related to the coordination of population, resources and environment, social economy and balanced population development. Combining the achievements and challenges that Beijing has achieved in its population development strategy, the next phase of its population development strategy should follow the main ideas of "stabilizing total volume, adjusting structure, improving quality, and reducing risks". The specific policy framework includes: further Refine the phased goals of the medium- and long-term population development strategy and its supporting policy system; fully focus on the application of government and market population governance methods to effectively improve governance efficiency; focus more on population structure and distribution planning and design, and promote the coordinated development of population, society and economy; overall planning The relationship between population size and distribution, optimize the regional public service system based on population elements; adapt to the era of big data, build a dynamic population registration system.

Keywords: Population Development Strategy; Governance Effectiveness; Big Data

B. 21   The New Characteristics of Beijing's Population Control Policies

in the New Era

Tong Yufen / 324

Abstract: Beijing's population control has entered a new stage of depopulation driven by the deregulation of non-capital functions. The population control policy has entered into the national strategy of coordinated development of Beijing-Tianjin-Hebei, and its function space, control purpose and control means have also undergone significant changes. The further development of Beijing's population control policy requires us to carefully analyze and judge the law of population size changes, and at the same time combine the non-capital function relief with the coordinated development of Beijing, Tianjin and Hebei, and continue to promote the optimization of population space and population quality. Promote.

Keywords: Beijing; Population Control Policy; Population Deconstruction

B. 22　China's Population Census and Comprehensive Management of Megacities　*Wang Guangzhou, Liu Fang* / 330

Abstract: Population is the core resource of urban development and the main body of urban services. As a large city and the center of the Beijing-Tianjin-Hebei metropolitan area, Beijing has a huge floating population and complex management. It can grasp the population and structure changes in the city in real time. Provide scientific basis for urban development and management. China's population statistics are based on the decennial population census, and the non-census year population sample survey is the main survey system. With the advancement of technology and the changes in the actual needs of population development, the content and methods of the census should be optimized accordingly. Adjust, learn from the American smart city, the British population database and the combined mode census and other international advanced experience and technologies, use the development advantages of big data technology to solve the technical problems of the census, and improve the application efficiency of the census in the comprehensive management of mega cities.

Keywords: Population Census; Big Population Data; Floating Population

皮 书

智库报告的主要形式
同一主题智库报告的聚合

❖ 皮书定义 ❖

皮书是对中国与世界发展状况和热点问题进行年度监测，以专业的角度、专家的视野和实证研究方法，针对某一领域或区域现状与发展态势展开分析和预测，具备前沿性、原创性、实证性、连续性、时效性等特点的公开出版物，由一系列权威研究报告组成。

❖ 皮书作者 ❖

皮书系列报告作者以国内外一流研究机构、知名高校等重点智库的研究人员为主，多为相关领域一流专家学者，他们的观点代表了当下学界对中国与世界的现实和未来最高水平的解读与分析。截至 2020 年，皮书研创机构有近千家，报告作者累计超过 7 万人。

❖ 皮书荣誉 ❖

皮书系列已成为社会科学文献出版社的著名图书品牌和中国社会科学院的知名学术品牌。2016 年皮书系列正式列入"十三五"国家重点出版规划项目；2013~2020 年，重点皮书列入中国社会科学院承担的国家哲学社会科学创新工程项目。

权威报告·一手数据·特色资源

皮书数据库
ANNUAL REPORT(YEARBOOK)
DATABASE

分析解读当下中国发展变迁的高端智库平台

所获荣誉

- 2019年，入围国家新闻出版署数字出版精品遴选推荐计划项目
- 2016年，入选"'十三五'国家重点电子出版物出版规划骨干工程"
- 2015年，荣获"搜索中国正能量 点赞2015""创新中国科技创新奖"
- 2013年，荣获"中国出版政府奖·网络出版物奖"提名奖
- 连续多年荣获中国数字出版博览会"数字出版·优秀品牌"奖

成为会员

通过网址www.pishu.com.cn访问皮书数据库网站或下载皮书数据库APP，进行手机号码验证或邮箱验证即可成为皮书数据库会员。

会员福利

- 已注册用户购书后可免费获赠100元皮书数据库充值卡。刮开充值卡涂层获取充值密码，登录并进入"会员中心"—"在线充值"—"充值卡充值"，充值成功即可购买和查看数据库内容。
- 会员福利最终解释权归社会科学文献出版社所有。

数据库服务热线：400-008-6695
数据库服务QQ：2475522410
数据库服务邮箱：database@ssap.cn
图书销售热线：010-59367070/7028
图书服务QQ：1265056568
图书服务邮箱：duzhe@ssap.cn

社会科学文献出版社 皮书系列
SOCIAL SCIENCES ACADEMIC PRESS (CHINA)
卡号：364532822318
密码：

中国社会发展数据库（下设 12 个子库）

整合国内外中国社会发展研究成果，汇聚独家统计数据、深度分析报告，涉及社会、人口、政治、教育、法律等 12 个领域，为了解中国社会发展动态、跟踪社会核心热点、分析社会发展趋势提供一站式资源搜索和数据服务。

中国经济发展数据库（下设 12 个子库）

围绕国内外中国经济发展主题研究报告、学术资讯、基础数据等资料构建，内容涵盖宏观经济、农业经济、工业经济、产业经济等 12 个重点经济领域，为实时掌控经济运行态势、把握经济发展规律、洞察经济形势、进行经济决策提供参考和依据。

中国行业发展数据库（下设 17 个子库）

以中国国民经济行业分类为依据，覆盖金融业、旅游、医疗卫生、交通运输、能源矿产等 100 多个行业，跟踪分析国民经济相关行业市场运行状况和政策导向，汇集行业发展前沿资讯，为投资、从业及各种经济决策提供理论基础和实践指导。

中国区域发展数据库（下设 6 个子库）

对中国特定区域内的经济、社会、文化等领域现状与发展情况进行深度分析和预测，研究层级至县及县以下行政区，涉及地区、区域经济体、城市、农村等不同维度，为地方经济社会宏观态势研究、发展经验研究、案例分析提供数据服务。

中国文化传媒数据库（下设 18 个子库）

汇聚文化传媒领域专家观点、热点资讯，梳理国内外中国文化发展相关学术研究成果、一手统计数据，涵盖文化产业、新闻传播、电影娱乐、文学艺术、群众文化等 18 个重点研究领域。为文化传媒研究提供相关数据、研究报告和综合分析服务。

世界经济与国际关系数据库（下设 6 个子库）

立足"皮书系列"世界经济、国际关系相关学术资源，整合世界经济、国际政治、世界文化与科技、全球性问题、国际组织与国际法、区域研究 6 大领域研究成果，为世界经济与国际关系研究提供全方位数据分析，为决策和形势研判提供参考。

法律声明

"皮书系列"（含蓝皮书、绿皮书、黄皮书）之品牌由社会科学文献出版社最早使用并持续至今，现已被中国图书市场所熟知。"皮书系列"的相关商标已在中华人民共和国国家工商行政管理总局商标局注册，如 LOGO（ ）、皮书、Pishu、经济蓝皮书、社会蓝皮书等。"皮书系列"图书的注册商标专用权及封面设计、版式设计的著作权均为社会科学文献出版社所有。未经社会科学文献出版社书面授权许可，任何使用与"皮书系列"图书注册商标、封面设计、版式设计相同或者近似的文字、图形或其组合的行为均系侵权行为。

经作者授权，本书的专有出版权及信息网络传播权等为社会科学文献出版社享有。未经社会科学文献出版社书面授权许可，任何就本书内容的复制、发行或以数字形式进行网络传播的行为均系侵权行为。

社会科学文献出版社将通过法律途径追究上述侵权行为的法律责任，维护自身合法权益。

欢迎社会各界人士对侵犯社会科学文献出版社上述权利的侵权行为进行举报。电话：010-59367121，电子邮箱：fawubu@ssap.cn。

社会科学文献出版社